英美过罪化研究

广州大学法学文库

胡 莎／著

GUANGZHOU UNIVERSITY

法律出版社
LAW PRESS·CHINA

序　言

“过罪化”[1]是“过度刑法化”（overcriminalization）[2]的简称，也被称为“过度犯罪化”（齐文远教授）、“过剩犯罪化”（汪明亮教授）、惩罚主义（樊文教授）、过度“惩罚主义”[3]、刑法依赖症[4]……依照读者的习惯，笔者采纳姜敏教授的译法——“过罪化”一词，其主要是指社会中存在太多犯罪、太多惩罚（too much crime，too much punishment），这导致国家权力机关在应对不应作为犯罪论处的行为时，直接动用刑法予以规制，产生众多有罪判决，但因该判决违反刑法谦抑性、罪刑法定原则、罪刑均衡原则，而不得民心，导致刑法适用无效果，甚至产生众多负面影响。对此，我国学者还习惯将此现象统称为“刑法过度扩张”、“刑法泛化”[5]、

---

〔1〕 参见［美］道格拉斯·胡萨克：《过罪化及刑法的限制》，姜敏译，中国法制出版社 2015 年版，第 1 页。

〔2〕 参见何荣功：《社会治理“过度刑法化”的法哲学批判》，载《中外法学》2015 年第 2 期。

〔3〕 参见［德］埃里克·希尔根多夫：《德国刑法学——从传统到现代》，江溯、黄笑岩等译，北京大学出版社 2015 年版，第 219 页。

〔4〕 参见赵军：《法治建构与社会治理的“刑法依赖症”——以拐卖儿童犯罪的法律演进为中心》，载《法学评论》2016 年第 6 期。

〔5〕 参见于志刚：《刑法修正何时休》，载《法学》2011 年第 4 期。

“刑法过分工具主义化”[1]、“刑事优先论”[2]、“新刑法工具主义”[3]、“重罪化”、“不慎重用刑”[4]……笔者基本赞同对“过度刑法化”的冠名,但是,这种研究对象用语的不统一、不一致,甚至是相当杂乱的研究现状,易使读者倾向于认为过罪化研究并无多大新意,甚至会直接否认我国存在过罪化问题,令人担忧。

反观为读者所熟知的“犯罪化”(criminalization),是指将某种曾经不由刑法惩治的行为纳入刑法中作为犯罪论处,并对行为人施以相应刑罚,或将已纳入刑法范围的行为,加重刑罚。在我国当前的犯罪化研究中,对该概念之研究,也存在概念不统一的问题,例如“犯罪化”基本可与下列词组混用:“刑事化”[5]、“以犯罪论处”、“入罪”、“入罪化”、“入刑”、“扩张刑法的适用范围”、“预防刑法”[6]、“预防性刑法观”[7]、“预防刑法观”[8]、“预防性犯罪化”[9]……这不禁令人担心“犯罪化”理论的研究被轻视,误以为研究“犯罪化”并无任何特殊理论意义,明明是“屠龙宝刀”的“犯罪化”理论,却不经意间被轻视为“普通刀”,因此,亟须点醒“用刀人”,这也是当下犯罪化理论研究最值得关注的问题。

上述令人眼花缭乱的各种概念名词,皆较宽泛、抽象,但其自身所蕴含的思想,在学者论述中又极为简单易懂,这也正是我国犯罪化研究目前难

---

〔1〕 参见谢望原:《谨防刑法过分工具主义化》,载《法学家》2019年第1期。

〔2〕 参见游伟:《反思“刑事优先论”》,载《检察日报》2010年3月18日,第3版。

〔3〕 参见魏昌东:《新刑法工具主义批判与矫正》,载《法学》2016年第2期。

〔4〕 参见沈海平:《过度刑法化还是秩序供给不足》,载《检察日报》2015年5月13日,第007版。

〔5〕 参见万方:《企业合规刑事化的发展与启示》,载《中国刑事法杂志》2019年第2期,第47~67页。“企业合规计划”,是企业为规避自身刑法风险而设,如果企业内部已有自我管理、自我监督、自我预防、发现和制止违法犯罪的合规措施,那么司法机关对犯罪的企业减免罚金,或适用缓刑,或减刑,或免于起诉不追究刑事责任,这可有效避免企业因司法机关非理性的刑事干预而遭受不必要的损失。参见马乐:《“教授间谍案”将民事争议刑事化》,载《法制日报》2015年5月26日,第010版。

〔6〕 参见何荣功:《预防刑法的扩张及其限度》,载《法学研究》2017年第4期。

〔7〕 参见高铭暄、孙道萃:《预防性刑法观及其教义学思考》,载《中国法学》2018年第1期。

〔8〕 参见黎宏:《情景犯罪学与预防刑法观》,载《法学评论》2018年第6期。

〔9〕 参见郭旨龙:《预防性犯罪化的中国境域——以恐怖主义与网络犯罪的对照为视角》,载《法律科学》(西北政法大学学报)2017年第2期。

以为实体刑法学研究提供知识与理论增长点、并渐被边缘化的主要原因之一,另一个原因是作为我国实体刑法学核心内容的刑法教义学越来越发达,其已成为我国当前刑法学研究的主流,而且是使刑法学知识呈现"井喷式"增长的"功臣"。回看我国的犯罪化研究,虽然目前该研究现状呈两个极端,一个极端是犯罪化研究相当高深,充满哲思,受到部分刑法学者的追捧,如刑法中的法律道德主义(legal moralism)、法律家长主义(legal paternalism)、积极刑法立法观[1]、风险刑法观、预防刑法观等;另一个极端是犯罪化研究变为"无底线"、"无节制"地不断呼吁将各种行为入刑的研究,这类研究目前一般被斥责为象征性立法、情绪性立法横行的"始作俑者"。这种各执一端的犯罪化研究现状,也反映了犯罪化理论既能展现"形而上"的一面,易被钟情于刑法哲学研究的学者青睐、酷爱,也能彰显"形而下"的一面,为热衷于刑事立法改革的学者、提出立法议案的人大代表所器重、厚爱。从此角度,可得出如下结论:我国所有刑法学理论研究的内容,以及刑法实践的基本内容,皆可概括为属于"犯罪化"理论,[2]该理论分为犯罪化的元理论与犯罪化的规范理论(normative criminalization theory),其中犯罪化的元理论,其论证主要是围绕犯罪本质与刑罚证成,并早已遍布于刑法哲学、刑事政策学、犯罪学;犯罪化的规范理论,也称为定罪处罚范围的界限理论,是关于犯罪化的限制及其道德原理,专门针对或服务于刑事立法与刑法解释。因此,刑法教义学,只是规范的犯罪化理论的组成部分,特别是我国当前正处在日益复杂的风险时代、网络时代,仅以刑法教义学对犯罪化问题予以解答,还远远不够,亟须从刑法哲学、刑事政策学、犯罪学、刑事立法的内容中研究"犯罪化"问题。[3]

综上所述,犯罪化理论("刑法化"理论),不仅统摄性强,而且直接与

---

[1] 参见周光权:《积极刑法立法观在中国的确立》,载《法学研究》2016 年第 4 期。

[2] 须补充说明的是,由于刑法学的英语表达是"criminal law",过度刑法化的英语是"overcriminalization",而犯罪化的英语是"criminalization",因此,"犯罪化"事实上与"刑法化"是同义词,两个概念可以互换使用,因此本书并不是在偷换概念,也不是故意创造新词、混淆视听,只是希望读者从英文原词的角度,全新看待我国刑法学理论研究中的"犯罪化"理论。

[3] 参见郑玉双:《法理学贡献于刑法学的方式:以刑法观为例》,载《中国法律评论》2018 年第 3 期。

刑事立法、刑法教义学相呼应,[1]同时也能合理解释为何刑法哲学、刑事政策学,甚至刑事诉讼法、法理学研究中,到处可见“犯罪化”这一万金油般的“身影”。而本书也主要是依据我国“犯罪化”无处不在的法学研究现状,对来源于英美国家的过罪化问题予以专门研究,进行反思性检讨,并重新解读犯罪化理论。

以上为序。

---

〔1〕 参见满涛:《我国犯罪化立法的教义学边界——以犯罪构造为中心》,载《刑法论丛》2017年第4卷。

目录

导　言

一、问题意识

过罪化(英式英语是"criminalisation",美式英语是"criminalization")是一个全球性问题,有刑法,则有滥用刑法,则有过罪化。各国过罪化问题存在与否,只是是否意识到及意识早晚的事,而非客观存在与否的问题。英美国家在全球范围内率先提出刑事司法体系中存在过罪化问题,其在这方面的专门研究也处于全球领先地位,因此在这些国家的过罪化研究中所产生的过罪化思想和理论,可为我国刑法学研究补充新鲜血液。[1] 由于当今各个国家中研究过罪化的英文资料较多,因此,本书主要基于现有英美国家中专门研究过罪化的中英文资料,对过罪化予以无国界性的论证分析,阐明有关过罪化的各种观点,以期为我国立法机关解决我国的过罪化问题提供参考。

目前已有大量专门研究过罪化的英文文献,且此类文献仍在不断增加,我国暂时还未全面认可过罪化议题的独特性,还未充分认识到过罪化问题的严峻性,因而专门研究过罪化的文献资料较少。但存在一些实质上也可间接归属为过罪化研究的零散理论,如我国学者一直批评的刑法依赖症,重刑主义,刑民行不分,法条不明确,司法解释数量、规模和内容与日俱

---

〔1〕 参见胡水君:《内圣外王:法治的人文道路》,华东师范大学出版社2013年版,第50~55页。

增，刑法修正案不断增加新罪名，增大特定罪名的惩罚范围和力度等。总体而言，我国学者未意识其为过罪化研究的一部分，也未将这些问题归整统摄于过罪化议题下，只是零散、单独地对现有刑法规范予以批判。这些零散的批判，不过是毫无司法实践影响力、空洞响亮的口号，只是客观表述我国刑法的现状，并未意识到这是一场正在发生的现代刑法危机，而且是整个刑事司法系统的一种痼疾，更未将其上升至刑法哲学批判，也未能在我国现有相关问题研究的基础上提出专门解决该问题的独特理论。

虽然专门研究过罪化的文献主要产生于美国，这些文献最初也主要针对美国的过罪化问题，但如今随着全球个别国家对过罪化的深入研究，其他国家也开始反省本国是否也存在过罪化，为何德国的过罪化研究不及美国那样突出明显，过罪化的判断标准、危害后果、产生的根本原因、现有解决办法分别有哪些等问题。总之，对于我国刑法而言，借鉴这些域外的过罪化问题的思想和理论，以便理解、抗击或预防过罪化问题确有必要。也可能有学者认为，我国已有解决过罪化问题的刑法理论。

二、本书的缘起：与风险刑法理论对峙的过罪化

我国近年来出现了刑事立法泛滥和刑事解释中的公权力扩张化趋势，[1]风险刑法理论之所以引起了广泛的讨论，是因为其为刑法处罚前置化、犯罪化活性化、抽象危险犯在刑法中与日俱增等刑法新特征或趋势积极地提供正当化理由，而本书研究的过罪化理论（overcriminalization theory），是假设立法机关的所有“未来犯罪化”（future criminalization）必定会产生不公正惩罚，以及皆不具有正当化理由，因而假设反对立法机关所有的“未来犯罪化”，据此立法机关在充分尊重公民不被犯罪化的权利的基础上，必须主动提供不予“未来犯罪化”的必要充分、具有说服力的理由，竭力直接解决过罪化问题。而风险刑法理论指导下的现有一般犯罪化理论是一种无统一原则、不具有系统整合性的积极犯罪化理论，反而会使我国刑法圈不断扩大。但在专门用于解决过罪化问题的过罪化理论指导下的规范犯罪化理论（normative criminalization theory），是一种原则性和系统性的消极犯罪化理论，其具体研究内容与风险刑法理论基本

---

〔1〕 参见姜涛：《追寻理性的罪刑模式：把比例原则植入刑法理论》，载《法律科学》（西北政法大学学报）2013年第1期。

一致，只是过罪化理论对“未来犯罪化”的立场与风险刑法理论完全相反并处于对峙状态。

我国刑法学界所有过罪化相关理论及思想，本质上也皆根源于我国现实存在的“过罪化现象”。[1] 总体上说，我国近年来颁行的11个刑法修正案不断制定具有广泛争议性的新罪名、一些旧罪名的犯罪成立证明标准逐渐降低，如增设拒不支付劳动报酬罪、制定恐怖主义预备犯、过失危险犯、网络诽谤行为被犯罪化等。在我国“未来犯罪化”中，自我洗钱行为犯罪化、开车玩手机行为犯罪化问题，也亟须研究，这些皆为过罪化问题在我国客观存在的表现。不同学者给出的过罪化概念不同，本书认为，过罪化是指立法机关制定、颁布和实施太多过于简单、过度宽泛、相互重叠的刑法规范，国家整体惩罚过重，从而造成太多不公正、不合比例的惩罚等司法不公问题。对存在过罪化问题之过分担忧，导致相关犯罪化理论及其运用在学界存在巨大的争议。

过罪化问题存在与否的一般判断标准，是日常行为被规定为犯罪、所有人都是潜在的罪犯、利用刑法全面“管控社会”，只要符合三种情形之一，则可以认为该国司法管辖区内存在过罪化。例如，“许霆案”曾在全社会引发广泛探讨，其中有学者认为，许霆用自己的银行卡在自动柜员机上取钱的行为是一种日常普通行为，不应构成犯罪，这说明我国刑法将日常普通行为也纳入其中；再如，转发网络谣言500次以上即构成诽谤罪、传播虚假信息罪或寻衅滋事罪，而事实上，在网络转发帖子正如在现实世界中走路一样稀松平常，网民每天在虚拟网络中也需转发帖子，因此很容易满足刑法规范的诽谤罪犯罪构成，这使所有人都成为潜在的罪犯。我国《刑法修正案（九）》中规定了一个新罪名，即第120条之4“利用极端主义破坏法律实施罪”，立法机关并未给出“极端主义”的权威立法定义，而“极端主义”事实上是一种思想类型，何种思想是“极端主义”，对其的认定充满主观随意性和政治时宜性，另外，该罪中的“法律实施”是一个范围极其广泛的词汇，“法律实施”作为学科名，其具体内容极其宽泛，存在巨大的不确定

---

〔1〕 参见何荣功：《经济自由与刑法理性：经济刑法的范围界定》，载《法律科学》（西北政法大学学报）2014年第3期；何荣功：《社会治理“过度刑法化”的法哲学批判》，载《中外法学》2015年第2期。

性,这正是合法政权利用刑法全面“管控社会”,此为过罪化的明证。

在实质刑法规范领域中,对过罪化问题是否存在的具体规范判断标准是:忽略、降低或免除犯意要件、无犯罪性的行为不断消耗刑法的道德资源、滥用刑法功能,只要满足其中一项,即属于过罪化。例如,作为过失抽象危险犯的危险驾驶罪,是典型的降低犯罪成立的主观罪过意图,这与构成犯罪必须对行为结果具有可谴责性邪恶意图的刑法罪责理念相去甚远,这是一种不公正地将实体刑法适用范围过度拉伸的过罪化;再如,我国的敌人刑法理论,是对我国刑法哲学上作为核心道德价值的自由、人权、自治等的极大消耗。虽然“敌人”一词在战争法语境下是非常自然、恰当和充分的表达,但在刑法语境下则极具政治压迫内涵,表明在打击犯罪时适用战争法,敌人是战争上应予消灭的仇恨代称,这在公民具有自由、人权、自治的刑法道德上不具有正当性,是一种消耗刑法道德资源的过罪化;又如,刑法中的威慑机制,事实上单一聚焦于公民害怕遭受惩罚而不实施刑法禁止行为的动物本能,而严重忽略了公民为最大限度地获得自我自由发展而自觉遵守法律的社会本能。实体刑法犯罪化理论将威慑功能不正当地拔高到最高位置,以威慑功能为主要的犯罪化理论,以此论证将某种行为规定为犯罪可有效地避免、阻止或预防公民实施此种行为,这注定是失败的。

为便于读者充分理解过罪化这一严峻问题,本书从过罪化的经典分析方法——成本收益分析法(cost-benefit analysis)入手,充分阐明过罪化的具体后果,从而使读者能够直观地理解为何反对过罪化。但如此分析并不表明本书对过罪化批判采用的是功利主义政治哲学,反之,本书采用的是反功利主义的自由主义政治哲学立场,而且成本收益的分析方法与反功利主义的立场并不冲突。本书反功利主义之过罪化批判,是在自由主义政治哲学框架内进行的,其旨在实现刑法应得正义(desert just),而非旨在实现最大多数人的最大刑法利益。从成本收益分析的角度来看,正所谓刑法如一把“双刃剑”,用之不当,国家个人同受其害,而过罪化的直接关注点是刑法用之不当的不利后果、社会成本、道德成本、司法成本等。风险刑法语境下,最大的风险是高科技、高智能带来的无法预计的风险;但过罪化语境下,最大的风险是刑法给普通民众带来的刑法陷阱和刑法风险。专门研究过罪化的学者皆应主张约束国家刑法立法权和刑罚权,以公民不被犯罪化的权利或公民不被惩罚的权利对抗立法机关的"制刑权",以原则性的规范犯罪化理论对抗零散的一般犯罪化理论,公正地惩罚犯罪,从而使无辜者、普通民众,以及令人尊敬的守法者免于遭受不公正的刑法陷阱或刑法风险。因此对于本书所论证的所有观点,应在中国语境下解读,过罪化的核心问题是如何解决我国的过罪化问题,并直接在最初的立法阶段切断司法不公问题的病源。同时,所有刑法学者皆应谴责过罪化这一现有趋势,并加入抵制、克服、扭转和避免该错误趋势的队伍中,努力争取实现限制刑罚制裁范围的艰巨刑罚任务。[1]

三、本书的目的:抗击过罪化

过罪化研究的主要实践目的是批评、反对、抗击和减缓性道德犯罪、公司犯罪、民生犯罪和知识产权犯罪等行政管制犯或法定犯的过罪化问题,减少这些犯罪中不公正、不合比例的惩罚,减少我国相关司法不公问题。过罪化研究的理论目的是在我国确立专门用于解决过罪化的原则性规范犯罪化理论,即公正应得报应惩罚原则,该原则是一个内涵丰富的强大理论,各种一般犯罪化理论的原则都可以被其包含在内。公正应得报应惩罚原则,是指行为人实施不法行为的性质、种类和严重程度等,应与行为人最终遭受的国家在惩罚意图下实施的惩罚损害性质、种类和严重程度成比例,如果违反该比例性原则,则会对罪犯造成不应得的不公正惩罚,因此对某种行为予以犯罪化不符合比例性原则时,对该行为的国家管制应使用犯罪化替代措施,即主要是刑法外的制度、公民救济或使公民遭受全民道德压力,从而使该行为人受到应得的国家处置。由此可见,公正应得报应惩罚原则将损害原则、不法原则、罪责原则、比例性原则、刑法替代措施、刑罚报应目的等都融合规整为一个独立的、规范性的统摄性原则。例如,伤害原则是客观不法,罪责原则是主观不法,不法原则除包括主观不法、客观不法外,还包括公共不法,其以社会宽容为理念。另外,损害、不法、罪责与刑法替代措施、应得报应具有比例性,这与零散的犯罪化理论有显著的差异,因为零散的犯罪化,只是简单罗列伤害原则、比例性原则、合宪性原则等,而未整合统一这些原则,也未对这些原则的联系与整合予以细致研究。

---

[1] See Douglas Husak, "Repaying the Scholar's Compliment", *Jerusalem Review of Legal Studies* 1, 2010, p. 49.

因此,本书的研究目的是从我国实体规范刑法理论角度,提出、阐述、充分论证专门用于解决过罪化问题的公正应得报应惩罚理论。

可能有读者会认为公正应得报应惩罚理论比较拗口,其所涵盖的伤害原则、不法原则、罪责原则和应得报应原则也看似与我国现有实体规范语境"格格不入"。但如果读者理解本书对刑法意义所持的实现刑法正义之观点,而不是惩罚犯罪,即能够明白该过罪化理论的前缀是"公正";如果读者理解本书之前提性假设,是国家惩罚正当性理论持应得报应主义,即能够理解该过罪化理论的核心重点是"应得报应";如果读者理解本书旨在减少我国司法实践中"不公正惩罚"导致的司法不公问题,即能够理解该过罪化理论的最终落脚点是"惩罚"。只有如此这般理解公正应得报应惩罚理论,才会消除该拗口感。至于损害原则、不法原则、罪责原则等专业术语,从本质上看分别可对应我国刑法中常用的社会危害性、违法性、主观罪过等,两者完全可替换。所谓的损害原则、不法原则等只是一个代称而已,重点不在于争论应如何称呼,而在于其反映的思想内核,以及对这些刑法中的重大核心概念如何予以落实,从何种角度予以解读。如果非要对我国刑法专业术语的称呼追本溯源的话,从我国现代刑法学术史词源的角度来看,所有的现代刑法词汇皆为外来翻译词汇,社会危害性来自苏联、"违法性"来自德日、刑法哲学中的自由、自治等来自英美等。因此作为现代刑法被移植国,我们不应拘泥于外来用语的形式称呼,而应重点掌握、领会和借鉴这些用语所表达的思想。如果有读者指责本书使用我国刑法学界不常用的刑法词汇,并认为本书有生搬硬套英美刑法之嫌,那么说明其只见本书的概念表称,而未见该概念所表达的思想观点。

如果读者仍难以接受本书所提倡的、只供立法机关在"未来犯罪化"中运用、专门用于解决过罪化问题的公正应得报应惩罚原则,我们不妨从我国近年来盛行的犯罪三阶层理论或四要件理论的角度来对本书的核心观点予以解析。立法机关对某种行为予以犯罪化时,应严格满足行为构成犯罪是否满足三阶层要件或四要件,而不能拖延至司法适用阶段才开始考虑犯罪构成标准。只有严格满足犯罪三阶层或四要件的立法机关为犯罪化所创造的刑法规范,才是真正的教义。因为立法机关是国家最高的权力机关,只有立法机关制定的刑法规范才具有至高无上的权威,只有立法机关才有权力和资格规定哪些行为构成犯罪,从而将刑法规范发展为刑法教义。因此,立法机关是"不公正犯罪化",即过罪化的责任主体,而司法机关只能适用立法机关制定的刑法规范。

虽然本书资料来源主要是英文文献,参考文献有比较明显的国别归属,但其表达的思想是人类共有的智慧,并无国别限制,并且过罪化理论和思想皆已被本书本土化。因为非犯罪化理论、"犯罪化不足"(under-criminalization)理论与过罪化理论一道,共同构成我国整体、实质的犯罪化理论。我国目前整体、实质的犯罪化理论,只包含一些零散的犯罪化原则,不存在专门用于解决过罪化问题的规范犯罪化理论,因此,构建我国整体、实质的犯罪化理论,填补现有犯罪化理论在过罪化理论方面的缺陷,也是本书的研究目的之一。

在刑法道德限制(moral limits of criminal law)问题上,存在影响力较大的犯罪化理论。例如,范伯格的"积极犯罪化理论",其犯罪化主要判断原则是损害原则和冒犯原则,认定刑法道德限制的中心是不法的损害,否定家长制原则;而胡萨克的约束刑法的原则是"刑法内外七原则",主张"犯罪化"应同时满足七个原则,并反对功利主义犯罪化、法律道德主义犯罪化和经济分析犯罪化。而本书直接提出专门解决过罪化问题的原则——公正应得报应惩罚原则,是一种反对不公正犯罪化,提倡消极犯罪化、未来犯罪化、理性犯罪化和民主犯罪化的原则,同时,在公正应得报应惩罚原则与我国刑法三个基本原则,即罪责刑相适应原则、罪刑法定原则、刑法面前人人平等原则的关系上,可认为公正应得报应惩罚原则在刑法理论中的地位更高,它指导我国立法机关确保三原则获得遵守,它是一种原则的原则,一个刑法理论的理论。

最后应强调的是,过罪化除了是一个抽象宏大的理论外,也是一个直接且强有力的理论负面标签,它可批评立法机关创制过罪化困境,司法机关迎合、稳固这种过罪化困境。

四、本书的框架、核心观点及研究方法

英美刑法上过罪化问题(overcriminalization problem)属前沿热门话题。对英美过罪化问题追本溯源后发现:过罪化作为一个专门的研究领域,于20世纪70年代产生于美国。我国过罪化之专门研究则刚起步,特别是随着近年来刑法修正案的连续出台,我国刑法调整范围持续扩充、犯罪圈不断扩大,英美国家过罪化理论开始被全面引入我国。[1] 在英美国家对过罪化的专门研究中,首当其冲的是过罪化的判断标准及其分析方法的问题。其中,判断分析方法主要包括定量分析法、成本收益分析法和定性分析法。过罪化的判断标准分为事实的判断标准和规范的判断标准,前者是指国家利用刑法全面"管控社会",导致大量日常行为被犯罪化、所有人皆为潜在的罪犯;后者是指国家滥用刑法特有的责难功能,弱化,甚至是无视行为内在非犯罪性,降低或抛弃行为人的主观罪责。据此,通过运用上述判断分析方法和判断标准,审视我国近年来的新刑法修正案、新司法解释,可以认定我国确实存在过罪化问题,也称为"刑法泛化"现象。[2] 例如,吸毒行为在我国不是犯罪行为,但在历刑禁毒刑事政策指导下,我国司法实践将"相约吸毒行为"作为容留他人吸毒罪予以惩治,这直接反映出我国存在"过度司法犯罪化"倾向。[3]

本书共分为五章,第一章主要梳理过罪化研究的缘起、发展与现状,其最初来源于 20 世纪 70 年代的美国,研究方法主要是成本收益分析方法,成本收益分析法并非专属功利主义,作为一种分析方法,其对我国反功利主义的过罪化研究也有重大的参考价值。但从现阶段来看,对过罪化的研究,主要是从刑法哲学角度,采用道德哲学和政治哲学的哲学分析方法,以自由、权利和自治为论证主题,全面批判过罪化。除此之外,第一章第二节、第三节还采用定量分析与定性分析相结合的分析方法,提出无论从定量角度分析,还是从定性角度分析,我国都存在严峻的过罪化问题。

第二章详细探究英美过罪化的基础理论,笔者认为过罪化存在 4 个显著内涵:过罪化是一个极其危险的现象、一个亟待解决的问题、一场旷日持久的民权运动、一个正在进行的立法过程。另外,过罪化与犯罪化、非犯罪化、"犯罪化不足"等近似概念具有显著的区别与联系:首先,过罪化理论是

---

[1] 参见[美]道格拉斯·胡萨克:《过罪化及刑法的限制》,姜敏译,中国法制出版社 2015 年版,第 1 页。

[2] 参见何荣功:《经济自由与刑法理性:经济刑法的范围界定》,载《法律科学》(西北政法大学学报)2014 年第 3 期;何荣功:《社会治理"过度刑法化"的法哲学批判》,载《中外法学》2015 年第 2 期。

[3] 参见叶小琴:《容留他人吸毒行为定罪规则的实证研究》,载《法学》2019 年第 12 期。

规范犯罪化理论21世纪初发现的“新大陆”,有利于生成系统性、结构性和原则性的规范犯罪化理论。因而,规范犯罪化理论而非一般犯罪化理论,是解决过罪化问题的理论基础,过罪化的研究应适度摆脱现存一般犯罪化理论的思维束缚;其次,非犯罪化与过罪化在理论本质上一样,皆为整体的规范犯罪化理论的一部分,二者的研究内容有极大重合之处,非犯罪化是直接解决过罪化问题的重要方式之一,但非犯罪化理论研究史表明,非犯罪化理论未能成功解决过罪化问题,过罪化问题仍在不断恶化;最后,解决“犯罪化不足”问题是过罪化问题不断恶化的动机,而“犯罪化不足”和过罪化皆为公正犯罪化的两种缺陷。如果以公正犯罪化为判断起点,会发现我国现行刑法中既存在过罪化问题也存在“犯罪化不足”问题。通过挖掘过罪化特征及其与近似概念的关系,可以确信过罪化具有独特的理论功能,因而笔者在该书中详细论证过罪化在英美刑法上属于刑法发展的时代背景和社会氛围、研究刑法问题独特的实质分析视角,以及直接且强有力的理论负面标签。

第三章提出过罪化是刑法发展过程中的一个危机重重的严峻问题,主要是因为过罪化直接导致犯罪关税暴利、不公正的惩罚和阻碍社会创新。为扭转过罪化的危险趋势,我们必须理解过罪化问题产生的根本原因,本书详细论证了该问题产生的根本原因,即当今世界采用的是“法律与秩序”(law and order)统治模式而不是“法律与自由”(law and liberty)统治模式,立法机关对公民自由的政治价值缺乏充分尊重,同时特定司法辖区内缺乏成熟民主的政治体制。通过归纳总结,笔者详细论证英美国家解决过罪化问题主要存在的五种解决方法及其各自的局限性,解决方法主要是实体刑法宪法化、实体刑法去政治化、法庭充分利用司法解释、充分利用检察机关的自由裁量权和立法机关遵守规范犯罪化理论。但相比较而言,只有立法机关在规范犯罪化理论的指导下才可彻底、有效、根本地解决过罪化问题。立法机关作为解决过罪化问题的主体,存在三个前提条件,一是必须确立所有刑法规范都会产生不公正惩罚的前提假设;二是必须假设反对所有的“未来犯罪化”(future criminalization);三是立法机关必须承担予以犯罪化的证明责任。当然,立法机关作为过罪化的责任主体和解决主体可能会受到一些质疑,例如,可能有学者认为,立法机关颁行过剩刑法规范的偏好不可改变,但是,通过充分运用科学、理性、客观的多学科知识、原理和原则,充分尊重、维护立法机关的这种偏好,可使其最终创造出经得起所有人审视、推敲、质疑的理性刑法规范;可能有学者认为,指望立法机关主动解决过罪化问题不现实,但是,如果全体公民可直接监督立法过程和立法结果,直接指导立法工作,则有助于民主在实体刑法研究中的比重越来越大,公正犯罪化理论也会更丰富、先进、系统、精密,过罪化问题也在很大程度上逐渐被立法机关克服;可能有学者认为,期待立法者主动遵守学者提出的各项立法原理是一种奢望。但是,如果存在一个统一规范性原则对"公正犯罪化"予以系统性指导,而且清楚、简单、好用,立法者自然会采纳该理性犯罪化理论。本书针对立法机关,提出专门用于解决过罪化问题的规范犯罪化理论——公正应得报应惩罚原则。该原则是指只有行为造成的损害及程度、不法性及程度、罪责性及程度与国家惩罚的种类、程度等合比例,以及犯罪化的替代措施无法有效阻止行为人实施相应的行为时,立法机关的"未来犯罪化"才能出台。

第四章首先深入论证该原则的哲学立场、法理价值和刑法地位。其中该原则的哲学立场应该是以人性尊严为核心的自由主义,它是结果主义论、道义论和美德伦理学所达成的共识,只有这种共识性的哲学立场才能真正有效地指导立法机关抵抗、阻击过罪化问题。至于该原则的法理价值,主要是自由、权利和自治。过罪化之所以被提出并被学者长期探讨,是因为国家将某些行为大面积地规定为犯罪,严重干涉、侵犯公民自由、自主和自治权。过罪化研究的主要出发点正是为保护公民个体的自由、自主和自治权。其中,自由主要是指不受国家或他人任意干涉的消极自由;〔1〕权利主要是指作为一等权利的公民不被惩罚的权利或公民不被犯罪化的权利;自治主要是对于公民可自治的行为,国家不应予以惩治。本书还重点论证立法机关应在实体刑法理论中设立公民不被惩罚的权利或不被犯罪化的权利。该项权利的主要特征是,该权利是来源于现行刑法规范以外的权利,是人之所以为人的基本道德权利,是公民的一项重要法律权利。但该项权利也有相应限度,即该项权利的审查标准只是中等审查标准,而不是严格审查标准。其中,中等审查标准,是指立法机关只有为直接促进实

---

〔1〕 See Douglas Husak, "Repaying the Scholar's Compliment", *Jerusalem Review of Legal Studies* 1, 2010, p. 49.

质性的、具有说服力的国家利益时，不被惩罚的权利才能被立法机关超越或限制。正所谓有权利即有权利被侵犯后的救济，而不被惩罚的权利被侵犯后的救济，主要是公民充分享有政治权利和民主权利，以公开、透明、民主的方式表达自己不被犯罪化的权利被侵犯的诉求。但公正应得报应惩罚原则指导下的公民不被犯罪化或惩罚的权利理论，会面临一个明显的质疑，即众所周知，国家有惩罚罪犯的权力、职责或权利，罪犯也有被国家惩罚的义务，这是否与该项权利相冲突？实际上三者可共存而并不矛盾，公民不被犯罪化或惩罚的权利是规范犯罪化理论中的核心议题，主要要求立法机关在犯罪化时充分尊重公民的该项权利，将其运用于所有的"未来犯罪化"中。而国家有惩罚罪犯的权力、职责或权利，罪犯有接受国家惩罚的义务是国家惩罚正当性理论中的重要核心论断，是国家惩罚正当性理论中的纯惩罚哲学的论断。该惩罚哲学观点的具体载体，主要是针对司法机关，使司法机关对犯罪嫌疑人或罪犯的整个惩处过程和结果，具有权威性、正当性和合法性。同时还可根据此种原理，要求司法机关将其运用于罪犯实施犯行后对其施加惩罚。

其次，为理解公正应得报应惩罚原则的刑法地位，本书还阐述了该原则与刑法功能、刑法目的、国家惩罚正当性理论、单纯报应主义等议题的区别与联系，从而得出结论，认为该原则是实体刑法理论的理论，是一种位于实体刑法理论之上、指导实体刑法理论的理论。

最后，本书在该部分充分论证公正应得报应惩罚原则的基本内涵、基本特征以及相似概念的区分。其中该原则中的"公正"、"惩罚"、"应得报应"都具独特内涵。该原则的基本特征主要有：该原则是刑法悭吝主义的组成部分、该原则指导下的规范刑法理论采用刑法简约主义风格、该原则是一种原则性的规范犯罪化理论、该原则是一个立法指导原则、该原则以自由刑为论证核心，以及该原则适用于所有具体罪名。事实上，我国刑法中存在一些与公正应得报应惩罚原则近似的概念，如犯罪概念、犯罪成立理论、刑法废除论、量刑、国家"制刑权"等，为了避免专门用于解决过罪化问题的公正应得报应惩罚原则与这些相关概念术语相混淆，本书论证了这些概念与公正应得报应惩罚原则的显著区别。需要补充的是，本书还重点论证公正应得报应惩罚原则的核心目的主要是不得惩罚无辜者和不得使行为人遭受不合比例的惩罚，并提出该原则的贯彻标准主要有三点，即现代官僚行政管控的刑法立法模式的启动须以多学科知识作支撑，对刑法立法工作进行民主管理，立法机关应运用科学、客观和理性的刑事立法方法进行犯罪化。至于该原则的实际操作方法主要是：充分利用犯罪学的实证数据建设民主犯罪化氛围、“未来犯罪化”应以犯罪实证数据为主要判决依据、应得报应规范志向应与客观实证分析相结合。

第五章，用规范分析方法，详细分析英美立法机关在“未来犯罪化”工作中应如何运用该原则以期解决过罪化问题。公正应得报应惩罚原则是实体刑法理论的理论，是对实体刑法理论研究的融合归整，主要包括损害原则、不法原则、罪责原则和犯罪化替代措施。首先，损害原则在立法机关“未来犯罪化”中有三点运用规则：应以规范目的代替法律所保护的利益、应准确定位行为最终会直接造成真正严重的实质性损害、立法机关应通过实证数据明确阐明规范目的或意图等。其次，不法原则主要有六点运用规则，即行为在道德上是错误的、行为了产生损害、行为违反公正的刑法规范、行为人在罪过状态下实施该行为、行为具有公共不法性和行为不具有可社会宽容性。再次，罪责原则主要有三点运用规则，即理性道德主体是罪责性原理运行的前提、所有犯罪构成要素皆须有主观认识或明确意图、行为人必须是可归责的等。最后，本书详细阐述了刑法外的制度、公民的自力救济和全民的道德压力等犯罪化的替代措施。

五、提前回应读者的三点质疑

(1)有学者认为：过罪化问题是英美国家独有的问题，我国并无过罪化问题。[1] 但难以否认的是，刑法的规模、调整范围呈现指数扩张，是一个具有全球性的国际问题。[2] 虽然“过罪化”一词在我国看上去较新颖，我国对该问题开展的专门研究并不多，但如果抛开过罪化这一专业概念，而从过罪化问题的本质上深究，实际上我国刑法学者都对该问题展开过或多或少的研究。例如，刑民不分问题、行刑不分问题、刑法规范明确性问题、兜底条款问题、刑法调整范围问题、刑法替代措施问题等，这些议题实质上皆为过罪化研究的基础理论。只是我国刑法学界未对这些问题进行横向

---

〔1〕 参见时延安：《犯罪化与惩罚体系的完善》，载《中国社会科学》2018年第10期。

〔2〕 See Carl Constantin Lauterwein, *The Limits of Criminal Law: A Comparative Analysis of Approaches to Legal Theorizing*, Ashgate Publishing Limited, 2010, pp. 3-4.

关联整合,未将这些问题统一归纳为一个单独的刑法议题,即过罪化研究,也未全面专门使用“过罪化”一词对过罪化问题进行全面、深入、特定和系统的研究。学者一般抽象地认为应反对过罪化,但对过罪化理论的具体内涵、过罪化问题背后所反映的偏见或谬误、过罪化趋势的抵制方法等问题,不存在全面清晰的彻底了解,而本书正是填充了我国发展严重不足的现有犯罪化理论的理论空白。

(2)可能有学者主张:即使我国存在过罪化问题,我国也只是有过罪化问题的苗头或趋势,并不如英美国家那般严峻。但本书认为,我国在大力提倡发展、完善刑法的时代命题下,忽视对过罪化的研究,甚至有学者不承认我国存在过罪化问题,反而更倾向采纳不断扩大刑法范围的风险刑法或预防性刑法导致过罪化问题出现。但实际上最初起源于英美国家的风险社会理论是在过罪化社会背景下提出来的,之后被德国学者发展成为风险刑法理论,该风险刑法理论继而传播至我国。殊不知,实质上风险刑法理论正在为过罪化的继续存在和不断恶化提供论证理由,它才是过罪化的真正病因。[1] 在刑法全球化的背景下,为使我国刑法趋于国际标准,提升我国刑法的国际地位,我国需要借鉴国外发达的刑法学理论。风险刑法理论如今在我国已获得全面承认,成为我国实体刑法规范的主流研究内容。但该理论有一个显著缺陷:由于其为过罪化提供积极辩护,因此其会使我国过罪化进一步加剧,产生更多的不公正惩罚。如今已实现自由、法治的英美国家已开始客观应对过罪化问题,并致力于减少不公正惩罚,而我国在这方面的认知暂时比较单薄,对于如何利用规范犯罪化原则致力于减少不公正惩罚的过罪化研究,未予以足够重视。

(3)可能有学者断称:即使我国存在过罪化问题,也是现阶段不可避免的,我国正处在现代风险刑法、预防刑法时代,正在不断扩大现有实体刑法规范的规模,无法改变过罪化的刑法发展趋势。笔者认为,这种论断一半对一半不对。对的部分体现在,随着人类获取智识的高科技工具不断升级,所获智识也越来越多,人类对自身的身体安危越发紧张,安全意识越发强烈,对周遭危险也越发敏感,对现代工业以及高科技给人类带来的灾难

---

〔1〕 See Kyron Huigens, “What is and is not Pathological in Criminal Law”, *Michigan Law Review* 101, 2002, p. 813.

格外在意,进而不断呼吁国家对现代工业以及高科技加强管控。为了提前将危险因子消除在萌芽状态,国家能为公民提供的最强有力、快捷、迅猛的方法,是提前将风险行为规定为犯罪,威慑其他人不实施相关的危险行为。因此,现代政府"管控社会风险"的刑法逻辑,必定使刑法不断扩充其范围,出现过罪化。不对的部分体现在,过罪化是可以避免的。过罪化是一个问题,一个需要被想方设法予以解决的问题。众所周知,凡事应保持适度,过度是应予矫正的不当,而过罪化是一种不当的犯罪化,应该可以避免。虽然在当今全球"法律与秩序"的统治模式下,解决过罪化问题极其困难,但对过罪化的矫正是极其必要的,虽然过程充满困难,但并不代表不可能,也不代表过罪化在今后完全不可避免。

第一章　英美过罪化概述

第一节　过罪化研究的缘起、发展和现状

从专门以过罪化为研究对象的意义上说，过罪化的总体文献资料相对而言并不多。本书根据阶段性特征将过罪化的专门研究，大致分为缘起、发展和现状 3 个阶段。

一、过罪化研究的缘起

（一）过罪化研究的缘起之概述

20 世纪 70 年代，过罪化问题开始成为美国刑法学界重点关注的课题，经典代表人物是桑福德·卡迪什(Sanford H. Kadish)。桑福德于 1967 年率先在实体规范刑法研究中，明确提出"过罪化"一词，这对当今过罪化的专门研究具有开创性的历史功绩。[1] 因此可以说桑福德 1967 年《过度犯罪化危机》[2]一文和 1971

---

[1] See Sanford H. Kadish, "The Crisis of Overcriminalization", *The ANNALS of American Academy of Political and Social Science* 374, 1967, p. 159.

[2] See Sanford H. Kadish, "The Crisis of Overcriminalization", *The ANNALS of American Academy of Political and Social Science* 374, 1967, pp. 157-170.

年《对过度犯罪化的进一步论述》[1]一文,是研究专门研究过罪化的必读经典。而且,在桑福德专门提出"过罪化"一词后,还引发了一场学术论战,从而使得在过去的半个多世纪里,过罪化问题依然长期获得刑法学者的持续性关注。

桑福德在1967年《过度犯罪化危机》一文中,直接将当时被人们普遍认为应予以非犯罪化的犯罪行为及其产生的问题,统称为过罪化。[2] 在桑福德眼中,过罪化问题主要体现在三大类犯罪规范中。第一类是利用刑法推行道德的刑法规范:卖淫、堕胎、成人之间相互同意的性行为、赌博、使用、持有软性毒品等刑法禁令;第二类是利用刑法提供社会服务:将在公开场所醉酒规定为犯罪以维护公共场所秩序、将不偿还私人债务规定为犯罪以保护民事债务关系、通过对抛弃妻子的丈夫施加监禁刑以维护家庭制度;第三类是抛弃成立犯罪所需的各种实质刑法要件,避开限制刑法具体过度实施的要件:无秩序行为和流浪。对上述完全不需要用刑法手段予以规制的三大类行为,选择用刑法手段进行规制,是一种愚蠢做法,属于过罪化现象。[3] 同时,桑福德在《对过度犯罪化的进一步论述》一文中,还明确提出过罪化的具体界定公式,即如果对罪犯施以刑事制裁手段所造成的损害,远远重于该制裁手段带来的好处,那么此种刑法禁令或国家惩罚即为过罪化。如果刑法禁令不仅无法实现相应的刑法目的,还会产生严重的反效果,这种刑事立法更是一种过罪化。因此对于这些无法实现重要刑法目的的过罪化刑法规范,应小心谨慎地考虑将其予以废除。而对于那些会产生严重具体不利后果的刑法禁令,国家也应对所涉行为予以非犯罪化。[4] 其中将某些行为规定为犯罪,从而动用刑事制裁手段,产生的负面效果,具体主要指刑法禁令的实施严重消耗大量司法资源,却未产生实质减少、遏制、预防犯罪的效果,反而滋生大量非法获取证据、歧视差别性执法、敲诈

[1] See Sanford H. Kadish, "More on Overcriminalization: A Reply to Professor Junker", *UCLA Law Review* 19, 1971, pp. 719-722.

[2] See Sanford H. Kadish, "More on Overcriminalization: A Reply to Professor Junker", *UCLA Law Review* 19, 1971, p. 720.

[3] See Sanford H. Kadish, "More on Overcriminalization: A Reply to Professor Junker", *UCLA Law Review* 19, 1971, p. 721.

[4] See Sanford H. Kadish, "More on Overcriminalization: A Reply to Professor Junker", *UCLA Law Review* 19, 1971, p. 719.

勒索、警察腐败等进一步的犯罪行为,减少法律在人们心目中的道德权威等负面后果。

当时,抗击过罪化问题的桑福德并不是孤军奋战,其有一个引人注目的同盟者,即哈伯特·L. 帕克教授(Herbert L. Packer)。虽然哈伯特并未明确提出过罪化问题,但在其 1968 年出版的《刑事制裁的界限》一书中明确提出我们现在过于依赖刑事制裁,并以刑事制裁功能为起点,认为我们唯一可以十分肯定的刑事制裁效果,是刑事制裁可通过使用强力威慑社会一般人不实施犯罪,因此刑事制裁在控制社会问题上必不可少。〔1〕但强行施加刑事制裁也会产生很多恶果,例如,将危害遥远和危害轻微的行为规定为犯罪、警察和公众关系紧张、偶然执法、滥用司法裁量权、流水线司法、刑罚负面功能等。据此,哈伯特提出通过遵守刑事诉讼正当程序保障模式,缓解过度依赖刑事制裁所引起的各种不利后果。

1971 年约翰·容克(John M. Junker)在对桑福德《过度犯罪化危机》一文的批评文中,并未追随桑福德的脚步延续“过罪化”一词的使用,而仍然采用非犯罪化和犯罪化措辞。〔2〕约翰对桑福德的过罪化论述的批评主要是,过罪化只是“一个寻找寄主的寄生虫”,因为选择性执法、歧视性执法、法律实际使用率和执行率过低、警察腐败、导致公民对法律缺乏认同和尊重等不利后果,是针对所有的犯罪,而不仅仅是针对桑福德所列举的性犯罪、无秩序犯罪、流浪罪、公共场所醉酒犯罪等;而且桑福德的非犯罪化主张,缺乏一系列的原则性理论作支撑,只是利用非哲学的方法从司法实践不利后果的角度,对非犯罪化问题予以泛化论述,未上升至哲学深层次,不具有说服力。同时批评桑福德、哈伯特等人未认真考虑刑法学者自身有义务将犯罪化的界限在哲学上予以正当化。

杰罗姆·斯科尔尼克(Jerome H. Skolnick)回应约翰对《过度犯罪化危机》一文的批判,认为约翰混淆了道德领域的论述和实践领域的合理性,约翰文中的被批判者所要表达的是,从实践合理性角度出发,如果实施某种行为的行为人遭受惩罚的损害后果大于对其施加惩罚产生的利益好处,立

---

〔1〕 参见[美]哈伯特·L. 帕克:《刑事制裁的界限》,梁根林等译,法律出版社 2008 年版,第 3 页。

〔2〕 See John M. Junker, “Criminalization and Criminogenesis,” *UCLA Law Review* 19, 1971, pp. 697-698.

法者应谨慎地重新考虑惩罚的对象。[1] 自然,桑福德也回应约翰对其文的批评,并再次澄清自己的观点,即对于那种无法实现重要法律目的的法律,应该要小心谨慎地考虑将其予以抛弃。[2]

阿尔瓦·莫里斯(Arval A. Morris)认同桑福德提出的过罪化危机,并进一步论述刑法可实现的重要法律目的的具体所指。他认为,恰当的刑法目的应是直接保护公民的人身和财产,并应在保护公民人身和财产时,努力充分尊重公民自由。立法者的现代任务必须使刑法保持在最小化限度内,即刑法所禁止的行为必须符合惩罚目的,必须是绝大多数人认为这种行为具有严重的社会危害性,绝大多数人也不能宽恕实施这种行为的人。因此应杜绝最大化地使用刑法,只有刑法范围被限制在这个恰当的刑法目的上,刑法才是最成功的。所以立法机关必须剔除细枝末节,将公民保护放于核心位置。如果刑法服务于不恰当目的,这会给社会以及刑事司法系统带来不必要的沉重负担,也会导致整体刑事司法系统压力过大。[3] 如果立法者在道德情感上认为国家必须控制或制止公民实施某种行为,且认为刑法是唯一可有效控制该行为的恰当手段,那么此刑事立法即为过罪化。[4]

(二)过罪化研究的缘起之评价

通过以上对桑福德过罪化理论的介绍及后续对其理论的主要批判、维护和回应,可以看到过罪化研究缘起阶段有如下特点。

首先,过罪化的刑法术语提出之初几乎未获得其他学者的认同和接纳。从相关论战的文献资料来看,虽然桑福德在回应约翰对《过度犯罪化危机》一文质疑时仍坚持继续沿用自己提出的“过罪化”一词。但当时只有桑福德在用该词,其同盟者、批评者或维护者基本都未沿用“过罪化”一词,而是仍沿用犯罪化、非犯罪化或过度依赖刑事制裁手段等词。当然,从

---

〔1〕 See Jerome H. Skolnick, “Criminalization and Criminogenesis: A Reply to Professor Junker”, *UCLA Law Review* 19, 1971, p. 715.

〔2〕 See Sanford H. Kadish, “More on Overcriminalization: A Reply to Professor Junker”, *UCLA Law Review* 19, 1971, p. 719.

〔3〕 See Arval A. Morris, “Overcriminalization and Washington’s Revised Criminal Code”, *Washington Law Review* 48, 1972, p. 9.

〔4〕 See Arval A. Morris, “Overcriminalization and Washington’s Revised Criminal Code”, *Washington Law Review* 48, 1972, pp. 10–11.

现有的专门研究过罪化的文献资料上看,阿尔瓦认同桑福德提出的“过罪化”一词,但在那个年代,也主要只有阿尔瓦认同并沿用。究其原因,是因“过罪化”一词在当时还不具有独特的内涵,其内涵完全可以被非犯罪化理论所覆盖。桑福德只是将当时被人们普遍认为应予以非犯罪化的犯罪规范及其产生的问题,统称为过罪化。而且很明显,无论在当时还是如今,桑福德所列举的这些犯罪或不法行为都属非犯罪化的经典议题。桑福德对此也写道:“考虑到同性鸡奸行为、堕胎、吸食毒品犯罪等所造成的歧视性执法、警察腐败以及减少法律在人们心目中的道德权威等负面后果特别严重,立法者应谨慎地考虑是否应将这些行为予以非犯罪化。”所以当时“过罪化”一词还不是专门的刑法术语。但从后来过罪化问题的刑法理论发展的轨迹来看,桑福德在刑法中第一次提出该术语,为各种饱受刑法学者长期猛烈批判的各大刑法重要问题,找到一个固定专业词汇作为总称,从而使得刑法学者对滥用刑法杂乱无章、零散琐碎的批评,开始变成具有系统化过罪化的专门理论。

其次,过罪化在缘起阶段具有无可避免地寄生属性。从上述学术争论中可知,过罪化概念被提出之初,暂未形成自己异于非犯罪化的独特表现形式和实质内容,还未脱离出非犯罪化、滥用刑法、刑事制裁的限制等议题,因此并未获得他人的认同与沿用。其所涉及的道德刑法、过度依赖刑法、歧视性执法、选择性执法、警察腐败等问题,都是刑法中普遍存在的重大单独议题,非犯罪化理论或刑事制裁的限制理论也足以对这些问题进行总体概括。因此,约翰批评桑福德的过罪化问题具有“寄生虫”身份有一定道理。但根据刑法新理论提出、发展和推进的规律来看,其提出必须建立在密切依赖前人理论的基础上,之后随着独特性越来越明显,其会逐渐确立自己的独特理论地位,丰富完善现有刑法理论。因此过罪化研究的缘起草创阶段,只能从其他刑法理论中吸取学术养分。虽然草创阶段过罪化问题在刑法中是“寄生虫”,但至少在刑法中已拥有一个作为刑法专门研究对象的独立身份。这既是一种过罪化和非犯罪化研究可分道扬镳、独立成家的迹象,也是一种刑法限制理念在刑法理论中纵深发展的症表。

最后,以传统功利主义的成本收益分析法对过罪化问题予以界定。桑福德明确提出以成本收益分析法,界定某种刑法规范是否为过罪化。哈伯特也以经典的功利主义惩罚功能的威慑效果为收益,以刑事制裁所涉负面效果为成本，对国家过度依赖刑事制裁予以详细论证。阿尔瓦也认为，如果用刑法规制某种行为后，对社会、刑事司法系统以及被惩处的行为人造成的成本，大于刑法规制产生的收益，在该情况下，刑事司法系统最好选择无为而治。[1] 以成本收益分析法研究犯罪化、非犯罪化或刑法限制等问题，为现行刑法规范提供了全新批评视角，可集中明确地指出刑法在具体司法实践中存在的大量重大难点问题。通过对刑法规范进行成本收益分析，对于造成的成本大于收益的刑法规范，直接将其统一命名为过罪化问题。更具有历史开创性的是，桑福德将对过罪化问题的分析重点放在使用刑法的成本后果上，这在当时的刑法规范学研究中是极少见的。当然，因该思想仅出自过罪化研究中具有里程碑意义的两篇小论文，对过罪化问题的详细具体判断方式着墨并不多，对过罪化的成本后果的论述也不太独特、明确和具体，这也招致其他学者直接的猛烈批判。但毋庸置疑的是，桑福德提出道德犯罪、社会福利犯罪，尤其是容易导致警察腐败、选择性执法、削减刑法的公众认同和道德权威等问题的观点，只是指少部分的刑法禁令效果，而不是所有刑法禁令都面临同等的刑法成本。因为道德犯罪、社会福利犯罪与刑法中的其他犯罪相比，打击面更广、涉及的整体人数更多、更公开，这些犯罪招致上述刑法反效果也就更加普遍、频繁和明显。也因为道德犯罪、社会福利犯罪、管制犯、行政犯或法定犯波及人数广泛、社会能见度更高，故此类犯罪的过罪化问题才在后续刑法研究发展中，吸引了越发多的关注。

二、过罪化研究的发展

（一）过罪化研究的发展之概述

20 世纪 90 年代，过罪化所反映的刑法问题，受到各界学者的广泛关注。但专门聚焦过罪化研究经典的代表人物是约翰 · 科菲（John C. Coffee）。这个时期的过罪化研究主要聚焦在重新全面审视和检验白领犯罪、经济犯罪和行政管制犯。具体涉及的管制行为主要是大型公司的企业人员泄露商业信息、操控垄断市场、商业欺诈、商业贿赂、内幕交易等。这里并不是说只有这个时期，白领犯罪才受到刑法学者的密切关注，也不是

[1] See Arval A. Morris, "Overcriminalization and Washington's Revised Criminal Code", *Washington Law Review* 48, 1972, p. 16.

说过罪化研究的缘起草创阶段,桑福德和哈伯特未研究过该问题。事实上,白领犯罪产生之初直至现在,一直受到不同具体研究领域学者的密切关注,只是过罪化问题研究专家在当时,主要将大量学术火力集中在对白领犯罪(offence of white collar)之过罪化的批评上。其中主要被批判的对象是《联邦邮件和电信诈骗法案》(Federal Mail and Wire Fraud)。过罪化在这个时期最明显的具体表现是,所有实施不恰当的公司相关行为的行为人,都可根据《联邦邮件和电信诈骗法案》,以不诚实地披露存在利益冲突的信息或资料而承担刑事责任。例如,为参加舞会而请"病假"、行为人收取回扣而未告知公司、行为人从原单位离职后使用自己从原单位正常获取的信息等行为,不分具体行为性质程度,都作为犯罪处理。[1] 但现实情况是,刑法在控制企业行为及企业人员行为问题上,是不成功的。因此科菲最先在美国刑法学术界有影响力地提出,联邦邮件和电信诈骗的刑法规范范围过于宽泛,属过罪化,批评立法机关对涉企业违法违纪行为的刑法回应过于仓促、匆忙和草率,事实上,《联邦邮件和电信诈骗法案》规制的大量行为都可用民事制裁予以解决。科菲认为,重要的具体解决之道,是应区分企业人员遵守具有公共意义的信赖托付义务和遵守私人的信赖托付义务。企业人员只有在违反具有公共意义的信赖托付义务时,才能考虑适用《联邦邮件和电信诈骗法案》。这样才能将现有刑法规范适用的社会反效果限制在最小化程度内。[2] 当然寻求最理想的企业刑事制裁是个很复杂的问题,不存在简单答案。

从白领犯罪的过罪化问题出发,科菲也很早提出美国刑法的发展现状仍是,刑法正在不断侵占民法调整领域,从而呼吁学界应努力重建刑民边界,并提出刑法与民法最主要的区别是,刑法只能禁止那些缺乏社会效用的行为。与民事制裁相比,刑事制裁所含的处理措施更严厉,会获得公众更大程度上的关注,威慑作用更大。而民事制裁所规制的是行为人强加给

---

〔1〕 See John C. Coffee, Jr., "Hush: The Criminal Status of Confidential Information after McNally and Carpenter and the Enduring Problem of Overcrimininalization", *American Criminal Law Review* 26, 1988, p. 125.

〔2〕 See John C. Coffee, Jr., "Modern Mail Fraud: the Restoration of the Public/Private Distinction", *American Criminal Review* 35, 1998, p. 460.

他人的行为,该行为具有积极的社会效用,行为人只是属于品行不端。[1]重建刑民边界后,可通过减少司法机关的执法成本,应对过罪化问题,而不主张依宪法限制刑法范围。

该时期另一个对过罪化研究有突出贡献的经典人物是威廉·斯顿次(William J. Stuntz)。斯顿次对过罪化问题的解决所持观点与同时期的科菲不同。首先斯顿次和科菲都客观清楚地认识到刑法中存在过罪化问题,也都具体体现在《联邦邮件和电信诈骗法案》中,二者都呼吁应区分刑民。但斯顿次主张应从宪法的角度限制实体刑法,因为从刑法和民法调整的基本行为来看,宪法对刑法和民法并未作区分。但刑事程序完全可被宪法化,但民事程序不可以。同时刑事程序具体运作的直接依据是实体刑法,立法者通过将实体刑法予以宪法化,可以此限制实体刑法的范围,从而限制刑事程序中各司法机关的庞大自由裁量权,进而可成功应对过罪化问题。[2] 斯顿次还从刑法政治学角度,创新地提出在刑法学界影响重大的刑法病理政治学或刑法病理学。[3]

简单来说,斯顿次提出的刑法病理学是指,在美国有两类动态的政治机制驱使着实体刑法实质范围的不断扩张,即现存表面、普通的选民政治机制和更深层次的组织制度系统安排政治机制。前者导致象征性犯罪化(symbolic criminalization)大量出现:当出现某个恶性刑事案件时,媒体会铺天盖地地报道类似刑事案件,使公众产生假象,认为该恶性案件太多、太普遍、太严峻,从而对此种行为产生严重的道德恐慌,进而促使公众呼吁国家对实施此类行为的罪犯,应予以严惩或进一步更有针对性地采取更加严厉的立法措施。与此同时,灵敏的政治家们为取悦大众,争取选民支持,高调响应大众呼声,以大众最容易理解且最显眼的方式制定新的相应罪名,以此向民众表示:面对民众急切关注的社会问题,政治家有能力、有所

---

[1] See John C. Coffee, Jr., "Paradigms Lost: the Blurring of the Criminal and Civil Law Models-and What Can Be Done about It", *Yale Law Journal* 101, 1992, p. 1876.

[2] See William J. Stuntz, "The Substantive Origins of Criminal Procedure", *Yale Law Journal* 105, 1995, p. 446.

[3] See William J. Stuntz, "The Pathological Politics of Criminal Law", *Michigan Law Review* 100, 2001, pp. 505 - 600; William J. Stuntz, "Correspondence: Reply: Criminal Law's Pathology", *Michigan Law Review* 101, 2002, p. 828.

作为地采取相应行动予以解决。象征性犯罪化，在我国称为象征性立法，其不停地高调宣扬政治家和民众立场一致，政治家关心民间疾苦和平民忧愁，其是一种显眼、低级、廉价的政治回应。〔1〕而后者即组织制度系统安排政治机制中的各方参与人有底线激励，如美国绝大多数地方的检察官由选民选举，所以他们希望检控起诉的案件等级和起诉资源分配符合大众渴望。大众希望被告人最终被定罪，这对检控官争取定罪有实质性激励效果，检察官也会呼吁立法机关降低犯罪成立证明责任，扩大刑法适用范围，从而更简单快捷地适用刑法规范。可是刑法范围过于宽泛又会导致司法机关中堆积着大量刑事案件，据此检察官又希望减少工作量，减少案件积压，于是他们采取的方法之一是减少在每个案件中所花的时间和精力从而提高效率，而辩诉交易是最好的办法，所以如今检察官极力采取辩诉交易。如果立法者制定的刑法规范范围巨大、入罪门槛较低、定罪条件宽松、被告人最终较易被法庭定罪而判处更重的刑罚，那么被告人会更愿意进行辩诉交易。这两种病态的政治机制，使大量刑法规范未得到公正的适用，导致公民缺乏正当程序保护等严重反法治的严峻问题，因此针对这种过罪化问题，应减少实体刑法规范及其范围。

提倡刑法收缩阶段，值得一提的是肯尼思·曼恩(Kenneth Mann)应对过罪化问题提出的方案。〔2〕该方案很明显与前述科菲的路径不同。肯尼思认为刑民之间总存在一定的中间区域，这块区域既可用刑法手段进行规制，也可用民法予以规制。面对这样的灰色区域，为减少刑法适用、矫正正在不断扩张的刑法范围，避免过罪化，应扩张民法调整范围，使民事制裁与刑事制裁一样，也承担惩罚角色，从而使国家通过广泛使用非刑事制裁的民事手段收惩罚之效。可见，肯尼思的论述重点放在民事惩罚性制裁上，而科菲的论述始终是刑法，特别是实体刑法。对于当时最严峻的企业人员犯罪的过罪化种类，肯尼思也明确指出，对企业内的犯罪或企业犯罪，可适用惩罚性的民事性金钱制裁。因为从事内幕交易、商事欺诈、商业贿赂行为的主体，大部分是中产阶级或上层阶级，此类人群有较高的业界

---

〔1〕 See William J. Stuntz, "The Pathological Politics of Criminal Law", *Michigan Law Review* 100, 2001, p. 531.

〔2〕 See Kenneth Mann, "Punitive Civil Sanctions: the Middle Ground Criminal and Civil Law", *Yale Law Journal* 101, 1992, p. 1802.

名誉和社会地位,具有受罚的资产能力,其实施相应的企业犯罪,也是为金钱,因此金钱制裁更合比例。除此之外,这还可避免警察主要针对穷人进行歧视性执法。

该阶段也有不同学者从不同角度研究过罪化问题。其中最有名的是斯图尔特·格林(Stuart P. Green)。斯图尔特从刑法中公共福利犯罪(或行政管制犯)道德基础的法哲学角度,主要以法定犯的问题为出发点,以犯罪化的罪责要件、道德不法性和社会危害性为核心分析工具,论证桑福德批评的用刑法推进道德行为,或在刑法上具有道德中立性的行为,仍具有利用刑法进行管制的正当性。[1] 例如,刑法禁止行为的相应道德内容主要是不服从、作弊、违背承诺、撒谎等。[2]

(二)过罪化研究的发展之评价

20世纪90年代,过罪化的研究成果虽较分散,但主要集中在法定犯、企业犯罪和白领犯罪,这与上述缘起草创阶段中所探讨的应予非犯罪化的道德犯罪、社会福利犯罪等完全不同,此阶段主要有三个特征:

首先,过罪化问题的研究内容更翔实,对其表现形式的论述也更深入。另一个特征也在该阶段也被明确提出:如今庞大、广泛、横扫一切的刑法规范仍在毫无规律性地延展、扩张,甚至惩罚琐碎的不诚实行为。而这些行为只是在日常生活中表现得不谨慎,属日常典型的愚蠢行为而已,且在事发当时并未意识到自己在实施犯罪行为,例如传播谣言,该谣言涉及某公司需要小范围保密的信息,根据《联邦邮件和电信诈骗法案》,这种行为属联邦重罪;[3] 再如撕下床垫标签、停车超时等琐碎的微小行为,这些皆属典型的过罪化现象,被以犯罪论处。[4] 对过罪化形成原因之探究,在此时

---

[1] See Stuart P. Green, "Why It's a Crime to Tear the Tag off a Mattress: Overcriminalization and the Moral Content of Regulatory Offenses", *Emory Law Journal* 46, 1997, p. 1613.

[2] See Stuart P. Green, *Lying, Cheating, and Stealing: A Moral Theory of White-Collar Crime*, Oxford University Press, 2006.

[3] See William J. Stuntz, "Substance, Process, and Civil-Criminal Line", *Journal of Contemporary Legal Issues* 7, 1996, p. 2.

[4] See Stuart P. Green, "Why It's a Crime to Tear the Tag off a Mattress: Overcriminalization and the Moral Content of Regulatory Offenses", *Emory Law Journal* 46, 1997, p. 1614.

期的刑法学研究中也正式地获得一块独立空间。例如,科菲明确指出,研究过罪化问题,应重点鉴定深藏于过罪化问题中的真正恶源。[1] 斯顿次也初步详细阐明过罪化问题的深层次形成机制。值得注意的是,斯顿次的这项研究成果,在过罪化的研究历史上具有重大的丰碑意义,这使得后世凡是要研究过罪化问题的学者,皆须以此为基石开展研究。[2] 再如,斯顿次对缘起阶段警察或检察机关为何选择性、歧视性、专断性、随意性执法等,如何运用这种不公正的非法执法方式等问题,进行了更深一步的探讨:实际上刑事罪名中心意思太飘逸,已经达到无所不包的地步,但该刑法规范执行率较低,这必定会出现大量的犯罪行为未被追究刑事责任的结果,于是出现实施犯罪但未承担刑事责任的灰色地带。这些灰色地带又为警察或检察机关提供了庞大的自由裁量权,从而出现各种不公正的非法执法等问题。而刑法规范之所以无所不包,是因为作为刑事程序主体的警察或检察机关,具有及时、快速、依法追究犯罪嫌疑人的天然法定职责,这种职责渴求会促使立法者制造、出台过度宽泛、无所不包的恶法。因此这使得过罪化时代背景下,棘手案件催生恶法已非新鲜事,而这主要体现在利用刑法强制推行经济规则。也正是这种用刑法强行实施经济法规的恶法使得警察进行别有用心的不公正执法,从而产生司法不公等问题。例如,具体来说,警察本意是怀疑某类群体涉嫌重大犯罪,但苦于无证据,于是根据过度宽泛的刑法规范,以容易证明的轻微犯罪为突破口,更快速地搜查、讯问、拘留被告人,最终获得被告人涉嫌犯重罪的证据。[3] 从公民自由、权利和自治的角度出发,很明显这种执法是充满着阴谋诡计的不公正执法,这也是如今过罪化遭受大量批评的原因之一。

---

〔1〕 See John C. Coffee, Jr., "Hush: The Criminal Status of Confidential Information after McNally and Carpenter and the Enduring Problem of Overcrimininalization", *American Criminal Law Review* 26, 1988, p. 125.

〔2〕 在此须补充的是,斯顿次对过罪化问题生成机制最详细、最全面成熟的论述,是在2001年和2002年发表的两篇文章中。虽然2001年与本阶段20世纪90年代不太一致,且准确地说,斯顿次对过罪化的研究处在20世纪和21世纪之交,但因斯顿次对过罪化问题生成机制之研究,最先出现在他1996年的那篇文章中,所以笔者还是将其归入过罪化问题专门研究的中期发展阶段。

〔3〕 See William J. Stuntz, "Substance, Process, and Civil - Criminal Line", *Journal of Contemporary Legal Issues* 7, 1996, p. 13.

在此阶段，也有学者开始从公民心理角度，论证为何要反对过度宽泛、横扫一切的刑法规范，以及对刑法予以限制的最佳时间段。例如，科菲明确呼吁刑法还处在书本中而未被适用时，国家对公民自由的干涉应保持在最小化状态，而不是以保护某些公民的自由或自治范围为理由，通过国家惩罚限制其他公民的自由或自治范围，从而声称刑法据此保护公民的自由或自治领域。因为书本上的刑法对公民自由干涉范围过大，这会对公民产生巨大的守法成本。具体来说，因不知刑法触及范围，人们时常处在担忧被刑法侵犯的状态，特别是当刑法禁令规定的行为是行为人工作职位、社会地位或生活方式中不可或缺的一部分时，行为人注定过着终日恐惧刑法的生活，须处处小心谨慎，以免触碰到刑法“地雷”，卷入犯罪分子行列。即使国家已向全社会做出公平警告，但因刑法规范实际范围实在过于广泛，民众确实难以将这些刑法规范内化并切实遵守，所以必须要求立法机关直接限制刑法范围，才能以此减少公民的守法成本。[1]

其次，此阶段开始专注研究过罪化问题的专门解决对策。桑福德提出了过罪化这一刑法术语，在这个时期获得一些学者的全面肯定。与此同时，对过罪化问题的解决，不再像缘起阶段只是初步意识到过罪化问题，对其解决没有极具针对性的具体办法，也主要呼吁通过非犯罪化来解决过罪化问题。而此阶段的专门研究，聚焦在过罪化问题本身的解决上，从过罪化问题的责任主体、解决主体、具体解决方案，以及为何提倡这种解决方案入手，努力地减少刑法中的过罪化问题。其中直接明晰过罪化的责任主体、解决主体的问题特别引人注目。具体来说，科菲认为，过罪化问题的解决，重点是通过司法解释和量刑规则对法庭的自由裁量权进行限制，确保司法机关保持中立、独立和客观。而立法机关地位不中立，会直接受政治家左右或影响，因此立法者在确定何种行为是犯罪时，只需承担政治责任而非法律责任。而且，客观地讲，立法机关的确应为在缺乏仔细考虑的情况下不断扩充刑法范围的现状负责，但要求立法者主动承担该责任，对立

---

〔1〕 See John C. Coffee, Jr., “Hush: The Criminal Status of Confidential Information after McNally and Carpenter and the Enduring Problem of Overcrimininalization”, *American Criminal Law Review* 26, 1988, pp. 125–130.

法者毫无益处。[1] 因为立法者没有动力或激励机制去修改现行刑法规定,所以过罪化问题的解决主体只能是法庭。遂科菲对法庭判决提出批评,认为法庭应对刑法规范进行狭窄解释。例如,不能将“财产”解释成包括无形财产、合同利益、贸易秘密;等等。因此,即使立法者不采取行动,法庭也可在寻找企业人员恰当法律责任的过程中,取得抗击过罪化问题的实质性成果。[2] 科菲还进一步提出,法庭在量刑阶段可根据特定情况,对相应犯意较弱的行为人判处较轻刑罚,以减轻刑法的不公正。[3] 因此,法庭量刑对过罪化问题的解决既是最后的希望,也是最好的希望。但斯顿次认为,法庭本质上属于宪法领域三权分立理论中适用、解释法律的主体,法庭无权决定哪些行为应是犯罪,只有立法者才能决定哪些行为是犯罪。同时法庭是刑事程序中三大主要主体之一,刑事诉讼具体适用刑法规范的特殊性,要求立法机关应事先对实体刑法的范围进行约束,而不是司法机关事后对刑法实质范围予以限制,否则会造成司法机关僭越立法主权的反法治困境。因此基于实体刑法的论证角度,立法机关应对实体刑法进行宪法性限制,这主要包括立法者提高具体罪行犯意要件的证明标准,以及对某些刑法规范奉行久置不用原理(doctrine of desuetude)。[4] 同时须看清,正是实体刑法中立法机关对特定罪名适用范围的规定过于宽泛,无所不包,才为司法解释创造极大的不确定性。而立法机关提升犯意要件标准和采纳久置不用原理,都可减少检察官和法官的自由裁量权,从而减少过罪化的不利后果。因此,作为“刑法范围膨胀主义者”的立法机关,是造成过罪化问题的责任主体,也应是过罪化问题的解决主体。但也正是从该时期开

---

[1] See John C. Coffee, Jr., “Paradigms Lost: The Blurring of the Criminal and Civil Law Models-and What Can Be Done About It”, *Yale Law Journal* 101, 1992, p. 1892.

[2] See John C. Coffee, Jr., “Making the Punishment Fit the Corporation: The Problems of Finding an Optimal Corporation Criminal Sanction”, *Northern Illinois University Law Review* 1, 1980, p. 35.

[3] See John C. Coffee, Jr., “Does ‘Unlawful’ Mean ‘Criminal’?: Reflections on The Disappearing Tort/Crime Distinction in American Law”, *Boston University Law Review* 71, 1991, p. 196.

[4] 参见胡莎:《论刑法规范的久置不用原理》,载《中国石油大学学报》(社会科学版)2015年第6期。See William J. Stuntz, “Substance, Process, and Civil-Criminal Line”, *Journal of Contemporary Legal Issues* 7, 1996, p. 2.

始，对过罪化问题的解决，整体上已呈现短期内无法彻底有效解决的消极悲观态势。例如，科菲认为，从短期来看，法庭的量刑工作对过罪化问题的解决作用几乎为零。因为任何重大社会问题或政治问题，终演变成法律问题。进一步说，任何重大社会问题或政治问题，早晚会不幸地变为刑法问题，从而借用刑法予以规制。

最后，过罪化的研究领域进一步向外扩张、涵盖更多新议题。该时期主要生发于作为如今美国过罪化最常被人提及的实例——《联邦邮件与电信诈骗法案》，越来越多的学者开始从过罪化的角度，研究刑民不分、刑法目的、司法解释、检察机关的自由裁量权等刑法中的重大议题。过罪化研究领域之所以不断扩张，主要是因为草创阶段过罪化理论难以适用于该阶段的白领犯罪。而且由于企业、银行、证券组织机构等在现代社会中具有中心地位，国家必须将相应的刑法资源，投入对这些组织机构的管制和治理中。例如，针对桑福德提出的过罪化的不利后果之一，即公民不尊重法律，从而贬低刑法的道德权威，科菲于更深理论层面提出反对观点，认为公众并非不尊重这些法律，事实上普通民众是普遍赞成相关的经济犯和行政管制犯的，如果国家未将相关行为人送进监狱，公众才会不尊重法律。为进一步澄清该问题，科菲还特别重点论述刑法的目的是道德教育和社会化，这也是刑法区别于民法或侵权法的决定性特征。公众对行为的罪责性观念与刑法并不是分离的，事实上刑法内容与公众对某行为是否具有罪责性的观念具有互动性。[1] 刑法具体内容会影响、重塑公众的罪责观念，从而使公众罪责观念演化得与现有刑法规范趋于一致。很显然，这不同于过罪化草创阶段所认为的关于日常道德的公民犯罪性罪责观念与刑法规定一直相分离的观点。具体来说，过罪化草创阶段的研究认为，如果刑法规定的内容不符合公众真正的犯罪性罪责观念，即表明这种刑法缺乏公众认同，公民会不尊重这种刑法，从而使刑法的道德权威被减弱。对于该争论，笔者认为，公民社会中确实存在真正的犯罪性罪责观念，这些观念也不可能受刑法规定与否的影响与改变，除非刑法具体实施工作切实有效地做

---

〔1〕 See John C. Coffee, Jr., "Does 'Unlawful' Mean 'Criminal'?: Reflections on The Disappearing Tort/Crime Distinction in American Law", *Boston University Law Review* 71, 1991, p. 200.

到严厉、频繁、密集，从而使刑法规范的贯彻具有理想的确定性和预测性。桑福德所论述的具体刑法规定主要是有关性道德风俗犯罪，确实存在着非常明显的选择性、随意性、歧视性、运动性等不公平执法，这必然会使民众不尊重该法律，即使民众认为国家规定这样的法律符合自己的日常犯罪性罪责观念。而科菲在研究过罪化问题时，主要论述的是公司企业内部人员的犯罪，刑法将某种不诚实的商业行为规定为犯罪，也确实可极其缓慢地塑造公众的犯罪性罪责观念，但这仍不会成为长期稳定存在的人类犯罪性观念，而只是视情况、视国别而定的权宜性的犯罪性观念。具体来讲，国家将某行为不恰当地规定为犯罪，会侵蚀公众对法律的敬重感，同时也会重新塑造公民心目中的道德规范，使内幕交易、贸易欺诈等行为是犯罪变为一种观念。但事实上，此类法律实施效果差，实践中难以恰当公正地贯彻，公民仍不会尊重法律。

三、过罪化研究的现状

（一）过罪化研究的现状之概述

过罪化问题作为刑法理论中一个专门议题，21世纪开始受到权威学者的关注。在英语国家的刑法理论研究中存在一种趋势：认真思考过刑法规范的学者皆会认为刑法规范应尽可能少一点，不仅是某些特定罪名少一点，而且是总体刑法规范应少一点。[1] 现阶段对过罪化的研究百家争鸣、精彩纷呈。不同学者对过罪化的论证分析角度不同。有学者重点讨论刑法联邦化，即美国联邦刑法的爆炸性增长，以及联邦刑法规范不恰当地使用犯罪标签和国家惩罚措施；[2]有学者充分论证立法者总是习惯性、无必要、不恰当地利用刑法回应新社会难题，而这些难题事实上可由非刑法的行政管理法或行政管理政策予以解决。但很不幸，立法者始终认为刑法完胜行政法；[3]还有学者非常详细地论证可依靠司法解释克服过罪化问

---

〔1〕 See Victor Tadros, "The Architecture of Criminalization", *Criminal Justice Ethics* 28, 2009, p. 74.

〔2〕 See Sara S. Beale, "Many Faces of Overcriminalization: From Morals and Mattress Tags to Overfederalization", *American University Law Review* 54, 2005, p. 750.

〔3〕 See Darryl K. Brown, "Criminal Law Unfortunate Triumph over Administrative Law", *Journal of Law, Economics & Policy* 7, 2011, p. 658.

题;[1]还有学者以人性尊严的宪法性原则为根据,对犯罪化进行宪法性约束,其核心主张是刑法不应再规定无被害人犯罪,特别是毒品犯罪,应将软性毒品相关犯罪剔除出刑法,将硬性毒品相关犯罪规范范围及其具体适用予以严格限制;[2]也有学者开始将研究侧重点放在美国各州实体刑法范围和刑事惩罚强度上,全面厘清过罪化问题的具体表现。[3] 但该时期从规范的实体刑法学角度专门研究过罪化问题,最有影响力的代表主要是道德拉斯·胡萨克(Douglas Husak)和艾伦·坡德格(Ellen S. Podgor)。

胡萨克从规范刑法学理论的角度,对过罪化趋势进行专门、独特、大胆、全面、深入的研究,以此构建出一个具有系统性、框架性、层次性、原则性且囊括整体刑法学内容的规范犯罪化理论。该规范犯罪化理论主要包括刑法内部约束四原则和刑法外部约束三原则,简称刑法内外约束七原则。其中,胡萨克认为过罪化的认定重点应放在不公正的刑法规范和惩罚上,而不是放在刑事制裁产生的社会成本和花费上。[4] 同时胡萨克还强调,大量计算刑法条款量化的研究,都容易低估刑法范围的爆炸性增长。[5] 其中,过罪化问题最令人担忧的是使那些不应遭受刑事制裁的行为人遭受刑事制裁的实质不公正现象,使其成为不公正、罪刑不合比例的刑事制裁制度的被害人。而行为人是否遭受不公正惩罚的具体理论判断标准,是对刑法进行约束的刑法内外约束七原则的规范犯罪化理论。胡萨克还认为,当今美国过罪化问题最典型的实例集中在毒品犯罪中,国家应改革处理毒品犯罪的方式方法,以此推动整个实体刑法系统的改革。

胡萨克认为,美国如今存在太多的刑法规范和太多的惩罚。犯罪应主

---

〔1〕 See Stephen F. Smith, "Overcoming Overcriminalization", *The Journal of Criminal Law & Criminology, and Police Science* 102, 2012, p. 537.

〔2〕 See Michal Buchhandler-Raphael, "Drugs, Dignity, and Danger: Human Dignity as a Constitutional Constraint to Limit Overcriminalization", *Tennessee Law Review* 80, 2013, pp. 344-345.

〔3〕 See Jeff Welty, "Overcriminalization in North Carolina", *North Carolina Law Review* 92, 2014, pp. 1935-2026.

〔4〕 See Douglas Husak, *Overcriminalization—The Limits of the Criminal Law*, Oxford University Press, 2008, p. 7.

〔5〕 See Douglas Husak, *Overcriminalization—The Limits of the Criminal Law*, Oxford University Press, 2008, p. 10.

要分为核心犯罪和边缘犯罪,核心犯罪是指在人类文明史上长期存在的侵犯人身和财产的犯罪,而近现代新出现的犯罪都是边缘犯罪。边缘犯罪又分为风险预防犯罪、辅助犯罪和重叠犯罪。风险预防犯是存在范围最广、最为人所熟知的一类非传统边缘犯罪,其将具有损害风险及其可能性的行为予以犯罪化;辅助犯,是指与刑法中其他犯罪行为具有一定间接关联性的行为被规定为犯罪;重叠犯是指刑法中已有相应的罪名规制某种行为,但立法者仍将这种行为再次规定为犯罪。[1] 因此主要是法定犯、行政犯等现代管制犯的激增,突显刑法可感知的剧烈膨胀,而只有规范的、限制犯罪化理论能延缓刑法正在持续进行的剧烈膨胀趋势,使立法者无法轻易采取刑法手段。[2] 因此胡萨克提出的刑法内外约束七原则的规范犯罪化理论,主要是限制刑法中的边缘犯罪的范围。其中内部约束,是指将刑法总论中的原则运用到刑法分则中,从内部限制刑法范围。这是刑法内部的自我反思,是刑法规范理论的自我限制,侧重点在于限制现存刑法规范的范围和规模。具体包括四点内容:第一,刑法惩罚的行为不能只是琐碎的损害和邪恶的行为,只有这样,正当辩护事由才有存在的意义;第二,具有潜在损害性的行为必须是不法的,只有这样,宽恕事由才有存在意义;第三,根据刑法施加的惩罚须是应得的惩罚,否则,这种惩罚是不正当的;第四,应由立法机关承担证明刑事法律正当化的证明责任,因为所有公民都享有不被惩罚的权利,在立法机关未证明刑法规范具有正当性之前,应假定任何含有刑事惩罚措施的法律都是不正当的。在这四点限制中,前两点即伤害原则和不法性原则,直接源于对实体刑法自身的规范性研究。而研究实体刑法基本理论的学者对这两点限制标准的争论很大。后两点是应得报应原则和立法机关承担予以犯罪化的证明原则,是国家从惩罚正当理论根据的各种惩罚理论中推理得出。众所周知,惩罚正当化理论极其复杂,目前暂无定论。而外部约束,主要是指根据美国宪法理论规定的基本

---

〔1〕 See Douglas Husak, *Overcriminalization—The Limits of the Criminal Law*, Oxford University Press, 2008, pp. 36-45.

〔2〕 See Douglas Husak, *Malum Prohibitum and Retributivism*, *in Antony Duff, Stuart P. Green, eds.*, *Philosophical Foundations of Criminal Law*, Oxford University Press, 2005, p. 69.

原理限制刑法范围。[1] 其中公民不被惩罚的权利由宪法规定，它不是像言论自由一样的宪法基本权利，因为任何侵犯言论自由的法律都会遭受宪法的严格审查，如果任何侵犯公民不被惩罚的权利的行为都需受合宪性的严格审查，这对于刑法的限制近乎苛责，实不可取。因此公民不被惩罚的权利的具体判断内容有三点：第一，侵犯不被惩罚的权利的法律是为保护实质性的国家利益而设定的；第二，侵犯不被惩罚的权利的法律直接促进国家利益；第三，不被惩罚的权利的法律没有超过它为实现前述目的所必须涵盖的范围。总之，包含刑事惩罚内容的法律必须具有实质正当性，被惩罚的行为必须不仅侵犯被害人的个人利益，也侵犯社群利益和共享价值。而刑法外部限制的三原则，直接来源于宪法权利等国家理论，从刑法之外反思国家惩罚行为，侧重点在于限制即将出台或在将来出台的刑法规范的适用范围。

胡萨克的《过罪化及刑法的限制》一书，在刑法哲学界和实体刑法学界引发了大量学术争论，出现很多书评。[2] 尤其是刑法内部约束四原则的具体内容争议性最大，几乎不同学者对这四个原则的解读各不相同。所以众多对胡萨克《过罪化及刑法的限制》的书评中，学者批评的“火炮”主要集中在刑法内部限制的四原则上。其中各个原则之间的关系也存在很多理论争议，甚至可能有些原则本身依附于其他原则，从而使个别原则完全是多余的。因此这些原则是否能够相互独立还有待进一步地深入研究。也有书评者主要从刑法道德哲学和刑法政治哲学角度，对限制犯罪化理论予以深层次的哲学探讨。这些书评者很多是研究刑法哲学的重量级人物。例如，迈克尔·摩尔（Michael Moore）从法律道德主义的角度，回应胡萨克在书中对自己主张的法律道德主义的批判，认为胡萨克的刑法内外约束七原则与自己提倡的法律道德主义事实上殊途同归。摩尔同时反驳到，当论证某个犯罪规范具有正当性时，胡萨克的规范犯罪化原则事实上极易满足，如，违约的犯罪性表现在，违约具有有害性，是扰乱市场交易秩序的公共不法行为，且应得到一定的惩罚，从而根据胡萨克的理论，违约实际上可

---

[1] See Douglas Husak, *Overcriminalization—The Limits of the Criminal Law*, Oxford University Press, 2008, p. 55.

[2] See Douglas Husak, *Overcriminalization—The Limits of the Criminal Law*, Oxford University Press, 2008, pp. 18–20.

被犯罪化。因此，摩尔指出，胡萨克提出的这个野心极强的刑法内外约束七原则理论，天生具有扩张本性，也极容易演变成实质的法律道德主义。[1] 同时摩尔还认为，自己提出的法律道德主义中的道德不法性原则，事实上完全可囊括损害原则、不法性原则、应得报应原则。除此之外，约翰·加德纳（John Gardner）主要认为胡萨克明知几乎不可能从规范犯罪化理论中解决过罪化问题，却仍坚持这种学术雄心，尽一切努力将犯罪化理论予以规范化、原则化，以此希冀解决刑法中的过罪化问题；[2] 另外，维克托·塔德洛斯（Victor Tadros）主要认为，胡萨克提出的犯罪化理论只是初步搭建了七个"柱子"，还有大量的工程未完成，仍需继续充分发展完善、不断填充具体内容，之后才能顺其自然地运用于司法实践，继而影响刑事司法系统实践，从而真正以此延缓过罪化问题越演越烈之势。[3] 当然还有其他重要的学者对胡萨克的《过罪化及刑法的限制》一书，做出大量的批评及褒扬。例如，还有学者批评胡萨克提出的风险预防犯正当化标准不现实，并为风险预防犯的成立提出新的支持犯罪化的标准；[4] 还有学者认为，胡萨克提出的过罪化问题解决之道的规范犯罪化理论，实际上只需界定法律家长主义的界限范围。[5]

胡萨克的刑法内外约束限制七原则，只是以过罪化问题为出发点，其重点论证理想的规范犯罪化理论，是一种道德哲学和政治哲学层面上的宏观理论构想。毋庸置疑，该理论对犯罪化理论研究的深入全面推进具有里程碑式的重大意义，但对过罪化的真正解决，规范犯罪化理论的探究在司法实践中近乎枉然，因此亟须立法机关据此规制司法工作。还有学者认

---

〔1〕 See Michael S. Moore, "A Tale of Two Theories", *Criminal Justice Ethics* 28, 2009, p. 50.

〔2〕 See John Gardner, "Review of Douglas Husak, Overcriminalization—The Limits of the Criminal Law", http://ndpr.nd.edu/news/23674/? id=13805, August 3, 2008.

〔3〕 See Victor Tadros, "The Architecture of Criminalization", *Criminal Justice Ethics* 28, 2009, p. 75.

〔4〕 See A. P. simester, Andrew von Hirsh, "Remote Harms and Non-Constitutive Crimes", *Criminal Justice Ethics* 28, 2009, p. 89.

〔5〕 See Heidi M. Hurd, "Paternalism Pain of Punishment", *Criminal Justice Ethics* 28, 2009, p. 50.

为，胡萨克意识到其提出的七点限制意见皆充满争议，分层审查模式在司法实践中容易崩溃为各抒己见，甚至产生反效果，反而为大面积犯罪化提供了理论分析框架。同时还有学者认为，虽然胡萨克对正当性的解读很像社会福利主义者的观点，但其并未进一步说明为何侵犯社群利益和共享价值，国家却可剥夺公民不被惩罚的权利。事实上，有利于政治社群融合的社群利益和共享价值是对错判断的另一种表达方式，主要指公民身份的权利和义务，而被公民权利和义务所禁止的不法才是公共不法，只有这种公共不法才有资格遭受正当的国家惩罚。〔1〕

在此需要说明的是，实际上艾瑞克·卢纳教授(Erik Luna)对过罪化的研究开启了道德哲学和政治哲学深层次研究视角后，才有胡萨克等学者从刑法哲学高度深入研究过罪化的实体刑法对策。〔2〕艾瑞克在其《过度犯罪化现象》一文中，详细论述过罪化的表现、原因、后果和可能的解决措施，并主张应从自由主义的道德哲学角度出发，反思刑事司法系统的内在含义。〔3〕艾瑞克还认为，刑事司法系统是一个具有作为驾驭过罪化现象的潜力的智力工具，他同时直接指出，自由主义者设想的刑事司法制度的唯一目的是保护个人权利，只有自由主义理论才可通过其保护的神圣不可侵犯的特定权利以及基本法治原则，影响罪行规范与惩罚强度。〔4〕

过罪化问题"阻击战"中另一权威人物是艾伦。艾伦早已对过罪化问题予以研究。现阶段艾伦更充分、全面、客观地认识到过罪化问题的严峻性，并明确指出经过近50多年的努力，过罪化问题已引发一场"反过罪化"的运动。艾伦还详细介绍了在抗击过度联邦化和过罪化问题的历史战役

---

〔1〕 See Peter Ramsay, "Overcriminalization as Vulnerable Citizenship", *New Criminal Law Review: An International and Interdisciplinary Journal* 13, 2010, p. 266.

〔2〕 See Ekow N. Yankah, "Paradox in Overcriminalization", *New Criminal Law Review* 14, 2011, p. 1. 作者认为，事实上刑法道德限制的各大刑法哲学理论，对过罪化的解决存在共同契合点，这为从非犯罪化的途径解决过罪化问题提供了真实的可能性。

〔3〕 See Erik Luna, "The Overcriminalization Phenomenon", *American University Law Review* 54, 2005, p. 740.

〔4〕 See Erik Luna, "The Overcriminalization Phenomenon", *American University Law Review* 54, 2005, p. 734.

中,做出众多贡献的个人和组织,[1]并认为,这场不带政治色彩、意识形态的"反过罪化运动"如今仍在继续,大量学者一直在强烈呼吁美国政府停止过罪化。欣喜的是,通过各个研究机构以"反过罪化"政策为宣传重心,公正对待罪犯和理智对待犯罪的理念慢慢获得越来越多的认同。公众也逐渐懂得解决当今突出的社会问题并不一定是新刑法规范。如今美国的"反过罪化"的阵营虽已强大,但过罪化仍是一个显著的严峻问题。[2] 这主要是因为过罪化已成为全球的时代背景,一时无法改变该社会背景。

(二)过罪化研究的现状之评价

现阶段过罪化的研究主要有三个特征。首先,对过罪化的分析视角是定量分析和定性分析相结合,认定重心放在定性分析上。虽然刑法作为一种规范性的人文学科并不存在理想的规范数量测量方法,也不存在固定统一的测量单位,实际上根本无法得知刑法调整范围的具体大小,也无法比较各个不同司法管辖权的刑法范围的大小。[3] 但庆幸的是,不理想、不完美的形式测量指标,如法条数量、新罪名数量、文字数量、监禁率、监外服刑人员数量等,总能或多或少地反映现实刑法规范的大致范围,所以也是测量刑法规范规模的必要考察因素。例如,过罪化在美国刑法规范上最直观的数字表现是:1998 年据美国律师协会的一个工作组评估,《美国法典》中的 50 多个标题下分布着 3000 多条规定了犯罪与刑罚的法条。2004 年有著名专家认为《美国法典》中的刑法规范已发展至 4000 多条。[4] 2008 年已超过 4450 条。2011 年已接近 5000 条,其中有 3000 多条行政法规中规定了犯罪与刑罚。[5] 2014 年,已无法数出联邦制定法和行政规章中含有

---

[1] See Ellen S. Podgor, "Overcriminalization: New Approaches to a Growing Problem", *Journal of Criminal Law, Criminology and Police Science* 102, 2012, pp. 530-533.

[2] See Ellen S. Podgor, "Overcriminalization: New Approaches to a Growing Problem", *Journal of Criminal Law, Criminology and Police Science* 102, 2012, p. 534.

[3] See Jeff Welty, "Overcriminalization in North Carolina", *North Carolina Law Review* 92, 2014, p. 1938.

[4] See Edwin Meese Ⅲ, "One Nation Under Arrest: How Crazy Laws, Rogue Prosecutors, and Activist Judges Threaten Your Liberty", http://www.askheritage.org/PDF/OneNationUnderArrest_combined.pdf.

[5] See "Overcriminalization: An Explosion of Federal Criminal Law", http://www.heritage.org/research/factsheets/2011/04/overcriminalization-an-explosion-of-federal-criminal-law.

犯罪与刑罚的法条数量，也无法列出一个单独完整的犯罪清单，但可以肯定的是法条数量很庞大。[1] 当然，这些数字并未精准地说明美国刑法规范总体规模范围的大膨胀。因为美国并未颁行强制施行于全国的统一刑法典，而分布在《美国法典》中的刑法规范较凌乱，这导致始终无法获得具体的法条数。而且《美国法典》中有些刑法法规只包含一种犯罪行为类型；有些法规包含多种甚至无数的犯罪行为类型；有些新增罪名的内容事实上早已被原有罪名所包含；有些法规虽然只包含一种犯罪行为类型，但该行为类型的范围极其广泛，且在司法实践中经常被使用；有些法规规制的行为类型范围虽然极其广泛，但很少适用；等等。但总体上，从前述数字中可以看出，以自由著称的美国大概有 35,000 多条的刑法规范，这些刑法规范的范围不是一张天网，也不是一个大圈，而是一块天幕，一张仍在不断扩张的刑法天幕，正笼罩着美国社会中的所有人、所有行为及所有事实状态。正是这块密不透风的刑法天幕将大量非暴力犯罪规定为重罪，使被美国监禁、关押和监督服刑的人数极其庞大，国家总体刑罚量过重。据有关数据统计，2005 年美国在监服刑人员大致是 220 万，另外还有 500 万人正在接受缓刑监督或假释监督。[2] 当然，刑法规范的数量和规模只是过罪化的冰山一角，实际上过罪化议题涉及大量极其广泛的实质性问题，例如，从法律程序的主体视角出发，过罪化议题直接涉及警察不公正执法，检察机关起诉裁量权庞大，法院长期进行扩张型的司法解释，立法机关一直以来习惯性地奉行预防性的犯罪化（preventive criminalization）和先发制人的犯罪化（pre-emptive criminalization）、利用犯罪化积极响应具有社会影响力的社会问题；等等；[3] 从实体刑法学的角度看，过罪化议题直接关乎行刑不分、刑民不分、刑法规范模糊性、刑法规范重叠性、刑罚处罚范围问题；等等；从刑法哲学的角度看，过罪化议题还直接与道德主义刑法的范围、家长制主义刑法的范围等重大刑法哲学密切相关。

---

〔1〕 See Paul J. Larkin, "Regulation, Prohibition and Overcriminalization: the Proper and Improper Uses of the Criminal Law", *Hofstra Law Review* 42, 2014, p. 749.

〔2〕 See Douglas Husak, *Overcriminalization—The Limits of the Criminal Law*, Oxford University Press, 2008, p. 5.

〔3〕 See Stephen F. Smith, "Overcoming Overcriminalization", *The Journal of Criminal Law & Criminology* 102, 2012, p. 590.

其次，成本收益分析法为过罪化问题的分析提供了简单易懂的思考路径，是批评过罪化的有力学术分析武器。如前所述，桑福德与哈伯特在同时代不约而同地专门研究刑法被滥用的过罪化问题，二人皆根据成本收益分析法判断刑法是否被滥用、某个刑法规范是否是过罪化。但是，哈伯特对成本收益分析法的阐述更详细、具体和清晰，哈伯特认为，限制刑事制裁过度使用具体是指：立法机关判断是否应将某种行为规定为犯罪、最终致使行为人遭受刑事制裁，首先应考虑的是启动刑事制裁带来的成功预防、减少犯罪的社会收益，以及启动刑事制裁导致的道德成本和实践成本，还应考虑是否存在也能实现同样目的的其他社会控制手段。[1] 哈伯特还在其专著《刑事制裁的限制》中的最后一章，通过具体论证重婚、乱伦、淫秽物品、卖淫、醉酒、堕胎、赌博和毒品等道德问题，对成本收益分析法的刑事制裁限制标准予以具体检验。

据此可看出，过罪化草创阶段提出的成本收益法直接影响了当今过罪化问题的进一步深入研究，影响了现阶段的很多学者。例如，杰拉尔丁·斯特·莫尔(Geraldine Szott Moohr)认为，成本收益分析法是界定过罪化问题客观存在的方法，具体是指应采用成本收益分析法来界定过罪化的概念，认为将某种行为规定为犯罪后所产生的成本花费超过刑法规制所获得的利益好处，这种犯罪化即为过罪化。[2] 过罪化问题的专门研究在现阶段也传至中国，何荣功教授也是从过罪化的危害后果出发，认为过罪化导致国家司法资源配置不合理、公众对刑法认同的缺失、阻碍对社会治理方法的创新等问题，以此判断过罪化问题存在于我国。[3] 除此之外，我国也有学者以著作权侵权行为的过罪化为切入点，以成本收益分析法，即刑事执法成本远远超过执法收益，无法实现社会福利最大化，判定我国著作

[1] See Herbert L. Packer, *The limits of The Criminal Sanction*, Stanford University Press, 1969, p. 226.

[2] See Geraldine Szott Moohr, "Defining Overcriminalization through Cost - benefit Analysis: the Example of Criminal Copyright Laws", *American University Law Review* 54, 2004, p. 785.

[3] 参见何荣功：《社会治理"过度刑法化"的法哲学批判》，载《中外法学》2015 年第 2 期。

权侵权行为存在过罪化趋势。[1]

成本收益分析法作为刑法立法研究中必备的论证方法,无疑有众多好处。在刑事立法过程中,通过对刑法规范进行成本收益分析,可全面定位某项特定政策的效果或后果,从而影响立法决策。如果将成本收益分析法贯彻到底,可能会不断减少刑法条文出台的数量,也可避免出现过罪化带来的各种不利后果,例如,立法机关不再出台模糊而不明确的禁止性规范、不再将某种行为重复规定为犯罪;等等,成本收益分析法成为重要的刑事法规有效筛选装置。同时,成本收益分析法一直致力于寻求预防犯罪的非刑法替代措施,如果成本收益分析方法运用得当,有助于过罪化问题之有效解决。[2] 因为这种方式可迫使立法者在将某种行为犯罪化时,必须充分意识到考虑此议案的各种成本、消极影响、负面效果、实际执行效用;等等。在具体操作层面上,刑事立法者在有关刑法规范成本收益分析中,对于成本估量所需的材料、数据和样本等,需直接来源于与罪犯直接打交道、直接处理具体罪行的各司法部门。立法者从各地方司法部门搜集到那些材料、数据和样本后,应在立法决策过程中将新犯罪化的各种成本、消极影响、负面效果、实际执行效用以及积极效果,完整地呈献给各方参与者,使得入刑议案进入法律系统之初即得到全面的考察和探讨。[3] 立法机关也可制定出有充分必要根据、令人信服的立法决策、刑事政策、具体刑事立法,理性指导司法权的合理发挥,从而限制司法机关的自由裁量权,立法机关也可据此形成独立的刑事立法成本收益分析机制。

同时,并不能希冀单独通过过罪化的成本收益分析法,真正减弱过罪化问题的严峻性。换句话说,如今盛行的成本收益分析法在立法实践中,对过罪化问题的缓解可能不会有太大功效。因为一旦进入真实的立法实践环境,真正开始通过这种分析方法寻求准确的答案时,对成本和收益

---

[1] 参见姜顶、蒋文玉:《著作权侵权行为过度犯罪化成本与效益分析》,载《湖南科技学院学报》2014 年第 6 期。

[2] See Darryl K. Brown, "Cost - Benefit Analysis in Criminal Law", *California Law Review* 92, 2004, p. 328.

[3] See Geraldine Szott Moohr, "Defining Overcriminalization through Cost - benefit Analysis: The Example of Criminal Copyright Laws", *American University Law Review* 54, 2004, p. 807.

的量化结果只会反映结果提供者的主观倾向。同时,“入刑成本”很难被测量、难以被量化,使极易忽略刑法的成本花费。立法者为加快新刑法规范出台的进度,甚至会故意忽略真实的刑法成本。进一步说,成本收益证据的持有者,对某种刑法规定是否属过罪化的观点,会与其意图解说得出的成本收益分析结果保持一致,即新刑事规范制定机关决定对某种行为予以犯罪化时,会根据同一个理由,遵循“不行也行”的日常思维逻辑,照样会不断制定新刑事规范,而无法做到理想、客观、全面和公正地抗击过罪化问题。笔者认为,刑事立法机关只有遵照公正的应得报应惩罚的原则,才更有可能延缓过罪化的严峻形势。从政治哲学角度视之,公正应得报应惩罚原则与成本收益分析法最根本的区别在于成本收益分析是功利主义理论,而本书提倡的公正应得报应惩罚理论是反功利主义的理论,是旨在实现刑法正义的自由主义理论。该自由主义理论充分尊重个体尊严、道德人格、意志自治、每个公民平等地享受不被犯罪化的权利;等等(进一步论述请见本书第五章)。而以成本收益为分析关键词的功利主义理论,旨在实现最大多数人的最大幸福,这溶解了公民的道德人格,使其变成对功利无人情味地累积,这也能说明为何功利主义的成本收益分析法易被力主犯罪化的群体所操纵。[1] 当然,不可否认的是,成本收益分析法作为刑法问题中相当普及的分析方法,如果运用在立法论证过程中,可能会引出很多有价值的明确争论点,同时在解决过罪化问题的论证中,仍有一定的参考价值。因此本书对过罪化问题发生原因和后果方面的论证中,也采纳成本收益分析法。毕竟如今成本收益分析法在过罪化问题研究中处于盛行阶段,这使学界对过罪化的核心认知力大致保持一致,即都认为对大量的行为使用刑法手段予以规制,造成的恶害远远大于收益,这种情况即说明存在过罪化问题。

最后,该时期过罪化的研究视角极其丰富多样,且有权威组织以推动美国刑法改革为视角,对过罪化问题开展专门研究。例如,2004 年 10 月美国遗产基金会和全国刑事辩护律师协会二者身负明确任务,联手《美国大

---

〔1〕 See David A. J. Richards, *Sex, Drugs, Death, and the Law: An Essay on Human Rights and Overcriminalization*, Rowman & Littlefield Publishers, 1986, p. 10.

学法律评论》专门共同检讨过罪化议题。[1] 双方从不同哲学系谱角度,都正式全面承认美国刑事司法系统中存在严重的过罪化问题。同时现阶段,最高权力机关议会,也开始全面着手解决过罪化问题。2010年,美国国会举行了评估和解决过罪化问题的听证会。[2] 2013年5月,美国众议院司法委员会设立了一个两党制的特别工作组,该工作组的任务是检视过罪化问题。此外,还有学者从过罪化视角研究移民问题。[3] 还有学者对欧盟刑法在过罪化视角下进行研究。[4] 但在实体刑法规范学中,最引人注目的是胡萨克从解决过罪化问题的角度出发,提出约束刑法至最小化的规范犯罪化理论。[5] 这使得对过罪化问题的研究,从草创阶段以刑事政策为主和发展阶段以刑事诉讼为主,发展出以实体刑法的原则性规范犯罪化理论为主的研究新局面。据此,如今对过罪化问题的专门研究主要有三大派。一是以政治社会活动家为首的社会改革派,主要提倡应充分维护公民自由,抵抗行政福利国家的过度干涉;二是刑事诉讼程序改革派,主要主张充分利用正当程序保障规则、严格的司法解释限制规则、检察机关庞大的自由裁量权、立法机关非犯罪化之权力等,应对过罪化问题;三是实体刑法改革派,主要主张将刑事立法民主化、犯罪化理论原则化,从而限制实体刑法的范围,这也正是本书的研究侧重点,是第三个分支。例如,如今已有学者在继承科菲对白领犯罪过罪化问题研究的基础上,研究滥用计算机、计算机诈骗相关行为规范的公正规范目的,力求瞄准严重的具体刑事违法行为,避免过度宽泛、包容一切、模糊不清的刑法规范,减少计算机刑法规范

---

[1] See Ellen S. Podgor, "Overcriminalization: The Politics of Crime", *American University Law Review* 54, 2005, p. 541-543.

[2] See Jim E. Lavine "Reining in Overcriminalization: Assessing the Problem, Proposing Solutions: Hearing Before the Subcommittee on Crime, Terrorism, and Homeland Sec. of the H. Comm. on the Judiciary", http://judiciary. house. gov/hearings/printers/11th/I1 11 - 151 58476. PDF.

[3] See Jennifer Chacon, "Overcriminalizing Immigration", *Journal of Criminal Law, Criminology and Police Science* 102, 2012, p. 613.

[4] See Valsamis Mitslegas, "From Overcriminalisation to Decriminalisation: The Many Faces of Effectiveness in European Criminal Law", *New Journal Of European Criminal Law* 5, 2014, p. 415.

[5] See Douglas Husak, *Overcriminalization—The Limits of the Criminal Law*, Oxford University Press, 2008, p. 50-58.

的过罪化问题。[1]

回望过罪化研究的历史可看出，过罪化问题在刑法中独立学术地位的确立，最初主要来源于刑法在司法实践中具体适用时出现的各种不公平问题。三个阶段的研究成果一脉相承、各有侧重、延续发展、不断深化。同时所有专门研究过罪化问题的学者，都赞成不得过度使用刑法、不得滥用刑法，应该限制刑法的范围、约束刑法的适用。

第二节　过罪化的一般判断标准

通过前文对过罪化三种判断方法的分析可知，虽然它们皆有缺陷，但在运用定量分析法或成本收益分析法时，绕不开定性分析法。同时刑法作为一门社会科学，采纳定性方法更易于说服普通民众或学者律师。因此，本书也采纳定性分析法来分析过罪化的判断标准。本小节中，我们发现专门研究过罪化的英美学者，站在普通公民视角，对过罪化进行现象方面的一般社会考察后，提出过罪化的事实判断标准：国家利用刑法全面"管控社会"，大量日常行为被犯罪化，导致所有人皆为潜在的罪犯。如果我国符合该情形，那么普通民众即可判定我国存在过罪化。

一、大量日常行为被犯罪化

过罪化的核心要义，是特定司法管辖区利用刑事制裁管制日常行为。[2] 例如，在全球最先研究过罪化的美国，其过罪化的经典例子有：假装成神职人员是一项轻罪；[3]匿名发送淫秽信息将面临长达3年的监禁；未成年学生之间发生性关系是犯罪；[4]退休老人未提交恰当的文件而种

---

〔1〕 See Kristin Westerhorstmann, "The Computer Fraud and Abuse Act: Protecting the United Stated from Cyber-Attacks, Fake Dating Profiles, and Employees Who Check Facebook at Work", *University of Miami National Security Armed Conflict Law Review* 5, 2015, pp. 165-168.

〔2〕 See Douglas Husak, "Overcriminalization", in Dennis Patterson, Malden, *A Companion to Philosophy of Law and Legal Theory*, MA: Wiley-Blackwell(2011), p. 621.

〔3〕 参见王林：《美国刑事司法过度犯罪化——成因、后果及其对策分析》，载《理论界》2015年第4期。

〔4〕 Erik Luna, "The Overcriminalization Phenomenon", *American University Law Review* 54, 2005, p. 703

植兰花,从事兰花小买卖,被判处在美国联邦监狱服刑7个月;[1]男性被告人为查清邻家女儿为何不再与自家女儿来往,于是在网上注册虚假账号,谎称自己是花样少男,据此与邻居家女儿在网络上取得联系,并与其确定为网恋关系,网恋发展到后来"花样少男"与邻居家女儿分手,邻居家女儿自杀。该案被告人被检察机关以"违反网站使用条款、填写虚假的个人资料"起诉;等等。[2] 如今这种"过罪化恐怖故事"在美国比比皆是。[3]通过对上述例子予以定性分析,我们发现过罪化现象的荒唐实例,主要集中于经济纠纷、信息安全、生活作风、自然环境保护等社会重大问题中,而所涉及的罪行主要是管制犯,其是国家为全面管理控制社会而制定的刑法规范,其所规制的行为直接产生的实质社会危害性,皆过于琐碎和轻微,在刑法规范评价中应为偶然、无害的日常不道德行为,而不应被定性为犯罪、被施加国家惩罚。[4] 众所周知,日常不道德行为种类无数,如小偷小摸、弄虚作假、欠债不还、生活糜烂等,但国家却一直在借用作为极端暴力的强制手段,限制或剥夺实施这些日常不道德行为的行为人的人身自由,对行为人予以强烈的道德污名化,从而将大量日常不道德行为予以犯罪化。[5]这极易导致国家利用代价极其昂贵的自由刑,管制日常行为,不断恶化刑民不分、行刑不分、惩罚过严、刑法规范不明确、刑法调整范围过宽等刑法世纪大难题,即过罪化问题。[6]

二、所有人皆为潜在的罪犯

立法机关将大量日常行为予以犯罪化,使严格依照立法机关的犯罪化

---

〔1〕 See Andrew M. Grossman, "The Unlikely Orchid Smuggler: A Case Study in Overcriminalization", http://www.heritage.org/research/reports/2009/07/the-unlikely-orchid-smuggler-a-case-study-in-overcriminalization, 2009.7.14.

〔2〕 United States v. Drew(2008).

〔3〕 "The Heritage Foundation, USA vs YOU: The Flood of Criminal Law", http://thf_media.s3.amazonaws.com/2013/pdf/USAvsYOU.pdf, 2013.

〔4〕 See C. Jarrett Dieterle, "Lacey Act: A Case Study in the Mechanics of Overcriminalization", *Georgetown Law Journal* 102, 2014, p. 1305.

〔5〕 参见[美]哈伯特·L.帕克:《刑事制裁的界限》,梁根林等译,法律出版社2008年版,第246页。

〔6〕 See Stuart P. Green, "Thieving and Receiving: Overcriminalization the Possession of Stolen Property", *New Criminal Law Review* 14, 2011, p. 37. 对事前无沟通的接受被盗财物的惩罚,与实施盗窃该财物的行为的惩罚是一样的,因此前者中的行为被过罪化。

规定,所有人皆可触犯刑法而成为潜在的罪犯。[1] 之所以出现这种“所有人皆为潜在的罪犯”的现象,是因为只有公民的行为才能被国家控制,国家无法控制公民的主观意图或目的,也无法分清哪些行为人真正拥有实施实质罪行的罪过意图或目的,所以只能将所有人视为潜在的罪犯,以实现对公民的成功控制、管理或统治。因此在过罪化时代背景下,在国家看来,所有人皆为潜在的罪犯,所有人皆处于随时被国家关押的可能性之中。[2] 举例来说,在现有英美过罪化专业研究文献中,“所有人皆为潜在的罪犯”的过罪化现象的经典案例是:司法机关讯问被告人是否实施过行贿,被告人只是回答了一个“不”字后,被起诉涉嫌成立虚假陈述罪,最后被判处罪名成立。其定罪依据是《美国法典》第 18 编第 1001 节:在负责商业活动调查的联邦政府机构内,接受联邦工作人员质问时,只要被告人“明知”或“有意地”做出欺骗性或虚假陈述,行为人即构成虚假陈述罪,不需要有妨碍联邦商业活动调查的意图或目的要件。[3] 很明显,所有从商者,皆有可能随时接受司法机关的讯问,而只是说了一个“不”字,就被定罪惩罚,这就属于过罪化。由此可见,这样的刑法规范,为所有人设置了太多的刑法陷阱,让普通公民想做一个体面的、遵纪守法的良好公民都很难,因为稍微缺乏警惕,即沦为阶下囚。[4] 因此,在过罪化语境下,普通公民面临的最大风险,不是风险社会理论所主张的沦为犯罪被害人的风险,而是沦为国家刑法被害人的风险。

三、利用刑法全面“管控社会”

上文中提及的管控犯,正是利用刑法全面管控的典型规范实例。管控

---

〔1〕 See Joshua Styles, “What Can We Learn from Britt V. State: How Overcriminalization is Eroding a Fundamental Right”, *Journal on Firearms & Public Policy* 23, 2011, p. 142.

〔2〕 See Kathy Norris, “The Overcriminalization of Conduct: Consequences for One American Family”, Subcommittee on Crime, Terrorism, and Homeland Security, Judiciary Committee, United States House of Representatives, http://www. cato. org/publications/congressional - testimony/overcriminalization - conducoverfederalization - criminal - law, July 22, 2009.

〔3〕 See Stephen F. Smith, “Overcoming Overcriminalization”, *The Journal of Criminal Law & Criminology, and Police Science* 102, 2012, p. 539.

〔4〕 See Edwin Meese Ⅲ, “One Nation Under Arrest: How Crazy Laws, Rogue Prosecutors, and Threaten Your Liberty”, edited by Paul Rosenzweig, Brian W. Walsh, http://www. askheritage. org/PDF/OneNationUnderArrest_combined. pdf.

犯的主要特点是:其行为类型无限多样、不具有定型性;在特定具体情形或特定行业中适用,牵扯复杂的现代人际关系;各种管控犯有专门的目标人群;因主观罪过难以认定,遂免除或降低罪过要素的证明标准;因果关系要素具有很大的塑造性或延展性;自然犯与法定犯的界限模糊不清;以公共利益或集体利益为规范目的;规范产生的结果对该规范正当性问题至关重要;罪行或罪名标签趋于描述性,所涉专业技术细节极其繁杂;旨在预防出现危害社会利益的结果;等等。[1] 其实,如今一国中出现大量的管控犯,从而凭借刑法加强对社会管控,是可以被人理解和接受的。虽然人类逐渐发现简单、直接和强有力的刑法,在治理社会问题的方面,治标不治本,也不是治国安邦长久之计,但是国家在解决棘手的严峻社会问题时,还是渴望启动刑法,总感觉只有刑法是解决该社会问题的最强有力之武器,而我们公民一般也总是倾向于采取简单、直接、强有力的方式一次性解决棘手的社会问题。[2] 尽管如此,也不能忘本,因为根据宪法制定的刑法,应遵循、追求的基本价值是实现社会正义,而不是实现社会管控。

上述过罪化现象是由一种病理学似的犯罪化动态政治机制所主导的,这种犯罪化动态政治机制,导致如今一些国家的刑法角色,悄然地从"保障法"变为"防控法",导致大量属行政不法的行为被过罪化。[3] 该犯罪化动态政治机制,是指相互依赖程度越来越高的高科技资本经济社会,产生了大量新型、复杂的社会问题,而对社会问题最敏感的媒体,一直习惯性地对某个社会议题短时间内集中报道,给公众营造出该社会问题极其严重、猖獗的深刻印象,公众据此产生道德恐慌,遂极力呼吁司法机关尽快严惩此类行为。但司法机关须根据罪刑法定原则,审查该饱受争议的行为是否符合特定犯罪成立标准后,才能定罪量刑,以此达到公众呼吁的严惩罪犯的目的,而不能直接、快速、严厉地惩罚罪犯。因此,司法机关为实

---

〔1〕 See Jeremy Horder, *Homicide and the Politics of Law Reform*, Oxford University Press, 2012, pp. 75–76.

〔2〕 See Michael S. Moore, "Liberty's Constraints on What Should be Made Criminal Law", in *Criminalization: The Political Morality of the Criminal Law*, edited by R. A. Duff, Lindsay Farmer, S. E. Marshall, Oxford University Press, 2014, pp. 183–185.

〔3〕 参见石聚航:《刑法谦抑性是如何被搁浅的?——基于定罪实践的反思性观察》,载《法制与社会发展》2014 年第 1 期。

现办案的社会效果，为尽快严惩相关“罪犯”，必定会吁求立法机关增设新罪、降低犯罪成立标准、增强刑罚力度；等等。而立法机关为向民众表达其有所作为以获取民意支持，会急于应对该特定社会舆论环境，对这些行为尽快予以刑法规制。[1] 可见，近年来的风险预防刑法理论，正是这种病理学似的犯罪化动态政治机制在刑法基本理论中延续的产物。也正是风险预防刑法理论，为过罪化现象继续大量的存在，提供着强有力的解释和辩护。

国家之所以渴求利用刑法全面“管控社会”，对大量存在的过罪化现象“睁一只眼闭一只眼”，最现实的原因是人类面对新问题时智识有限，短时间内拿不出有效的治理方案，只能继续寻求刑法暴力手段，使少部分人成为刑法危害及其风险下的牺牲品。[2] 而英美国家专门研究的过罪化理论，正是用来减少、避免或防止少部分人成为刑法危害及其风险下的牺牲品，阻止立法机关制定不公正的、反效果的刑法，竭力避免刑法引发不必要的时代悲剧的理论。

第三节 过罪化的规范判断标准

即使在饱受过罪化问题困扰的英美国家，因过罪化现象难以被完全实例化或具象化，在判断某些刑法规范是否属于过罪化时，也充满争议。但从刑法规范的总体来看，可通过上述事实判断标准，大致判断某些刑法规范属过罪化。如果要得出过罪化存在与否的明确结论，则必须采纳蕴涵强烈价值判断的、专业的规范判断标准，因为此判断标准可直接指控过罪化在总体刑法规范中的表现形态。

一、弱化甚至无视行为的非犯罪性

“犯罪”和“刑罚”实为一体，二者被立法机关制刑权排他性地统摄、融合。立法机关的制刑权，来源于全体公民基于道德情感、良心直觉对侵犯

---

〔1〕 See William J. Stuntz, “The Pathological Politics of Criminal Law”, *Michigan Law Review* 100, 2001, p. 531.

〔2〕 See Michael S. Moore, “Liberty's Constraints on What Should be Made Criminal Law”, in R. A. Duff, eds., *Criminalization: The Political Morality of the Criminal Law*, Lindsay Farmer, S. E. Marshall, Oxford University Press, 2014, pp. 203–204.

自身人身和财产的行为，予以极其强烈、持久、广泛的道德谴责、污名、非难且竭力呼吁对实施此种行为的行为人施加自由刑或死刑，这才是刑法独有的犯罪性。[1] 例如，在美国《模范刑法典》中犯罪被定义为“刑法典或其他法律授权可运用死刑、监禁的行为”。这种犯罪性看似以“犯罪概念或犯罪定义”为认定核心，但实则以“刑事制裁或刑罚”为认定核心。之所以以刑罚本位来界定犯罪性，皆因在过罪化语境下，犯罪惩罚的手段、方式、适用范围等扩张，必然会扩大刑法边界，造成过罪化问题。[2] 因此，只有行为具有这种犯罪性后，国家才能迫不得已地使用自由刑或死刑这种极端暴力规制该行为。[3] 因此虽然刑法规范中一般设有罚金刑，但无法视“罚金刑”为“真正的刑事惩罚”，不应出现法定刑只有单处罚金刑的刑法规范。[4] 行为“不具有犯罪性”或“犯罪性较弱”，是指对某种行为只存在刑法禁令、只满足犯罪化形式不法要件，该行为无法或难以引起全体民众对行为人极其强烈、持久、广泛的道德谴责、污名、咒骂或非难，也无法使全体民众竭力呼吁对行为人施加自由刑或死刑。[5] 因此，当出现这种“无犯罪性”或“犯罪性较弱”的刑法规范时，即可判断存在过罪化问题。众所周知，社会中所有道德谴责、污名、咒骂或非难代表着一股强大的道德力量，表现为道德权威。而当权者自诩为这股道德力量的化身、为道德权威的代名词，并不断通过对侵犯公民人身权利、财产权利的罪犯施加惩罚，强化其道德力量，巩固其道德权威。但是，如果某种行为不具有犯罪性或内在犯罪性较弱，这会减弱刑法的道德权威、减少刑法的道德力量、稀释刑法的道德价值、耗尽刑法的道德活力，最后导致出现反效果、不公正的惩罚。而专门研究过罪化的学者，正是反对刑法将不具有犯罪性或犯罪性较弱的行为规制为犯罪行为，同时批评国家机关利用刑法这种迫不得已的极端暴力，人为地塑造特定行为的犯罪性，将原本不具有强烈道德谴责、污名、咒

---

[1] 参见胡莎：《论卡特尔行为的过度犯罪化》，载《中国刑事法杂志》2015年第5期。

[2] 参见黄晓明：《论刑法边界的坚守——犯罪本位与刑罚本位的思辨》，戴玉忠、刘明祥主编：《刑罚改革问题研究》，中国人民公安大学出版社2013年版，第9页。

[3] 参见陈忠林：《刑法散得集》(Ⅱ)，重庆大学出版社2012年版，第30~32页。

[4] See Douglas Husak, “Reservations about Overcriminalization”, *New Criminal Law Review* 14, 2011, p. 105.

[5] See C. Jarrett Dieterle, “Lacey Act: A Case Study in the Mechanics of Overcriminalization”, *Georgetown Law Journal* 102, 2014, p. 1279.

骂或非难等的不道德行为，上升至具有强烈道德谴责、污名、咒骂或非难的犯罪行为，不断大量消耗刑法的道德权威、减少刑法的道德力量、模糊刑法的道德声音、滥用刑法的道德资源、吞噬刑法的道德活力，大力赞助过罪化，进而持续减弱刑法可被信仰的程度，反增民众对刑法嘲弄、蔑视、讽刺的程度。[1] 这又会产生一股反对过度使用刑法的新的道德力量或道德权威，特别是在过罪化时代背景下，这股新的道德力量或道德权威正快速聚集。例如，在美国，违反现代价值的过罪化正在不断消耗着主导刑事司法系统的强大道德力量，过罪化越来越不得人心。[2] 更引人注目的是，这股新的强大道德力量如今在美国已经汇聚成一场刑事司法系统的改革运动、[3]一场“反过罪化”的公民权利运动。[4]

二、降低或抛弃行为人的主观罪责

过罪化这一较新词汇，基本上是指过度使用和滥用刑法，即利用刑法处置那些在传统上不具有主观道德罪责的行为。[5] 归根结底，过罪化是国家施加不公正惩罚的代名词，因为行为人必须是有意实施国家禁止的行为，若为无意，使其遭受惩罚即为不公正。[6] 其中“有意”是指行为人必须具有主观道德罪责，行为人在实施行为之时，同时存在犯行和支配该犯行的一致犯意，这也是“犯行与犯意相对应原则”（correspondence principle）。过罪化最显著的表现，是将某种行为予以犯罪化时降低、忽略行为人的主观罪责，不考虑被告人动机、角色和独立人格等，而主要以被害人遭受的金钱损害数量、被告人支付给被害人的金钱赔偿数量、被告人实际获得的违

---

〔1〕 See A. P. Simester, Andreas von Hirsch, *Crimes, Harms and Wrongs, On the Principles of Criminalisation*, Hart Publishing, 2011, p. 20.

〔2〕 See Erik Luna, “The Overcriminalization Phenomenon”, *American University Law Review* 54, 2005, p. 719.

〔3〕 See Paul Rosenzweig, “Over - criminalization - an Agenda for Change”, *American University Law Review* 54, 2005, p. 809.

〔4〕 See Roger A. Fairfax, Jr, “From ‘Overcriminalization’ to ‘Smart on Crime’: American Criminal Law Justice Reform—Legacy and Prospects”, *Journal of Law, Economics & Policy* 7, 2011, p. 608.

〔5〕 See Paul J. Larkin, “Regulation, Prohibition, and Overcriminalization: the Proper and Improper Uses of the Criminal Law”, *Hofstra Law Review* 42, 2013, p. 745.

〔6〕 参见[古希腊]亚里士多德：《尼各马可伦理学》，苗力田译，中国人民大学出版社2010年版，第108页。

法收益等结果为标准。例如,近现代美国的成文法运动将主观罪责要件也制定法化,但将其予以无限扩大解释,将“意图”简单解释成“明知”。〔1〕众所周知,主观罪责要件主要保护那些无犯意或犯罪目的、对犯行特定事项缺乏明知的人免于遭受不公正的惩罚。但英美刑法中的严格责任、绝对责任、构造责任和代理责任等,抛弃行为人主观罪责,属典型的过罪化。尤其针对现代企业犯罪,立法机关在未充分考察企业自我管理、自我规制的具体情况,未考察企业是否形成不遵守法律的文化等真正的企业犯意的情形下,将大量缺乏真正企业犯意的行为予以犯罪化,这是如今过罪化最典型的表现之一。〔2〕再如,前文被告人说个“不”字后被定罪的案件中,虽然美国最高法院所做的该判决完全忠实于《美国法典》,但法官严重忽略行为人的真实意图或目的,因为在刑法规范评价中,被告人的真实意图,是出于人人皆有的自我保护本能从而意图保护自身免遭刑法风险,被告人说出“不”字的时候,并无意图妨碍联邦商业调查活动。同理,我国现行《刑法》中也存在类似刑法罪名。例如,在包庇案件中,行为人的主观意图并非妨碍司法机关办案,而是意图保护自己的亲人免受刑罚之痛,而我国有时会忽略行为人的这种主观意图,只从行为人的外在行为来推断成立“包庇”;还有,在“律师伪证”案件中,行为人的主观意图并非妨碍司法机关办案,而是意图保护代理人的权益和自由,而我国有时也会忽略行为人真正的主观意图,单从行为人的外在行为来看“伪证行为”。因此,我国早有学者指出,无限扩宽甚至忽略真正的罪过心理,正是我国处在过罪化时代的典型表现。〔3〕

早在 1963 年桑德福教授已提出不具有传统人类真正主观罪责性的经济法规犯罪,存在太多不确定:因违反经济法规而被施以刑事制裁,对预防犯罪真的有效吗?真正刑事定罪的强烈道德责难关联度,是经济法规得以

---

〔1〕 See George J. Terwilliger Ⅲ, “Under-Breaded Shrimp and Other High Crimes: Addressing the Over-Criminalization of Commercial Regulation”, *American Criminal Law Review* 44, 2007, p. 1419.

〔2〕 See Carlos Gomes-Jara Diez, “Corporate Culpability as a Limit to the Overcriminalization of Corporate Criminal Liability: The Interplay Between Self-regulation, Corporate Compliance, and Corporate Citizenship”, *New Criminal Law Review* 14, 2011, p. 88.

〔3〕 参见何荣功:《自由秩序与自由刑法理论》,北京大学出版社 2013 年版,第 6~7 页。

执行的必要武器吗？法定犯这种半刑事类别的犯罪，能传达足够的国家强烈遏制罪恶行径的信息吗？规制无任何道德责难关联度的过激经济交易活动的经济法规，能够得以充分有效地实施吗？不能被施以监禁措施的经济罪犯，对其施以民事制裁措施或行政制裁会更有效吗？〔1〕时至今日，研究过罪化的学者仍不断质疑：公司刑事责任能有效发挥刑法的威慑作用吗？单位犯罪，惩罚的是罪过之人还是无辜者？除刑事责任外，是否还有其他替代责任？〔2〕甚至有学者直接指出公司刑事责任与传统的个体刑事责任是不同的，个体刑事责任需要行为人的主观犯意，这是组成社会的基本伦理责任，而公司刑事责任缺乏这种伦理责任，导致公司相关行为被过罪化，使立法机关以公共秩序、公共安全、公共卫生等名义，将不具有传统犯意的行为过罪化。〔3〕

三、滥用刑法特有的责难功能

根据以应得报应为基础的现代报应惩罚理论，刑法的特有功能主要是责难功能，而预防功能是刑法在发挥责难功能时的重要附带功能。其中责难功能，是指立法机关将各种类型的、足够严重的不法行为规定为犯罪、设置相应自由刑或死刑，而司法机关据此对实施此种行为的行为人予以定罪、量刑或惩罚，从而国家得以向社会宣告、传达或表达实施此种不法行为，将会遭受自由刑或死刑而承受强烈、持久或广泛的公共责难或道德谴责之信息，从而公开威慑恐吓、教育警示民众不应实施此种行为。因而刑法在发挥其特有的责难功能时，会附带地掺杂或显示其预防功能，即减少、阻止或遏制行为人实施被国家明文禁止的行为的预防功能。具体来说，被国家明文禁止的行为会对公民的生命健康、重大财产、公共秩序、社会安全等产生严重危害及其风险，而刑法通过发挥责难功能，威慑恐吓行为人完全不实施或较少实施此种行为，行为人因恐惧遭受自由刑或死刑、惧怕刑

---

〔1〕 See Sanford H. Kadish, "Some Observations on the Use of Criminal Law Sanctions in Enforcing Economic Regulations", *The University of Chicago Law Review* 30, 1963, p. 449.

〔2〕 See Larry D. Thompson, "The Reality of Overcriminalization", *Journal of Law, Economics & Policy* 7, 2011, p. 580.

〔3〕 See Jeffrey S. Parker, *Corporate Crime, Overcriminalization, and the Failure of American Public Morality, in The American Illness: Essays on the Rule of Law, edited by F. H. Buckley*, Yale University Press, 2013, p. 414.

法的威慑力,据此完全不实施或较少实施此种行为。但是,在如今将刑法作为全面“管控社会”的国家机关看来,刑法这种强大的责难功能及其附带的预防功能,实质上是管控功能,即全面管理、控制社会的功能。“管控功能”,是指现代法治国家为加强法律在全社会的有效实施、极其充分地发挥刑法的责难功能,依赖刑法进一步将“禁止实施违反法律的行为”规定为新的刑法规范,从而将实施违反“禁止实施违反法律的行为”的刑法规范的行为,规定为犯罪、施加自由刑,最后通过此机制发挥刑法的管控功能。但刑法特有的责难功能有效发挥的前提条件,是该刑法规范应有可能使行为人产生负罪感,如果刑法规范无法使行为人产生持久的负罪感,即为滥用刑法,也是过罪化的典型表现之一。这里的“负罪感”并不是指行为人必须事实上产生了负罪感,而是应该有产生负罪感的可能性。其中负罪感包括两个面向:一是从理性价值判断的角度来看,行为人应该有可能真正地认识到自己的重大罪行、承认自己的严重罪过,即知罪、认罪;二是从个人情感体验的角度来看,行为人应该有可能真正地悔恨自己曾经犯下的重大罪行,即悔罪。因此,为制定应该有可能使行为人产生负罪感的、限制公民自由的刑法规范,行为人必须具有主观罪过要件,以及在遭受限制自由的惩罚时有正当程序保障,而且对罪犯施加自由刑时必须遵守“公平警告原则”(fair warning principle)、“犯行与犯意相对应原则”、“惩治合比例性原则”(proportionate principle)等。如果运用刑法时不遵守上述刑法内在的功能、条件或原则,即属于过罪化问题。[1] 我国也存在滥用刑法特有责难功能的情形,例如,根据我国现行《刑法》,认定持有犯时,一般无视行为人是否具有利用该违禁物品实施实质犯行的目的,如无视行为人持有仿真枪支并不是利用其实施暴力犯罪,因此行为人在缺乏这种利用枪支实施暴力犯罪主观罪过要件的情形下,单纯实施持有仿真枪的行为,就不可能产生负罪感,即难以认罪、知罪和悔罪;再例如,我国刑法中存在大量的“外包”现象,这使刑法对行为人缺乏事前的公平警告,行为人只有查询相应的非刑法规范、司法解释或行政指令后,才有可能确定某种行为是否构成犯罪,如果无相关司法解释等文件,连下级司法机关都几乎难以办案,普通大众更

---

[1] See Andrew Ashworth, “Symposium in Honor of Sanford H. Kadish: Conceptions of Overcriminalization”, *Ohio State Journal of Criminal Law* 5, 2008, p. 424.

无法明确获悉、知晓或理解刑法规范,也无法将充满迷惑性、不确定性的刑法作为自己的行为指南,这也是过罪化问题的表现之一。[1] 由此可见,在过罪化时代背景下的我国刑法,正陷入一种尴尬境地:从刑法功能角度来说,行为人不应构成犯罪、不应被施加自由刑;但是从适用刑法的角度来说,实施刑法禁止的行为的公民应构成犯罪、应被施以自由刑。造成这种尴尬境地的关键点,在于立法机关制定的过度宽泛、无所不包的刑法。[2] 当然,如果学者将论述重点放在国家应动用刑法打击犯罪、惩罚罪犯上,自然会主张过度宽泛、无所不包的刑法规范具有存在的现实必要性。[3] 但是,如果将论述重点放在国家应动用刑法真正地保障公民自由、维护公民权利、实现刑法正义上,必然会主张刑法规范应该清晰明确、通俗易懂、简单易行,而且还会质疑、批判、反对这种表现为过度宽泛、无所不包的刑法规范的过罪化问题。

---

〔1〕 参见张明楷:《简评近年来的刑事司法解释》,载《清华法学》2014 年第 1 期。

〔2〕 See William J. Stuntz, "Correspondence: Reply: Criminal Law's Pathology", *Michigan Law Review* 101, 2002, p. 829.

〔3〕 See Samuel W. Buell, "The Upside of Overbreadth", *New York University Law Review* 83, 2008, p. 1492.

第二章　英美过罪化的基础理论

第一节　过罪化的显著属性

当今过罪化的专门研究主要是对现行美国刑法予以全面批判,涉及众多刑法问题。[1] 通过第一章的分析,读者难免会感觉过罪化议题内涵无限广阔,也易让人产生虚无感。本节主要具体论证过罪化的四个特征,以期读者能对过罪化的四个显著属性有具体而清晰的理解:过罪化是一个极其危险的现象、一个亟待解决的问题、一场旷日持久的民权运动、一个正在进行的立法过程。

一、过罪化是一个极其危险的现象

众所周知,英语国家,尤其是美国的刑事司法系统正遭受过罪化的折磨,它对美国刑事司法系统造成巨大压力。对过罪化是一种危险现象的承认,展示了各界人士对各国刑法现状及其未来发展趋势的严重担忧,即主要具体担心的是本国现有刑事司法系统已经、正在或即将被不正当地滥用。[2] 透彻理解过罪化现

---

〔1〕 See Danny Scoccia, "Douglas Husak: Overcriminalization (review)", 189 *Ethics*(2008), http://www.jstor.org/stable/10.1086/595546.

〔2〕 See Erik Luna, "The Overcriminalization Phenomenon", *American University Law Review* 54, 2005, p. 718.

象的具体危险,才有充分理由反对过罪化。

(一)过罪化是一个危险的政治现象

过罪化在政治谱系中,已被广泛认为属一种危险的法律疾病,如今所谓的刑法实际上已成病态刑法。过罪化现象的出现,导致政治变成象征性、"喊口号"式、"表面工夫"政治,即当权者把刑法当做政治统治和政治治理的工具,而不断通过将某种行为予以犯罪化,从中凝聚全社会的正义感,进而获得大众的支持和认同,从而维护政权统治。更为极端的情况是,通过利用刑法对犯罪开战实现国家统治,将罪犯树为与人民对立的公开敌人,以此煽动群众对虚假犯罪敌人的恐惧、仇视、鄙视等强烈情绪,据此攫取强大的无形统治力量。[1] 从短期来看,统治者的确可据此攫取民意,获得民心,但从长远来看,统治者这种将刑法作为政治统治工具的客观情形,会直接威胁到共和国的法治、自由、民主和平等基本价值,以及有限政府原则、权力制衡等现代法治国家的最基本原则。因为过罪化直接表现在国家实质性地不断压缩公民的自由空间、缩窄权利范围和削弱自治能力,迅速扩大刑事司法系统中各大机构及其参与主体人员控制社会的权力,这种现象很明显与提倡公民争取权利、坚持有限政府等自由法治国的理念严重不符。

(二)过罪化是一个危险的道德现象

普通民众在日常生活中都会共同自觉遵守一种无形的集体规范。其中,公民根据哲学上传统的直觉性道德,对某种行为是不是犯罪行为、应施以多重惩罚、是否应对这种行为施加监禁刑等问题,都会存在一个普遍性的基本共同看法。但过罪化背景下,刑法中出现很多具有道德中立性的犯罪,即该犯罪行为在道德上并未被强烈地谴责,但实施该行为的行为人却构成犯罪。同时即使行为人不具有与行为相对应的主观罪过,也构成犯罪。这些未获得道德支持的刑法规范不具有公开的合理性。对实施不具有道德罪责性行为的行为人施加万不得已才能实施的极端暴力,会在公民心中萌生对整个社会巨大的愤恨、仇恨情绪,这种情绪的破坏力极强。因

---

[1] See Jonathan Simon, *Governing Through Crime: How the War on Crime Transferred American Democracy and Created A Culture of Fear*, Oxford University Press, 2007, p. 75.

此，应确保象征极端暴力和庞大权力的国家刑法权力受到严格限制。[1]

当然有学者会从法律道德主义角度，认为遵守法律是一种道德义务，而不遵守法律违背道德义务是一种不道德的行为，应在道德上给予不遵守法律者强烈谴责；同时还认为，前述道德中立一词本身很模糊，在不同语境下道德具有不同的含义，从而应当对刑法中的道德进行全新解读，认为刑法规范的道德内容主要是指行为的社会危害性、行为人的罪过心理和行为违反道德标准，例如，违背诺言、欺骗、作弊等日常不道德行为，而实施这些不道德行为的行为人，即已蕴含道德罪过心理。因此，认为对实施这种不道德行为的行为人施以惩罚，体现了刑事惩罚中的报应主义，在道德上属于罪有应得，具有道德正当性。但是，持上述观点的学者是在假设法律皆为公正的前提下，认为不遵守法律具有道德过错。[2] 殊不知，自由、民主、法治社会中的理性公民，也有不遵守不公正法律的道德义务，这种不遵守不公正法律的行为，并非不道德的。可见，对于某种行为的道德评价，会存在两种以上截然不同，甚至是相互冲突的道德主张，并不是作为国家权威的法律规定某种行为是不道德的，该行为即为不道德。判断某种行为具有不道德性的主体，应该是身心健康的普通理性民众。具体判断标准是，如果某种行为会产生直接真实的被害人，第三方对该行为产生强烈的愤恨、愤怒、谴责、焦虑等负面情绪，行为人也有可能对自己实施的某种行为感到深深懊悔、充满罪恶感，那么该行为即为不道德。因此，如果行为并未产生直接真实的被害人，而且行为人认为某种法律本身不公正，对于违反这种法律也未感到上述罪恶感，同时第三人对行为人的违反行为也无上述强烈的负面情绪，那么该行为就是道德的。

但值得肯定的是，在大多数守法的情况下，行为人不遵守法治社会得以有序运作的既定公平游戏规则，确实是不正当地利用他人皆守法的优势

---

〔1〕 See Jeffrey S. Parker, "Developing Consensus Solutions to Overcriminalization Problems: The Way Ahead", *Journal of Law, Economics & Policy* 7, 2011, p. 744.

〔2〕 See Stuart P. Green, "Why It's a Crime to Tear the Tag off a Mattress: Overcriminalization and the Moral Content of Regulatory Offenses", *Emory Law Journal* 46, 1997, pp. 1582-1583.

地位获取不公平利益,这初步看来是不道德的。[1] 特别是在"管控犯"语境下,遵守法律、信奉公平游戏规则首先是一种相互合作的道德义务。[2] 但问题是,这只是一种初步看上去不道德的行为,除了先判断行为人是否遵守法律外,还要进一步考虑上述的不道德行为的具体判断标准,之后,还需进一步考察行为人是否对刑法规范的存在及其内容明知。当然,在行为人明知法律及其内容存在的情况下,守法可能就是一种道德义务。但是,如果行为人并不知道某条具体刑法规范的存在,其他普通民众也难以得知此条具体刑法规范的存在,此时守法也不是一种道德义务。而过罪化表现之一正是刑法规范太多、太繁杂,使行为人并不知道某些法律的存在。[3] 既然不知法律,或者出现法律认识错误,那么,相关刑法规范及其适用,自然得不到民众的道德支持,这反而使过罪化问题进一步加剧。因为刑法与道德不分家,在二者未紧密连接的情况下,刑法的道德中立性使刑法失去限制或剥夺公民自由的正当化理由,这会引发或加剧过罪化问题。正因为刑事规范本身是不公正的,民众按照刑法典也无法得知自身具体的某种行为是否构成犯罪,这导致公民对刑法的遵守只能靠刑事规范的具体适用来确定,之后才能安心地进行日常生活或开展工作活动。所以过罪化情况下的刑法规范,捣毁刑法及其适用的整体道德面向,玷污刑法的道德形象,因此,过罪化是一个危险的道德现象。

(三)过罪化是一个危险的社会现象

将某种行为规定为犯罪会造成重大的社会影响。当立法机关规定的犯罪和惩罚的刑法规范太多、太模糊、严重重叠时,司法机关会适用这些被过罪化的刑法规范对罪犯施加不公正惩罚,以此给罪犯、罪犯的亲朋好友和整个社会造成事前无法预料或控制的严重社会影响。[4] 例如,过罪化使大量自认为无辜的公民被污名化,承受坏声誉的精神折磨,遭受主流社

---

〔1〕 See Stuart P. Green, Lying, *Cheating and Stealing*: *A Moral Theory of White-Collar Crime*, Oxford University Press, 2007, pp. 1-8.

〔2〕 See Richard Dagger, "Playing Fair with Imprisonment", *The Good Society* 23, 2014, pp. 35-37.

〔3〕 See Edwin MeeseIII, Paul J. Larkin, Jr., "Reconsidering the Mistake of Law Defense", *Journal of Criminal Law & Criminology* 102, 2012, p. 726.

〔4〕 See Jeffrey S. Parker, "Developing Consensus Solutions to Overcriminalization Problems: The Way Ahead", *Journal of Law, Economics & Policy* 7, 2011, p. 731.

会的排斥,严重毁损其正常的公民身份地位和自由状态。而且,正如第一章所述,刑法规范太多,使社会上必定存在选择性执法和差别性执法。因为刑法规范涵盖范围过大,所有刑法规范不可能都得到具体适用,所以必然出现某些法规特别普遍常见地适用于某个特定社会群体。从整体宏观的总体刑罚量上看,刑法施加的对象大部分是社会底层贫苦人群,这类人群经济上未占优势。这说明总体刑罚的适用不是平等的,事实上有身份、地位、贫富之别。刑法规范的这种分群体、身份、地位的不平等适用,使社会阶级分层更加严重,对穷人和富人的区别对待更加严重。例如,非裔美国人占美国人口总数的13%,却占监狱总人口的50%;澳大利亚土著居民或托雷斯的海峡岛民只占澳大利亚总人口的4%,却占监狱总人口的40%。[1] 其实伴随过罪化而来的不公正影响,不仅是针对穷人,也包括富人,更包括在政治上具有权势地位之人。但国民易接受这种明显的不公正,较少思索或试图对刑法规范予以改革。也可能是因为过罪化问题牵扯的参与主体和各项制度过于庞杂,公民至多只是批评执法机关的选择性执法或差别性执法后,接受不理想的客观事实。

太宽泛的刑法规范,使行为人不知自己的行为是否触犯刑法,或即使自己的行为处于所谓刑法管制的"灰色地带",如过激的商业竞争行为,行为人也不知道处在"灰色地带"的行为是否或何时被追究刑事责任。这种不确定性使行为人始终觉得刑法规范并不完善,并且根据用词宽泛的刑法规范自我安慰,认为刑法规范并未明文规定自己实施的行为是犯罪行为。很明显,那些行为人难以知道具体内容的太多、太宽泛的刑法规范禁令,无疑给行为人早早设下刑法"埋伏"。日新月异的信息高科技社会,不断有新犯罪情况出现,为弥补刑法规定的滞后性,使刑法具有更长远的普遍适用性,国家不可避免地创制公开且模糊的刑法文本,但是这既为有力打击违法犯罪分子提供了坚实的文本依据,同时也阻止了人们大胆从事对社会有价值的日常实践活动,从而压缩公民在社会中的自由。

过罪化还降低公众的社会生活质量,使人们活在刑事惩罚的焦虑中。例如,第一章第二节中撕掉床垫标签的行为被规定为犯罪行为,这是一种

---

〔1〕 See Robert Young, Douglas Husak, "On Dispensing with the Malum Prohibitum Offense of Money Laundering", *Criminal Justice Ethics* 28, 2009, p. 108.

典型的压迫性、侵入性和“无微不至”的国家惩罚权力施展的结果。这严重加剧了民众恐惧遭受刑事制裁风险的焦虑感，侵犯公民免受压迫恐惧的自由，也不利于全体公民平静生活质量的维持和提升，“用脚投票”的民众也会大量地涌入过罪化问题相对较弱的司法管辖区。

过罪化问题还引发不必要的犯罪行为。如前所述，公民有遵守法律的道德义务，但是公民也有不遵守不公正法律的道德义务。如果刑法规范本身不公正，那必定会引起民众的无形抗争，某些刑法规范的权威性也荡然无存。例如，对特别看重自身利益的民众，当国家机关出动司法强力对民众严格管理、严肃整治或对其拘捕关押限制其自由时，民众会本能地奋起反抗，从而诱发更严重的新犯罪。

过罪化的社会背景下，行为人除一般不敢杀人、放火、强奸、抢劫外，遵守刑法多半只是个笑话。因为当行为人觉得社会上所有人都是潜在罪犯、只是暂时未被绳之以法时，这不利于社会形成遵守法律的文化。行为人的心理会是，反正其他人都在打刑法“擦边球”，于是自己也随大流，打刑法的“擦边球”，反正法不责众。这就是当今过罪化背景下，民众对遵守刑法所具有的普遍心理。

（四）过罪化是一个危险的法律现象

如今美国刑法最紧迫的问题是刑法太多。〔1〕特别是立法机关过度授权警察、检察机关过度使用刑法，使轻微、琐碎的违法行为都构成犯罪，即使其造成损害的可能性很低、危害性不足。〔2〕这些都直接严重侵蚀了现代法治理念，使法律成为不平等、不公正的代名词。而且，当人们觉得某条刑法规范荒谬、愚蠢和不公平时，会忽视或规避这种规定。如果司法机关仍适用该规定，民众会认为社会中存在严重的司法不公问题，提及司法时会将司法与不公正联系在一起，以此对司法表示强烈失望，从而藐视法律、不尊重法律、不信任法律。过罪化问题也使警察的拘捕权无限扩大，越来越多的民众有被突然拘捕关押的经历，即使大量的拘捕关押行为最终未导

---

〔1〕 See Douglas Husak, *Overcriminalization—The Limits of the Criminal Law*, Oxford University Press, 2008, p. 3.

〔2〕 See Stuart P. Green, “Why It’s a Crime to Tear the Tag off a Mattress: Overcriminalization and the Moral Content of Regulatory Offenses”, *Emory Law Journal* 46, 1997, pp. 1545-1546.

致起诉、定罪、量刑或惩罚,但被拘捕的经历不仅严重影响民众的生活质量,而且不必要地大量消耗国家应放在命案、劫财案上的人力、物力、财力等宝贵的司法资源。〔1〕

过罪化还会产生刑法的过度威慑,过度威慑等于没有威慑。例如,实证数据表明,对被告人增加量刑,使被告人最终遭受的惩罚更加严厉,事实上无法有效地威慑社会人将来不实行该行为或类似行为,无法使刑法增强预想中的威慑力。〔2〕 而过度威慑等于没有威慑的心理机制是,公民最初对严厉惩罚的强烈恐惧会使其表现为顺从,但巨大的恐惧感突破一定临界点后,当公民认为某种行为不应构罪时,会形成对特定刑法规范的无形抵抗、视而不见或不以为然等效果,致使最初对刑法的恐惧感渐渐被淡忘,刑法对其丧失威慑力。

二、过罪化是一个亟待解决的问题

如今过罪化是一个亟待解决的限制国家刑法权力的问题,应从专门解决过罪化问题的角度出发,反思整个刑事司法体系,并对其加以改革。即使有行为人暂时无法具体感知刑法正在被频繁过度地滥用,或者认为现代社会国家频繁动用刑法是必然的正常现象,但刑法的恰当、合理的限制问题仍值得高度重视、重点研究。〔3〕 如前所述,过罪化问题主要是指国家刑法权力太大,颁行太多、太宽泛、太抽象的刑法规范,实行太多、太重和太严厉的刑罚,导致司法实践中出现大量的不公正惩罚。对过罪化问题的具体批评包括很多内容,但主要集中在刑法的过度联邦化,对相对琐碎的行为予以犯罪化,抛弃传统的罪责要件、存在多余的刑事法律规范、使用过度严厉的制裁措施、监禁率居高不下、监狱人满为患、刑事司法实践中存在很多不平等现象等,这些都是刑法膨胀发展过程中,产生于刑法自身的问题。但是,有学者认为上述的过罪化问题,并不需要被纠正。该学者认为,过罪化问题事实上是指过度宽泛的刑法规范,而过度宽泛的刑法规范本身并不

---

〔1〕 See Stuart P. Green, "Is There Too Much Criminal Law?", *Ohio State Journal of Criminal Law* 6,2009,p. 738.

〔2〕 See Lucian E. Dervan, " White Collar Overcriminalization: Deterrence, Plea Bargaining, and the Loss of Innocence", *Kentucky Law Journal* 101,2013,pp. 739-740.

〔3〕 See April Frazier - Camara, " Overcriminalization of Redemption: Fixing a Broken System, Not Broken People", *Criminal Justice* 28,2013,p. 23.

是一个问题。[1] 具体来说,狡猾歹毒的罪犯总是不断地费尽心思地逃避国家对其追究刑事责任,或想方设法减轻国家最终对其施加的刑事责任,于是会专门实施一些独具创造力、新颖性,又处在刑法规范"灰色地带"的不正当行为。国家为预防这些新违法行为,必定会将这些违法行为规定或解释为犯罪行为。但之后违法者的违法犯罪手段又会推陈出新、升级换代,而国家须立即跟进,不断将新违法行为扩充进刑法规范中,并在刑事责任的严厉程度上不断加码。因此,犯罪分子和立法机关犹如玩起"猫捉老鼠"的游戏,"道高一尺,魔高一丈",不断地、循环性地斗智斗勇,通过二者的合力,最后很正常地创造出过度宽泛的刑法规范,以及成功地打造出越来越复杂、繁多、严密、重型、凶猛的刑法工具。但实际上,所谓的违法犯罪行为都是罪犯发明设计的,国家只是注意到新犯罪方式后,将其规定为犯罪。很明显,上述观点是从立法机关打击、惩罚罪犯的角度出发,采取的"头痛医头,脚痛医脚"的被动回应防御性策略,这明显不同于抗击过罪化的保障公民自由和实现公正惩罚的视角。由此可见,过度宽泛的刑法规范与过罪化问题是两个不同的议题,即使二者有时确实难以截然区分。[2] 如果学者将论述重点放在国家使用刑法打击犯罪、惩罚罪犯上,自然会觉得过度宽泛的刑法规范的存在具有现实必要性。但如将论述重点放在切实实现刑法正义、保障公民自由、维护公民权利,以发展、完善刑法、促使刑法改革上,即能理解刑法规范必须明确、清晰易懂,必然会反对过度宽泛的刑法规范。如果依循国家打击罪犯需过度宽泛刑法规范的逻辑,也可得出过度宽泛的刑法规范会使社会更多的行为人成为潜在罪犯,本身极其有限的司法资源必然会恶化刑法实施不力问题,因为社会中的"犯罪黑数"本身客观存在、无法消除。过度宽泛的刑法规范,会使"犯罪黑数"进一步增加,"犯罪黑数"主要有两种:一是犯罪行为根本未引起警察注意;二是警察知道何人在犯罪,但是出于种种客观原因,无法将犯罪分子绳之以法。"犯罪黑数"主要集中在传统的核心犯罪,并不是所谓的新形势下的违法犯罪行为,而刑法早已对传统的核心犯罪布置了密不透风的法网。如果呼吁立

---

〔1〕 See Samuel W. Buell, "The Upside of Overbreadth", *New York University Law Review* 83, 2008, p. 1492.

〔2〕 See Samuel W. Buell, "The Upside of Overbreadth", *New York University Law Review* 83, 2008, p. 1506.

法机关明文规制新犯罪行为，这会直接产生更多的“犯罪黑数”，使“犯罪黑数”的客观存在正常化。因为事实上立法机关不断宽泛地制定刑法规范，难以成功地对抗老奸巨猾、意志坚定的罪犯，反而会激发罪犯的作案灵感和忤逆斗志，使“道高一尺，魔高一丈”的游戏永恒持续下去，探寻过罪化问题解决之道的议题，也始终无法提上刑法改革的日程。为清楚地说明为何有学者认为过罪化问题并不是一个亟待解决的问题，反而认为惩治犯罪是一个亟待解决的问题，笔者画出一个简单的流程图，便于读者理解。（如图1所示）

①存在大量逃避追究刑事责任的违法者

⇕

②国家立法机关扩大刑法规范

⇕

③刑法规范和总体刑罚太多、太宽泛

⇕

④大量不公正惩罚或惩罚无辜者的司法不公

图1　犯罪圈扩张流程

从犯罪圈扩张流程图中可看出，关注点或出发点不同，对过罪化问题的理解也不同。绝大部分人会直接从犯罪事态很严峻、犯罪分子很猖獗、大量违法者未承担其应承担的刑事责任、应加大对犯罪分子严惩的角度出发①，坚决认为国家立法机关需继续出台更全面、更严密、打击力度更大的刑法规范②，这导致国家总体刑法规范和总体刑罚太多、太宽泛③。而国家总体刑罚量和刑法规范调整范围过大③，反映刑事法网覆盖范围大、刑法调整范围广阔②，打击力度大，但即便如此，随着社会的发展，仍有大量违法人员正逍遥法外①，这又会归咎于国家的刑法法网不够严密等②，于是出现①→②→③③→②→①→②→③③→②……正是这种持续不断的恶性循环，导致总体刑法规范范围和总体刑罚量越来越膨胀③。但大部分人到③之后，会认为这是立法机关制定的刑法规范发达、进步、完善、严密的正常表现②，不再关注刑法规范和总体刑罚太多、太宽泛③所导致的大量不公正惩罚，以及惩罚无辜者的司法不公问题④。因为从①→②→

③,已足以证明国家拥有过度宽泛的刑法规范和过度严厉的刑事制裁规则具有不可避免性和时代必然性,因而根据①→②→③,认为过罪化并不是一个亟待解决的严峻问题,而是一个正常中性的客观现象,甚至是一个受人欢迎、令人渴求、使人向往的立法状态,真正亟待立法机关解决的问题,是严峻的犯罪形势。至于之后出现的过罪化所产生的司法不公问题④,是严厉打击违法者的正常成本和代价。[1] 笔者认为,过罪化问题③→④,并不是国家治理犯罪问题的正常代价,而是必须加以避免、亟待加以解决的问题。因为过罪化问题直接导致的司法不公、惩罚不公正等是整个刑事司法系统中的宏大问题,这些问题的直接出现是对整个刑事司法系统的全面否定和彻底颠覆。实体刑法规范和刑事司法体制之所以存在,其核心价值是公正,而不是惩罚,刑法目的也不仅是惩罚罪犯、严厉遏制犯罪猖獗态势、打击罪犯嚣张气焰。当然专门研究过罪化的大部分学者,还是承认过罪化问题这一客观现象,认为司法实践中的确存在司法不公问题④。但依然依照①→②→③③→②→①→②→③③→②……进行推演,而认为可寄希望于法律实施机关在具体司法实践操作中,进行自我控制和约束,以此减少严惩犯罪所带来的正常成本,减少司法不公现象④。很明显,这种控制打击犯罪成本的途径主要关涉刑事诉讼的具体操作程序,即主要是从刑事司法程序的角度来解决过罪化问题。而且,这种从完善发达的刑事诉讼正当程序保障角度出发,寻找克服过罪化问题的解决之道,在现有专门研究过罪化的文献论述中,的确占大半比重。从整个刑事司法系统角度出发,倚重司法机关减少过罪化造成的不公正惩罚、不成比例的惩罚,的确可减少过罪化问题带来的不利后果,但如果从彻底根除今后过罪化问题的持续疯狂蔓延,彻底阻断过罪化问题产生的源头,那只能将刑事法的关注重点,放在立法机关不断严密扩大刑事法网部分②,打破①→②→③③→②→①→②→③③→②……逻辑推演过程,停止这种恶性循环,从而呼吁立法机关不再进行过罪化活动。值得庆幸的是,仍然有少数刑法规范理论研究者,先从罪犯遭受国家不成比例的不公正惩罚、无辜民众遭受国家惩罚、被国家限制最宝贵的自由角度出发④,往上回溯,发现是因为存在太

[1] See Samuel W. Buell, "The Upside of Overbreadth", *New York University Law Review* 83, 2008, p. 1555.

多、太宽泛、直接限制公民自由的国家制裁规范③,而这些国家制裁规范都是立法机关在大众朴素舆论压力下制定的②。因此,竭力主张,为维护公民的自由、自主和自治权,立法机关应限缩、减少国家用于惩治公民的刑法规范的规模和调整范围。

如果学者将论证重点放在社会客观正常地存在过多、过度宽泛的刑法规范、过度严厉的国家惩处手段③,并认为过度宽泛的刑法规范不可避免、过罪化的各种表现也无法避免,这实际上是站在现代社会“犯罪化不足”或缺乏犯罪化的立场得出的论断。但研究刑事司法或实体刑法的学者,应将关注重点放在限制国家权力,减少不公正、不合比例的惩罚④,保护社会中所有公民个人自由和基本人权上,其中也包括违法犯罪分子的个人自由和基本人权,最重要的是使公民不遭受国家权力无充分正当理由的侵扰。只有这样,才易发现过罪化问题,与“犯罪化不足”或缺乏犯罪化问题相比,过罪化问题在立法机关的工作日程中,更严峻、突出、明显和急迫。特别是在实体刑法规范研究中,亟待解决的是立法机关将来对具体行为予以犯罪化与否的问题。正如胡萨克所说,如今最急迫的限制刑法的问题主要集中在三种犯罪类型上,重叠犯(overlapping offence)、风险预防犯(prevention of risk offence)和辅助犯(auxiliary offence)。[1] 如果对过罪化问题不予重视,今后这三种类型的犯罪将会继续呈现指数性急速增长,使刑法规范越来越臃肿、庞杂,司法源头也会变得越来越浑浊不清。因此,过罪化作为一个亟待解决的问题,具体表现在为遏制今后的刑事立法的急剧膨胀,亟须解决这三种类型的犯罪应具体满足何种条件才可被规定为犯罪行为。重叠犯,是指为迎合社会科技逐渐发达、犯罪手段逐渐科技化的现实环境,立法机关将一些早已被刑法规制的行为,重新规定为更新、更具体、惩罚更重的犯罪类型,即继续、持续、重复性的犯罪化。重叠犯的丛生,导致行为人只实施一个行为,却违反多条甚至十几条刑法禁令,这极大地扩充了司法机关,特别是警察和检察机关的自由裁量权,多大的权力产生多大的腐败;风险预防犯,或风险创设犯,主要是指将行为人不存在犯罪意图或目的,却实施了未直接造成具体的危害后果,但可能危害某种利益的危险行为,规

[1] See Douglas Husak, *Overcriminalization—The Limits of the Criminal Law*, Oxford University Press, 2008, p. 36.

定为犯罪。风险预防犯的流行,也是对国家权力尽可能最大化的扩充。但凡是权力扩充的地方,皆需十分小心谨慎;辅助犯是指,与犯罪完成形态或刑法真正要打击的犯罪距离较远的附属犯,如国家将完成犯罪的预备行为、帮助行为、提供信息等边缘行为明确规定为特定犯罪。很明显,这类犯罪行为并不具有独立、直接的违法性。因此,在对实体刑法的研究中,过罪化问题的研究重点应放在研究重叠犯、风险预防犯和辅助犯在今后刑事立法中出现时,应满足何种相应的严格条件。

三、过罪化是一场旷日持久的民权运动

抗击过罪化困境是整个美国刑事司法制度改革运动的重要日程。[1]过罪化运动(overcriminalization movement)最先被美国学者提出,主要是以约翰逊犯罪委员会和布朗委员会各自的一份报告为全面开端。著名的1962年《美国模范刑法典》的出台,正是为约翰逊犯罪委员会和布朗委员会的后续时代登场所搭建的历史舞台,这也预示着过罪化运动的开始。1965年约翰逊犯罪委员会成立,全称为法律实施和司法管理委员会,其使命是全面审查美国刑事司法体系。约翰逊犯罪委员会的成果是1967年出台的名为《一个自由社会的犯罪挑战》的报告,该报告包含的内容十分广泛,其中明确指出刑事惩罚规范太多、过度依赖刑法、普通民众时时遭受刑事制裁的威胁等过罪化的严峻问题,还重点考察了过罪化的经济成本和社会成本。为使具有犯罪属性的领域得到实质性缩减,该报告还建议对特定犯罪行为予以重新定义。其中,对于长期不断吵嚷着迫使立法机关对犯罪行为做宽泛而仓促回应的公众,该委员会也努力试图对其予以安抚。[2]1966年,美国国会成立布朗委员会,其全称是联邦刑事法律改革全国委员会,旨在出台一个能通行全国的、整合性的联邦刑法典。虽然该委员会有很多显赫人物参与,但并未实现联邦刑法典的简约化和精致化。但这两个

---

〔1〕 See Paul Rosenzweig, " Overcriminalization - An Agenda for Change ", *American University Law Review* 54, 2005, p. 809.

〔2〕 See Roger A. Fairfax, Jr., " From ' Overcriminalization ' to ' Smart on Crime ': American Criminal Law Justice Reform—Legacy and Prospects", *Journal of Law, Economics & Policy* 7, 2011, pp. 605-606.

委员会的工作为如今美国势力越来越强大的过罪化运动,打下了坚实的基础。[1]

现阶段,在研究刑事司法制度的美国学术界,为寻求过罪化问题的解决之道,引发了一场正在如火如荼进行的保护公民自由的公民权利运动(civil right movement)、学术运动和政治运动,而其中的权利是指公民不被犯罪化的权利。这场应对过罪化问题的学术运动涉及的议题极其广泛,很多学者对该问题的解决都提出了各式各样的应对之道。其中,在这场运动中起带头作用的公民研究,主要分为两种政治谱系:一种是持保守主义目的的组织,最著名的是遗产基金会(Heritage Foundation)[2]和联邦主义社(Federalist Society);[3]另一种是全面弘扬保卫自由主义的组织,最著名的是全国刑事辩护律师协会(National Association of Criminal Defense Lawyers)[4]和"卡托"机构(Cato Institution)。[5] 其他的还有华盛顿法律基金会、反对强制最低法定刑家族、美国公民自由联盟(American Civil Liberty Union)等。[6] 同时 2013 年 5 月美国还成立了"过罪化工作组"(Overcriminalization Task Force)。很明显,与过罪化问题专门研究的现阶段发展特征相承接,这也是一场在刑事司法领域的政治运动,主要旨在废除大量的刑法规范,使处理犯罪问题的各个国家权力机关之间的权力得到恰当的配置,使刑事司法系统忠实于传统的成立犯罪要件——刑事罪责要

[1] See Roger A. Fairfax, Jr., "From 'Overcriminalization' to 'Smart on Crime': American Criminal Law Justice Reform—Legacy and Prospects", *Journal of Law, Economics & Policy* 7, 2011, p. 608.

[2] See http://www.heritage.org/issues/legal/overcriminalization.

[3] See John S. Baker, Jr., "Measuring the Explosive Federal Crime Legislation", *The Federalist Society for Law and Public Studies* 3, 2004.

[4] See Brain W. Walsh, Tiffany M. Joslyn, "Without Intent: How Congress is Eroding the Criminal Intent Requirement in Federal Law", http://nacdl.org/public/.nsf/WhiteCollar/WithoutIntent/$FILE/WithoutIntentReport.pdf.

[5] See Timothy Lynch, "In the name of Justice: Leading Experts Reexamine the Classic Article 'The Aims of The Criminal Law'", edited by Timothy Lynch, Cato Institution, 2009.

[6] See Roger A. Fairfax, Jr., "From 'Overcriminalization' to 'Smart on Crime': American Criminal Law Justice Reform—Legacy and Prospects", *Journal of Law, Economics & Policy* 7, 2011, p. 608.

件，使刑事法典或规范得以有效运作。[1] 总之，这场抗击过罪化、保护公民自由的运动，主要是使刑法对犯罪问题的解决更理性、公正、有效。

这场改革的具体方式，是全社会共同对刑事司法进行全面的审查检阅，使拥有多元化意识形态和不同政治谱系的组织或团体，都参与到这场运动中来。随着过罪化运动的进一步展开，过罪化运动逐渐细分、发展出更具体、更明确的运动。例如，这场运动也使刑事政策不再是"严厉打击犯罪"或"宽容对待犯罪"的二元论，而是"明智处理犯罪"。[2] "明智处理犯罪"也是一场运动，即旨在依靠科学和客观实证数据，经济而有效地处理犯罪问题，其与过罪化运动的主旨完全兼容匹配，它是过罪化运动的"天然盟友"。[3] 例如，"明智处理犯罪"也要求立法者寻找各种刑事制裁替代纠纷解决措施，注重利用被害人和犯罪人的调解机制、查找涉毒品反社会行为的根本原因、设立专门解决毒品问题的毒品法庭……

四、过罪化是一个正在进行的立法过程

过罪化是一个不断出现新表现形式的过程。大量过罪化文献明确而猛烈地批评本国或他国实体刑法持续不断膨胀的问题，刑事司法系统因此正承受着巨大的成本负担。但也有学者认为，这种过度宽泛的刑法规范受人欢迎、令人向往，也是不可避免的，因此，认为刑法规范并不存在过罪化问题，而是存在正常的过度宽泛的刑法规范，过度宽泛的刑法规范本身实属正常。[4] 确实，在犯罪新手段层出不穷的高科技信息社会中，总给人一种"犯罪化不足"的印象，使立法机关仍在不断出台过罪化的新刑法规范。法治主要有两种含义：一是政府应保护民众不遭受专断、不公正国家权力的侵扰，为更好地维护公民宝贵的自由，应限制国家施加刑事责任的权力；

---

〔1〕 See Bruce Moyer, "Overcriminalization Concerns Emerge on Capitol Hill", *Federal Lawyer* 61, 2014, p. 5.

〔2〕 See Roger A. Fairfax, Jr., "From 'Overcriminalization' to 'Smart on Crime': American Criminal Law Justice Reform—Legacy and Prospects", *Journal of Law, Economics & Policy* 7, 2011, p. 598.

〔3〕 See Roger A. Fairfax, Jr., "From 'Overcriminalization' to 'Smart on Crime': American Criminal Law Justice Reform—Legacy and Prospects", *Journal of Law, Economics & Policy* 7, 2011, p. 615.

〔4〕 See Samuel W. Buell, "The Upside of Overbreadth", *New York University Law Review* 83, 2008, p. 1492.

二是民众都服从、遵守公正的法律,主动自愿承担守法成本。如果将对法治的理解重点放在后者,则会认为肆意猖狂的违法犯罪分子明目张胆地不服从法律,国家应在有法可依的情况下对其予以严厉打击。[1] 从自由法治国家角度出发,前者比后者更重要。不能因刑法具有国家最强的暴力性而直接假设其第一要务是惩罚打击犯罪,而将刑法之治的第一内涵放在次要位置,但从"现实犯罪化"来看,后者对刑事法治发展所起的作用更明显,因而过罪化仍是一个正在进行的过程。

过罪化不是21世纪才出现的现象,而是20世纪50年代就已存在的全球现象。例如,在20世纪70年代的英美及主要欧洲国家,相比总体刑事案件,很少有案件被起诉至法院、被告人据此接受法律的公开审判,更多的是通过正当程序权利保障薄弱的辩诉交易制度予以解决。[2] 原本检察机关的起诉自由裁量权是最后手段,但借助辩诉交易制度,该起诉自由裁量权变成最初手段,正简单、快捷、便利地扩充刑法规范。[3] 当然,过罪化问题不仅与检察机关直接关联,还直接牵扯其他多方主体,主要是作为不断颁布、出台新犯罪的立法机关,作为刑法适用、解释主体的法庭,一直被批评滥用权力、严重侵蚀法治的警察,没有政治权威性的学者等。因而过罪化的强大历史惯性,以及所涉实际责任主体过多,导致过罪化出现新表现形式,其是一个正在进行的过程。

第二节 过罪化近似概念的区分

与过罪化近似的概念主要有犯罪化(criminalization)、非犯罪化(decriminalization)和"犯罪化不足"(under-criminalization)。只有充分地认识到过罪化与其近似概念的区别,才能充分认识事实上犯罪化和非犯罪化研究,相较明显薄弱的过罪化研究更丰富。过罪化也是我国现有研究中

---

〔1〕 See Samuel W. Buell, "The Upside of Overbreadth", *New York University Law Review* 83, 2008, p. 1497.

〔2〕 See James Chalmers, Fiona Leverick, Alasdair Shaw, "Is Formal Criminalization Really on the Rise? Evidence From the 1950s", *Criminal Law Review* 3, 2015, p. 191.

〔3〕 See Leon Radzinowicz, "The Criminal Law Explosion—Can It Be Control?", *Columbia Journal of Law and Social Problem* 9, 1972, p. 96.

不可或缺的、相当自然的一部分。[1]

一、过罪化与犯罪化

犯罪化理论本质上是一个研究刑法、刑事司法和惩罚的整体框架,其包含所有的刑法创造、刑法解释和刑法实施程序。但一般来说,犯罪化是指将某种行为规定为犯罪,作为犯罪行为予以惩治的过程。[2] 其最重要的理论内容是犯罪化的判断标准问题,我国一般将其称为犯罪圈、刑法调控范围或刑罚调控范围的界定。[3] 过罪化,主要是指犯罪化中的"不公正犯罪化""消极犯罪化""未来犯罪化""作为社会实践的犯罪化"等。本书通过将犯罪化理论进行分类,以便更好地论证过罪化与犯罪化的紧密联系。

(一)过罪化在犯罪化五种分类中的归属

(1)犯罪化分为"犯罪化不足"与过罪化

在犯罪化已成趋势的如今,无疑存在"犯罪化不足"问题,因为随着新时期、新问题的出现,安全稳定的社会秩序越发重要,刑法自然亟须增设新罪,以适应文明社会发展过程中出现的新犯罪问题。在这种社会背景下,"犯罪化不足"是所有国家犯罪化的核心和重点,而且大部分学者都是致力于解决"犯罪化不足"的问题,不断呼吁进行犯罪化的研究。但在自由、自主、权利等民主法治理念高扬的现代文明社会,越来越多的学者也越来越注重研究约束国家刑罚权、限制刑法规范规模和范围不断急剧膨胀问题,并致力于严肃解决过罪化问题,以免将近代社会来之不易的公民自由领域收归国有,损害公民宝贵的自由。当然,与从"犯罪化不足"立场呼吁持续犯罪化相比,如今也只有少数学者从刑法规范的角度,对过罪化问题予以专门研究。

---

[1] 犯罪化专著主要参见:孙战国:《犯罪化基本问题研究》,中国法制出版社 2013 年版;周国文:《刑罚的界限——Joel Feinberg 的"道德界限"与超越》,中国检察出版社 2008 年版;青峰:《犯罪本质研究——罪与非罪界说新论》,中国人民公安大学出版社 1994 年版。非犯罪化专著主要参见:贾学胜:《非犯罪化研究》,法律出版社 2011 年版;贾学胜:《司法上的非犯罪化研究》,暨南大学出版社 2014 年版。

[2] 参见[日]大谷实:《刑事政策学》(新版),黎宏译,中国人民大学出版社 2009 年版,第 93~94 页。

[3] 参见张绍谦:《从刑罚特性看犯罪圈的界限》,载《河南省政法管理干部学院学报》2007 年第 5 期。

(2)犯罪化分为“公正犯罪化”与“不公正犯罪化”

即使现行刑事司法系统中,已有汗牛充栋似的、稳定的犯罪化正当理论,例如,最有名的是范伯格的《刑法的道德限制》四卷本,[1]但犯罪化在学界仍缺乏清晰的界限,也仍未形成能明确区分罪与非罪行为的统一完整、体系严密的犯罪化理论,刑法仍存在大量“不公正犯罪化”。[2] 而“不公正犯罪化”是过罪化现象的显著表现之一。例如,我国学者提出的结构型犯罪化与构成型犯罪化,分别是指增加新罪名与降低犯罪成立证明标准,当最终产生不公正惩罚、阻碍社会创新时,二者则为“不公正犯罪化”。[3]

(3)犯罪化分为“积极犯罪化”与“消极犯罪化”

“积极犯罪化”,是指支持刑法总则中某类型犯罪和刑法分则中个罪、类罪或“群罪”被犯罪化的正当性理论根据;“消极犯罪化”,是指只要某种行为不符合某项犯罪化标准或原则,就不应予以犯罪化。因而不能通过重新构建、扩大原有的“积极犯罪化”原则,使此种行为的犯罪化,符合“积极犯罪化”原则。过罪化问题给原有犯罪化理论提出最严峻的挑战,“消极犯罪化”理论正是在过罪化问题越发严峻的情形下被提出的。胡萨克的原则性规范犯罪化理论即为“消极犯罪化”理论,其是专门解决过罪化的犯罪化理论。本书研究的过罪化问题正是“消极犯罪化”理论。[4]

消极犯罪化理论又分为“实体刑法规范内的消极犯罪化”理论,以及“实体刑法规范之外的消极犯罪化”理论。“实体刑法规范内的消极犯罪化”理论直接指向遭受不公正惩罚的公民个体,包含很多道德内容,所以主要是从道德哲学的角度对刑法进行道德限制,主要包括损害原则、不法性原则、罪责性原则、比例性原则和刑罚的应得性等,关于这些核心观点各家各执一词,争议很大,而且具体内容极其模糊,极易被解释成大力支持犯罪

[1] See Nicola Lacey, “Historicising Criminalisation: Conceptual and Empirical Issues”, *Modern Law Review* 72, 2009, p. 938.

[2] See Joel Feinberg, *The Moral Limits of the Criminal Law*, Oxford University Press, 1985-1988.

[3] 参见张远煌:《论刑法调控与犯罪生成》,载《法学》2004年第6期。

[4] See Douglas Husak, “Overcriminalization”, in Dennis Patterson, Malden, eds., *A Companion to Philosophy of Law and Legal Theory*, MA: Wiley-Blackwell, 2011, p. 628.

化的理论根据。[1]“实体刑法规范之外的犯罪化”理论，直接指向创立不公正刑事惩罚系统的各方刑法规范内容决定者，因而直接牵扯各大国家机关，其主要是一种从政治哲学角度对刑法予以限制的理论。[2] 本书的侧重点放在“实体刑法规范内的犯罪化”理论，提倡公正应得报应惩罚原则的规范犯罪化理论。

(4)犯罪化分为“持续犯罪化”与“未来犯罪化”

如果国家将某种行为一直作为犯罪进行管制和处理，这是“持续犯罪化”。例如，强奸行为在现代非洲很多国家一直处于犯罪化状态，即为“持续犯罪化”。很明显在尊重人性尊严的现代文明社会，这种“持续犯罪化”是“不公正犯罪化”。当然大部分“持续犯罪化”是“公正犯罪化”。例如，在我国成年男性与未成年少女性交，以前、现在皆被犯罪化，今后仍会保持在犯罪化状态。“未来犯罪化”，是指立法机关提议准备将某种行为规定为犯罪的新立法过程。例如，我国立法机关起草刑法修正案草案，提议将吸毒驾驶机动车规定为犯罪，即可称为“未来犯罪化”。“未来犯罪化”又可分为“未来的积极犯罪化”和“未来的消极犯罪化”。现行犯罪化理论主要是为“持续犯罪化”或“未来的积极犯罪化”做全面辩护，而对“未来的消极犯罪化”理论的辩护很少。笔者认为只有“消极的未来犯罪化”理论，才可用于专门彻底解决过罪化问题。

(5)犯罪化分为“作为结果的犯罪化”与“作为社会实践的犯罪化”

从极其宽泛的角度来看，根据犯罪化理论研究范围的宏观框架，犯罪化可分为“作为结果或类型的犯罪化”与“作为社会实践的犯罪化”。[3] 作为结果或类型的犯罪化可分为“正式地作为结果或类型的犯罪化”和“实质地作为结果或类型的犯罪化”。“正式地作为结果或类型的犯罪化”包括立法、司法判决或决定和国际公约，其范围仍然在不断扩大，主要内容是有关犯罪化标准的规范理论，这些规范理论包含一系列丰富的指导原则和基

---

〔1〕 See Re'em Segev, "Is the Criminal Law (so) Special? Comments on Douglas Husak's Theory of Criminalization", *Jerusalem Review of Legal Studies* 1, 2010, p. 12.

〔2〕 See Douglas Husak, "Repaying the Scholar's Compliment", *Jerusalem Review of Legal Studies* 1, 2010, p. 51.

〔3〕 See Nicola Lacey, "Historicising Criminalisation: Conceptual and Empirical Issues", *Modern Law Review* 72, 2009, p. 943.

本原理规则，但这些原理和规则仍处于相当抽象的层面，并未直接指导立法、司法或国家对国际公约如何应对等现实问题。大部分实体刑法基础理论研究者，也是专注于极具细节性的刑法具体规定和刑法解释，而渐渐忘记规范刑法学的研究是置身于整体哲学性犯罪化的丛林之中。[1]“实质地作为结果或类型的犯罪化”，主要指对正式刑事规范在社会中的真正适用和实施，对犯罪现象的实质性效果的理论。如今主要是朝犯罪学和法社会学研究转移，但通常来说，这方面的犯罪化研究又过于简单和薄弱，并且与正式地作为结果或类型的犯罪化之研究有巨大的学理鸿沟。鉴此，研究犯罪化的学者，应汇聚各种不同的学术资源，形成统一整体的论述，将正式地作为结果或类型的犯罪化和实质地作为结果或类型的犯罪化，融合在一个系统性的犯罪化理论中，随时掌握犯罪化理论变化发展的前沿研究成果。“作为社会实践的犯罪化”理论，主要是在工业化、都市化、流动性强的民主国家，当开展犯罪化这一复杂实践时，充分看重犯罪化过程中一系列的参与者和相关机构对犯罪的实践，尤其注重职业分工，并以智识来源具有多样性为特征，如司法专业团体、社会工作者、医生、普通市民等。因为这些个体或团体正以自己的价值观、兴趣利益点影响着犯罪化的实践。“作为社会实践的犯罪化”理论的探索极具边缘化。而主要使解决过罪化问题变得有希望的，正是“作为社会实践的犯罪化”理论和“实质地作为结果或类型的犯罪化”理论，因为全社会多方的民主参与、多学科理性知识的汇集对过罪化的根本彻底解决尤其重要。对犯罪化的研究和实践存在一个各方参与者的分工问题，难以被刑法规范理论研究者注意的报案人、证人、陪审团成员、探监者等对过罪化的解决都有较大的直接影响。从犯罪化的整体宏观框架研究出发，可从不同的学科角度，对“作为结果或类型的犯罪化”和“作为社会实践的犯罪化”进行探索和质疑，以期解决过罪化问题。

（二）犯罪化与过罪化的关系

（1）过罪化是规范犯罪化理论的“新大陆”

过罪化主要探究较少被开发、基本被忽视、理论成果较少的规范犯罪化理论的一些罕见面向。如果从规范刑法学的角度研究解决过罪化问

[1] See Nicola Lacey, “Historicising Criminalisation: Conceptual and Empirical Issues”, *Modern Law Review* 72, 2009, p. 948.

题，作为其核心基础的理论资源仍是犯罪化理论。在宽泛意义上，整体犯罪化理论囊括所有刑法理论问题，过罪化也涵盖这些刑法理论。犯罪化的大部分研究成果都可直接运用到过罪化问题的分析中，但研究过罪化现有的理论成果，并不存在于已有的犯罪化理论中。而且从前述对犯罪化理论的分析即可看出，过罪化问题的解决，应以现有犯罪化中的"不公正犯罪化"为出发点，始终立足于"实质地作为结果或类型的犯罪化"理论和"作为社会实践的犯罪化"理论，以"未来的消极犯罪化"为直接的研究目标。众所周知，这几种犯罪化理论类型研究者甚少，特有的理论研究资源也很稀缺。因而，现有的犯罪化理论资源不足以解决过罪化问题，需以过罪化问题为出发点，全面、充实地构建新的规范犯罪化理论。当然，这并非否定"犯罪化不足""积极犯罪化"正当性理论等问题的重要性，而是旨在说明本书的研究对象是过罪化。

（2）过罪化有利于生成整体、实质性规范犯罪化理论

犯罪化理论研究具有多面性，而过罪化只是犯罪化的众多面向之一。过罪化问题这一面向给现有犯罪化理论提出最严峻、最急迫和最现实的挑战。在规范刑法学中明确地提出过罪化问题后，全新发展专门用于解决过罪化问题的规范犯罪化理论，将填补现有一般犯罪化理论的大量空白，且可进一步推动犯罪化理论的学术研究。众所周知，犯罪化理论涉及将某种行为规定为犯罪的各种抽象原则、具体标准或理论依据。其中不同的犯罪化原则可运用到不同的犯罪化理论中，各种犯罪化原则相互交叉重叠，互相补充，相辅相成，始终不存在一个可运用至刑法所有犯罪化问题中的统一犯罪化原理。而本书以专门解决过罪化问题为视角研究规范的犯罪化理论，提出公正应得报应惩罚原则，可使现有松散多样的犯罪化理论蜕变为具有系统性、结构性、原则性的规范犯罪化理论。

（3）现有规范犯罪化理论是过罪化问题解决的理论基础

过罪化问题出现的重要理论原因是未形成一个系统性、结构性和原则性的规范犯罪化理论。为从刑法规范层面解决过罪化问题，只能以已有犯罪化理论为论证基础，通过不断发展犯罪化的限制理论，才可减缓刑法规范的急速增长情况，从而减轻、延缓过罪化问题。[1] 因而发展解决过罪化

---

〔1〕 See Douglas Husak, *Overcriminalization—The Limits of the Criminal Law*, Oxford University Press, 2008, p. 17.

问题视角的犯罪化理论,既可为过罪化问题的解决提供原则性根基,也可促进犯罪化理论的进一步精细完善。[1] 但由于过罪化在现行规范实体刑法学的研究中,作为一个独立议题暂时不具有特别明显的独特性,也还未发展出其专有的工具或实证知识,因此,如今特别清楚、明确地论证各国存在的过罪化问题,还是很有难度的。但即便如此,现有过罪化问题的研究,仍努力争取在整体、实质性规范犯罪化理论的"护荫"下,艰辛耕耘出自己的专属领域。

(4)过罪化研究应适度挣脱现有犯罪化理论的束缚

从规范犯罪化理论角度研究过罪化问题,主要旨在限制未来不公正刑事立法的制定和出台,从而延缓过罪化问题,而不是旨在通过犯罪化理论,明确现有刑事立法规范的恰当范围,从而对刑法进行道德限制。刑事立法规范的恰当范围是一个规范性的问题,规范性的问题难以有客观、明确、统一的答案,而且关于刑法的恰当范围,也早已引发众多著名政治哲学家和道德哲学家的持久争论,到如今仍无主导定论。起初是约翰·密尔和詹姆斯·斯蒂芬对约束国家"犯罪化权力"的论战。之后的经典论战是哈特、达夫林之间对大多数人所持的社会保守观点的争论,这次学术交锋与密尔、斯蒂芬之间的论战一脉相承,并且是对其论战的延续和深化。在当代,对国家"犯罪化权力"恰当限度范围争论的主要代表人物是拉兹、桑德尔、摩尔和乔治。[2] 虽然过罪化的理论资源主要还是源于犯罪化理论,而犯罪化理论源于国家惩罚理论,而国家惩罚理论源于政治哲学理论中的国家权力限制理论。[3] 而因过罪化问题是一个亟须解决、客观存在的司法实践重大问题,道德哲学和政治哲学层面的犯罪化理论难以直接指导过罪化问题的解决。所以本书对过罪化问题的解决,不会直接涉及详细、抽象的宏大政治理论,而是以已存的自由主义基本理论为理论前提,将注意力更多地放在"即将犯罪化"或"未来犯罪化"的立法实践中。因此,过罪化问题需要问答的问题是,为何某种行为不应被规定为犯罪行为。根据过罪

[1] See Douglas Husak, *Overcriminalization—The Limits of the Criminal Law*, Oxford University Press, 2008, p. 179.

[2] See Michael S. Moore, "A Tale of Two Theories", *Criminal Law Ethics* 28, 2009, pp. 28-29.

[3] 参见姚大志:《当代西方政治哲学》,北京大学出版社2011年版,第4页。

化理论,当某行为未满足特定条件时,立法机关不应将其予以犯罪化。

综上所述,过罪化与犯罪化的研究立场、出发点和侧重点皆不同。如今研究犯罪化理论的刑法理论家,主要关注点在刑法的适当边界以及对刑法的道德限制,从而构建出很多有重大理论价值的、支持积极主动犯罪化的道德理由,积极支持国家将某种行为予以犯罪化,具体主要研究损害原则、冒犯原则、法律道德主义原则和惩罚正当性理论等,而很少关注可直接适用于解决未来刑事立法规范过罪化的问题。因为他们倾向于将犯罪化中的最前沿、关键的基本理论前提问题,留给犯罪学家、历史学家、社会学家、民主自由运动家等来解决。[1] 而从刑法规范的角度研究过罪化问题的学者,理论偏重点更务实。例如,胡萨克认为,如今国家滥用刑法,刑法太多、惩罚太多,导致不公正的惩罚,应从各学科的基本科学理论前提出发,切实寻求过罪化问题的解决之道。虽然二者的学理基础资源是一模一样的,但具有不同的学理立场和不同的学理品质。专门研究过罪化的学者主要是从缩减刑法规模、范围和尺度的立场,来寻求具有直接可操作性的方法,论证如何有效地减少不公正的刑事立法的产生,减缓过罪化趋势。而现有的一般犯罪化理论,并不是旨在回应对正在遭受过罪化困扰的刑法,而是主要论证刑法产生、扩张及其新发展的正当理由。

二、过罪化与非犯罪化

初次接触过罪化的读者,可能会认为该议题与非犯罪化议题相差无几,因为既然存在过罪化问题,那么应对处于过罪化状态下的犯罪行为予以非犯罪化,研究重点应放在非犯罪化上,这是直接导向解决过罪化问题的核心,现有的人类非犯罪化理论文献浩渺,事实上足以解决过罪化问题,而不需要再将过罪化作为一个单独的课题进行研究。笔者认为,这种思维有学术价值,虽然过罪化与非犯罪化的确有很多相似重叠之处,非犯罪化也确实是解决过罪化的最理想的理论捷径,但二者仍是相互独立的两个不同的研究议题。过罪化具有其自身独特的理论价值,并且现代历史也已清楚地表明,非犯罪化理论在解决传统的违反社会治安秩序行为、破坏社会家庭福利行为、自愿私下成年人之间的越轨性行为等非犯罪化方

---

〔1〕 See Nicola Lacey, "Historicising Criminalisation: Conceptual and Empirical Issues", *Modern Law Review* 72, 2009, p. 938.

面，整体上是失败的，即使在西方发达国家，大量的类似行为仍被国家通过“自由刑”予以规制，而令非犯罪化理论支持者备受打击的新理论发展情形是，风险社会下的预防刑法理论为这些本应予以非犯罪化的传统不道德罪行，披上“继续犯罪化”的正当性理论外衣。〔1〕因此，过罪化问题始终未解决，还应深入研究过罪化与非犯罪化的区别和联系，寻找新的解决路径。

（一）过罪化与非犯罪化皆为整体犯罪化理论的一部分

从实质的整体犯罪化理论，即大犯罪化理论，而不是现有的一般犯罪化理论来看，只有根据系统性、结构性和原则性的犯罪化理论，才能为哪些行为应予以非犯罪化的问题，提供充分必要的合理根据。同时，也只有根据系统性、结构性和原则性的犯罪化理论，才可能真正有效地解决过罪化问题。无论是非犯罪化，还是过罪化，都是依据实质性犯罪化理论，直接从司法实践中司法不公的严峻形势出发，特别关注司法实践的成本，直接将某种行为不规定为犯罪，希冀对不公的司法实践予以改变。易言之，过罪化和非犯罪化的基本出发点和终极目标是一致的，因此它们都被统摄在实质的整体犯罪化理论之下，都旨在极大地丰富和发展完全、整体、实质的犯罪化理论，使犯罪化理论朝着更加理性、科学、民主的方向发展，而不是单向地保持“继续犯罪化”、拥护“未来犯罪化”。因此，在现有犯罪化直接造成不公正惩罚的情形下，应直面现有犯罪化的不恰当性、非理性和仓促性，竭力呼吁非犯罪化；当“未来犯罪化”提案是否理性、科学、民主处在不确定的状态时，应客观承认这种犯罪化出台后即为过罪化，应竭力避免这种过罪化成为现实的刑法规范。

（二）过罪化和非犯罪化研究内容有很多的交叉重合之处

过罪化和非犯罪化的理论根基基本一致，二者都是确保个人尊严、保障个人自由与维护个人自主权。其中非犯罪化是对现行实体刑法规范系统进行限制，而过罪化所涉理论既包括对现存实体刑法规范系统进行限制，也包括对未来的实体刑法规范系统进行限制，其中的重点是对未来的实体刑法规范内容体系进行限制。这也能说明为何早期对过罪化理论的研究，主要探讨并呼吁将大量的行为进行非犯罪化，而且现在仍有学者在

〔1〕 See Stuart P. Green, “Vice Crimes and Preventive Justice”, *Criminal Law and Philosophy* 9, 2015, p. 562.

研究过罪化问题时,呼吁对某类犯罪予以非犯罪化。究其缘起可知,过罪化问题的专门研究产生之初,正是以非犯罪化的形态出现的。与此同时,客观情况是现今非犯罪化理论研究的犯罪类型也都处在"不公正犯罪化""继续犯罪化""积极犯罪化"的状态中,这与过罪化在犯罪化分类中的归属是一致的。因此,过罪化和非犯罪化理论的研究内容,具有很多的交叉重合之处。同时不可否认的是,专门研究非犯罪化理论的学者,甚至可直接运用现有非犯罪化理论来研究过罪化问题,也不失为一种旨在解决过罪化问题的、富于传统理论基础的明智理论路径。

(三)非犯罪化是直接解决过罪化问题的重要方式之一

非犯罪化理论主要涉及这几种犯罪类型:现行刑法中无被害人的犯罪、被害人的同意的犯罪、日常隐私行为、天生被强烈驱动自我无法控制的行为、社会中的一般普遍行为等。[1] 上述需要予以非犯罪化的大部分犯罪,事实上在司法实践中很少使用,众所周知,几乎每分每秒人类社会都在不断发生这类违法行为,而那些被国家惩治的违法者、被刑事司法体制处理的违法案件,在总体发生的案件总量中占很小比例。但是需要予以除罪化的犯罪中仍有一部分被广泛地定罪以及大面积地执行。例如,在美国,最显著的是以娱乐为目的使用或持有毒品的犯罪。[2] 据估计,美国每年有 70 万人因持有毒品而被逮捕,但事实上美国社会有超过 1 亿的人使用过毒品,而使用毒品必须持有毒品。[3] 这种刑法规范实施现状是过罪化问题的典型表现之一,从直接解决过罪化问题的角度来说,应将这些行为剔除出刑法,寻求非刑法的解决途径,对这些行为予以非犯罪化。在理论上,非犯罪化是解决过罪化问题的强大武器,但非犯罪化研究的经验事实表明,现行刑法规范一时难以变革,现行刑法规范中仍有很多"不公正犯罪化",这些大量的"不公正犯罪化",几乎不可能从现有规范文本中被清除

---

〔1〕 See Michael S. Moore, "A Tale of Two Theories", *Criminal Law Ethics* 28, 2009, p. 29.

〔2〕 See Barbara MacKinnon, *Ethics: Theory and Contemporary Issues*, Peking University Press, 2012, p. 315.

〔3〕 See Eric Blumenson, Eva Nilsen, "Liberty Lost: The Moral Case for Marijuana Law Reform", *Indiana Law Journal* 85, 2010, p. 298. Michal Buchhandler-Raphael, "Drugs, Dignity, and Danger: Human Dignity as a Constitutional Constraint to Limit Overcriminalization", *Tennessee Law Review* 80, 2013, pp. 327-328.

出去,反而须被非犯罪化的新刑法规范不断出现。因此,通过非犯罪化直接解决过罪化问题的方式只是在理论上最简单、方便和快捷,在现实中极其困难、复杂和缓慢,这也能解释为何非犯罪化易被我国学者误解地得出"在英国非犯罪化已成历史"的错误结论。[1] 当然,从限制刑法尺度、规模与调整范围的角度来看,非犯罪化与过罪化是处于统一战线的稳定"盟友",二者自始至终都保持着一种同舟共济的紧密关系,根据缓解过罪化问题的理论,对于今后新刑事立法规范,不能将上述须被非犯罪化的行为类型重复性或创设性地规定为犯罪。过罪化问题据此须对犯罪化的入口严格把关,以减轻今后非犯罪化理论的工作负担和实践压力。

(四)过罪化问题异于非犯罪化的独特之处

过罪化将主要注意力聚焦在"未来犯罪化"和"作为社会实践的犯罪化"上,主要出于保护更自由、文明和进步的社会中的"新权利"和新自由,致力于减少新犯罪化,这是现有非犯罪化理论无法企及的领域,也是本书提倡的专门用于减缓过罪化问题的公正应得报应惩罚理论所直接针对的领域。例如,立法机关遵守国际条约开展新犯罪化、[2]因科技经济发展而对网络违法行为犯罪化、将不当经济活动行为予以犯罪化时,须经受公正应得报应惩罚原则的检验。而非犯罪化主要聚焦在现有不公正的"持续犯罪化"上,主要出于保护正在遭受国家干涉的传统权利或传统自由,即主要是无被害人的犯罪、道德犯罪、社会福利犯罪等在刑法规范中已经存续较长时间的犯罪类型。[3] 当然某种程度上,新的非犯罪化理论也可附带用于解决过罪化问题。但是过罪化与非犯罪化除研究着力点和聚焦领域这种表面上一目了然的不同点外,还有另外一个深层次的差异,即与非犯罪化理论相比,过罪化除了与非犯罪化理论一样,也关注刑法规范实施成本外,还重点以公民自由、人权和自治为论证分析的核心关键词,而受"非

---

〔1〕 参见张明楷:《论刑法的谦抑性》,载《法商研究》(中南政法学院学报)1995年第4期。

〔2〕 See Inkeri Anttila, Helsinki, "Trends in Criminal Law", in *Criminal Law In action: An Overview of Current Issues in Western Societies*, edited by Jan Van Dijk, Charles Haffmans, Frits Ruter, Julian Schutte, Simon Stolwijk, Kluwer Law and Taxation Publishers, 1988, p. 41.

〔3〕 See David A. J. Richards, *Sex, Drugs, Death, and the Law: An Essay on Human Rights and Overcriminalization*, Rowman & Littlefield Publishers, 1986, pp. 3-5.

犯罪化"理论推崇的成本收益分析法，只是具有引出过罪化问题重要的工具性价值，而不是过罪化理论中的论证核心。非犯罪化和过罪化的这种哲学分析方法上的区别，也能说明为何在对非犯罪化理论研究兴盛发达之后，仍须继续开拓一个较新的研究领域，即过罪化研究领域，并迫切地需要繁荣发展该项独特的理论研究。因为非犯罪化理论主要以成本及其效用性为基础开展论证，认为某个刑法规范的实施成本高于其所产生的收益，就对这种刑法规范应予以非犯罪化。但是，刑事立法规范的客观实践是：立法机关将某种行为予以犯罪化后，即使该刑法规范的实施、执行效果很差，可是该行为的"犯罪化"满足其他良好的道德理由，这种已被犯罪化的行为也依然很难被非犯罪化。例如，我国事实上的非犯罪化理论并未减少无被害人的犯罪之范围。因此，以成本及其效用性为基础的非犯罪化论述，不具有足够的解决过罪化问题的理论力量，在专门研究过罪化问题的语境下，这种论述是失败的。

三、过罪化与"犯罪化不足"

与犯罪化理论的研究发展规模相比，非犯罪化的研究处在明显弱势的处境。在当今过罪化的全球时代背景下，这种现状更加显眼。相对来说，非犯罪化理论一直无法成为当前的主要研究热点之一，犯罪化却一致受到热捧，并被学者基本公认为是刑法未来发展的趋势。但该观点有两个基本假设前提：一是成为趋势的犯罪化是公正、理性、恰当的犯罪化，而非不恰当、充满非正义和政治便宜性的犯罪化；二是犯罪化之所以是趋势，是因为随着时代日新月异的变化，新情况、新问题层出不穷，很多现代危害行为正亟须国家动用刑法予以规制，而现实情况是国家将很多应予以犯罪化的行为未予以犯罪化，即如今存在"犯罪化不足"的问题，正因为"犯罪化不足"的大面积存在，所以需要进一步的犯罪化。笔者认为在理性解释、明确廓清犯罪化趋势的具体所指时，应将该问题放在过罪化问题的大背景下，仔细区分过罪化和"犯罪化不足"。

（一）解决"犯罪化不足"问题是过罪化问题不断恶化的动机

学者提及犯罪化时，容易理所当然地认为我国存在严重的"犯罪化不足"问题，并将犯罪化假想预设成公正、理性、客观的犯罪化，正是在此前提假设下，主张立法机关应开启新的犯罪化进程。但从现有立法过程所产生的立法资料和文献来看，众多新犯罪化提案即使成为新刑法规范后，依然不断出现大量质疑该刑法规范正当性的合理论据,并在司法实践中出现本可在立法过程中合理预见到的法律适用不公正问题。大量质疑之所以存在,问题不是学者们不应质疑已成为明文规定的立法规范,因为质疑立法机关使用刑法这种极端暴力手段规制社会的立法规范本是学者天生的使命,问题在于立法机关在当初犯罪化过程中,未提供充分、必要、具有完全说服力的犯罪化正当理由,因为作为大面积限制公民自由、为警察、检察机关大规模赋权的犯罪化主体,立法机关对"犯罪化"必须承担举证责任,如果立法机关在立法时未提出充分、必要、实质性的、具有完全说服力的理由,那么立法机关作为一个权威、理性的主体机构,应有义务承担"不公正犯罪化",即过罪化的指责。立法者之所以不断制造过罪化问题,是因为予以犯罪化是立法者的天生职责之一,只有在存在"犯罪化不足"的问题时,才会一直认为需要犯罪化。但立法者基于一个极端,即"犯罪化不足",而走向另一个极端——过罪化。

(二)过罪化和"犯罪化不足"是公正犯罪化的两种缺陷

"中庸与不及相比是过度,中庸与过度相比是不及。"〔1〕只有在"犯罪化不足"、适度犯罪化和过罪化的比较中,才能充分感知、清晰理解犯罪化存在两种极易出现的极端情况,即过罪化和"犯罪化不足",同时才能客观地承认立法机关难以达致适度犯罪化。当立足于"犯罪化不足",将主要关注点放在解决"犯罪化不足"的适度犯罪化时,会从整体性适度犯罪化中,明显地发现过罪化问题。当立足于过罪化,主要关注解决"犯罪化不足"的整体性适度犯罪化时,会从整体性适度犯罪化中深切地发现"犯罪化不足"问题。由此可见,过罪化和"犯罪化不足"是相互依存、相互对照、相互制衡地存在着,过罪化是超过正当的度,"犯罪化不足"是未达到正当的度,应竭力避免出现这两种极端犯罪化。过罪化和"犯罪化不足"不是彼此的直接对应物,二者的直接对立面皆是适度的公正犯罪化,其是评价过罪化和"犯罪化不足"是否存在的参照物;同时,适度的犯罪化,即中庸犯罪化,位于"犯罪化不足"和过罪化的中间。

(三)现行刑法中既有过罪化问题也有"犯罪化不足"问题

刑法从产生之初即具有惩罚越轨者、违法者之"本能",为避免"犯罪化

---

〔1〕 参见[古希腊]亚里士多德:《尼各马可伦理学》(注译导读本),邓安庆译,人民出版社2010年版,第95页。

不足”问题导致的刑法漏洞而使这类人逍遥法外，刑法本性倾向于犯罪化，这又易导致过罪化问题，各国刑法中同时存在过罪化和“犯罪化不足”问题。字面上二者看似冲突，但实则是刑法极端暴力天性的反映，主要是针对不同的犯罪类型、案件性质、罪犯特征、直接保护对象，得出不同的“不公正犯罪化”结论。例如，国家保护著作权的本质，是国家保护公民被他人侵犯的表达自由权，根据著作权法理论，当出现有意的、违法的、侵犯表达自由的行为时，对其补救的方式应是更多的表达自由，而不是惩罚。[1] 但如果对直接破坏著作权法本身的行为不予以犯罪化，即为“犯罪化不足”。再如，对丈夫常年“家暴”致使妻子死亡的行为不定性为传统的核心犯罪——故意杀人罪，将婚姻家庭内的丈夫强奸妻子的行为不定性为传统的核心犯罪——强奸罪，这皆是“犯罪化不足”。此处并非主张过罪化问题只存在于现代行政、经济、社会民生管控刑法的规范中，而不存在于传统的核心刑法规范中，也并非主张“犯罪化不足”只存在于现代管控刑法的规范中，而不存在于传统的核心刑法规范中，事实上，某种情形下，所有的犯罪类型都存在这两种极端的犯罪化问题，只是现代管控的刑法规范中更易出现过罪化问题，而“犯罪化不足”问题更易出现在传统的核心刑法规范中。因为走极端太容易了，不易的是保持平衡，既然现行刑法难以准确地契合中庸，达不到理想状态的公正、适度的犯罪化，那么就应退而求其次，尽量避免出现两种极端的、不公正的犯罪化问题。[2]

第三节 过罪化的理论功能

过罪化与犯罪化、非犯罪化紧密相连，而且过罪化问题的解决，直接依赖于犯罪化理论和非犯罪化理论的发展和完善。正因刑事司法体系中存在过罪化的问题，才更须系统性、完整性、同一性、原则性的犯罪化理论，才更需对很多现行刑法规范予以非犯罪化。从宽泛的意义上说，犯罪化理论、非犯罪化理论以及过罪化研究都是限制国家刑法权力的理论。从深邃

---

〔1〕 See Margot Kaminski, “Copyright Crime and Punishment: The First Amendment's Proportionality Problem”, *Maryland Law Review* 73, 2014, p. 588.

〔2〕 参见[古希腊]亚里士多德:《尼各马可伦理学》(注译导读本)，邓安庆译，人民出版社2010年版，第97页。

的学术史角度来看，限制实体刑法范围的理论，即刑法限制理论，具有比较悠久的历史。例如，1789 年法国国民议会颁布的《人权与公民权利宣言》中规定“使公民免受刑事惩罚的威胁”。据此，限制实体刑法范围议题之所以具有宏大性和悠久学术历史性，主要原因是质疑刑事制裁的行使永远具有正当性和必要性。[1] 因此过罪化议题本身包含很多限制刑法的犯罪化理论，即也会从消极的角度反思犯罪化的正当性和必要性，从而发展出大量新犯罪化理论。但如果单纯以刑法限制理论为核心理解过罪化问题，就难以看清这种情况下的过罪化理论有何独特的研究内容。在刑法限制理论主导下的过罪化研究，在一般犯罪化理论面前，貌似华而不实且多余。因为在现有限制刑法的犯罪化理论看来，即使过罪化在刑法规范的研究中不断被提及，但它作为一个可有可无的笼统、空泛概念，也只能依托于刑法中各个重大问题，例如，刑法条款数量增加问题、刑法的合理调整范围问题、刑法依赖症问题、刑法最后手段性问题、犯罪定义问题、持有犯、法规犯、经济犯、抽象危险犯、无被害人的犯罪、道德犯罪……由此可见，对过罪化的这种粗糙定位，只是将过罪化视为一种分析犯罪化问题的形式出发点或导火索，而不是以过罪化问题的解决来主导、支配、发展现有的整体犯罪化理论。在一般犯罪化理论早已根深蒂固的当前刑法学界，过罪化问题独特性被忽视的现状，会让研习犯罪化理论的后来者，不自觉地强烈感觉到过罪化毫无特定的具体研究内容，从而自然地误以为过罪化议题不会产生新颖性的实质理论，进而从现有发展不足的一般犯罪化理论角度浅显地批评过罪化议题，错误地主张过罪化议题看似无所不包、看似道出刑法深刻的发展现状，但实则毫无内涵、空有怪异新词，如果将该名词从刑法中剔除，刑法被过度使用的问题，仍会有其他大量早已存在于学者话语中的实质内容来填充。笔者不赞同这种对过罪化议题无独特理论意义的批评，过罪化存在独特的理论内容和理论功能，其主要是刑法发展完善的全球时代背景、是研究刑法独特的实质分析视角、是批评刑法统一的负面理论标签。

一、过罪化是刑法发展完善的全球时代背景

虽然过罪化问题直接源于司法实践，司法实践中出现的种种不公正的

---

[1] See David A. J. Richards, *Sex, Drugs, Death, and the Law: An Essay on Human Rights and Overcriminalization*, Rowman & Littlefield Publishers, 1986, pp. 1-2.

具体案件之处理，是一个高度公开化的问题。但过罪化理论的主要研究对象，并不是仅由一个个微观的具体刑法问题简单构成，而是对整体刑法客观发展背景和现状的一种抽象宏观的质疑性事实描述。例如，在过罪化的客观背景下盛行的美国辩诉交易制度，面临很多研究过罪化问题的学者的质疑和批评，这些质疑和批评主要是刑法具体罪名包含的行为范围太广，刑法规范中对罪名以这种广泛的无所不包的方式进行规定，使检察机关在过度宽泛和残暴的刑法典中，有权针对一个行为起诉多种罪名。〔1〕虽然在某种程度上，刑法规范出现大量的重叠规范几乎难以避免，但问题在于因立法者颁行的刑法规范范围太广，这极大地增加了检察官与犯罪嫌疑人或被告人进行辩诉交易的法律筹码，实际上直接授予检察机关强大的辩诉交易权。

检察机关强大的辩诉交易权或刑事和解权，会消除实体刑法与刑事程序法在司法实践中的差别，使刑事诉讼法所规定的正当程序保障权，不断被实体刑法规范广泛赋权的警察和检察机关所侵犯。因为犯罪嫌疑人或被告人主要是用宪法赋予的刑事诉讼正当程序权利，交换较轻的实体刑法规定的刑事责任，这极大地牺牲了犯罪嫌疑人或被告人的正当程序保障权。其中犯罪嫌疑人或被告人放弃的正当程序保障权益，主要是指辩护代理权、公开审判权、接受陪审团审理的权利、当面对质权、无罪释放的机会等等。因为在过罪化的时代背景下，根据现有的刑法规范，对于同一行为，一般会有多种不同罪名供检察机关选择起诉，如果犯罪嫌疑人认罪而作有罪答辩，检察官会起诉法定刑较轻的罪名，如果犯罪嫌疑人不认罪而作无罪答辩，犯罪嫌疑人将有可能面临检察官起诉法定刑更重的罪名。一般情况下，犯罪嫌疑人，无论是真正的罪犯、事实上无罪的无辜人，或是犯罪性程度不高的犯罪嫌疑人，为了最终承担较轻的刑事责任，减轻遭受国

---

〔1〕　这里的辩诉交易不是特指广受我国关注的美国辩诉交易，而是泛指在过罪化背景下，警察或检控机关与辩护人，在第三方暗示、默许下，或无第三方的情况下，直接或间接地沟通、协商被告人如果最终遭受国家惩罚，被限制自由的长度或程度。那其被限制自由的种类、长度、程度等情况，例如，是有期徒刑还是无期徒刑，是5年有期徒刑还是更高的刑期，是实刑还是缓刑等。如果被告人愿意接受法律惩罚，被告人被限制自由的种类、长度、程度等，如有期徒刑还是无期徒刑，较短的有期徒刑还是较长的有期徒刑、是否缓刑等，都可以在审判前确定。

家指控的巨大压力,早日结束刑事诉讼程序的惩罚,同时在律师及其他代理人的专业建议下,都会选择放弃自己享有的正当程序保障权利,进行辩诉交易或刑事和解,这时刑法惩罚无辜者的司法不公正问题将会成倍出现。例如,当无辜的犯罪嫌疑人或被告人被指控成立故意杀人罪或强奸罪等重罪时,其为避免遭受死刑、终身监禁或无期徒刑等重刑,会选择辩诉交易,承担相对较轻的刑事责任。这种惩罚无辜者的刑事司法体系正以此不断产生令人心惊胆战的不公正。这种情况下也会出现一种恶性循环,即重罪案件中的被害人及其家属,对被告人通过接受辩诉交易而获得的量刑过轻之结果不满意,又增强了民众对刑事司法体系的不信任感。这种状况也说明实际上主要是检察机关操控犯罪嫌疑人的最终量刑。检察机关实际能够控制最终量刑,主要得益于过罪化背景下产生的辩诉交易,因为辩诉交易对检察机关来说“真的好用”。具体来说,检察机关对法官的自由裁量权或多或少有种惧怕心理,因为法官的自由裁量权使得检察机关在判决结果出现之前,无法提前明确预知法官的判决结果。〔1〕为了更可靠地把握具有不确定性案件的最终结果,更高效率地解决源源不断的案件,检察机关会对被告人进一步施压,尽量争取与犯罪嫌疑人达成辩诉交易。因此,辩诉交易并不主要取决于犯罪嫌疑人所实施的行为、结果,社会背景或其人格,而是主要取决于检察机关策略性地尽快了结案件的决定,这与刑事诉讼程序中的任何恰当目的都无关。〔2〕

二、过罪化是研究刑法独特的实质分析视角

刑法学界广为人知的是,胡萨克正式发展出一套令人钦佩的规范犯罪化理论,来证明国家如今正不断地将太多的行为规定为犯罪,并施以不公正惩罚,从而提倡以其提出的刑法内外七约束的规范犯罪化理论,来解决过罪化问题。〔3〕可见,过罪化是一个非常有用的分析视角或参考点,其能够说明整体犯罪化理论本应承担的独特理念任务、规范任务和实

---

〔1〕 See Donald A. Dripps, “Overcriminalization, Discretion, Waiver: A Survey of Possible Exit Strategies”, *Pennsylvania State Law Review* 109, 2005, p. 1163.

〔2〕 See Donald A. Dripps, “Overcriminalization, Discretion, Waiver: A Survey of Possible Exit Strategies”, *Pennsylvania State Law Review* 109, 2005, p. 1158.

〔3〕 See Douglas Husak, *Overcriminalization—The Limits of the Criminal Law*, Oxford University Press, 2008, p. 119.

证任务。[1] 理念任务是推动刑法朝着更理性、文明和人性化的方向发展,即使阻碍势力使其发展异常艰难,也仍应将约束刑法理念内化,信守公民权利、自治和自由理念,并坚持限制国家刑罚权、尽可能地减少不公正的犯罪化和不公正的惩罚,从而保障公民权利、维护公民自由、实现刑法正义,而不是站在公正的对立面,将本质上不公正的刑法规定辩护为公正的刑法规范。规范任务,主要是指即使实际并不知犯罪化恰当程度到底为何,但仍须设置一系列限制国家行使"犯罪化权力"的规范标准,努力将"犯罪化"控制在最小化程度。我国刑法谦抑原则难以被运用至刑法规范制定中的原因之一,正是谦抑原则在我国并无统一标准。[2] 实证任务,主要是指从科学客观的数据之收集、调查、整理和分析等角度,充分运用其他学科中对于犯罪问题的实证研究成果,对真正的犯罪问题形成完整的客观认识,而不是仅在对刑法规范研究的思辨层面推论、假想或猜测。例如,对艾滋病病毒携带者与他人发生性行为是否构成严重性侵害犯罪的问题,奉行法官立法的加拿大法庭为避免出现对艾滋病病患人群予以过罪化,主张应充分考虑该群体的生存状态、整体情况、具体案件在各个不同具体情况中发生的比重和具体案件发生的规律等。[3]

可见,过罪化理论的分析不限于刑法之内,更是融合了其他学科的丰富智识资源,故解决过罪化问题是一个大型的理论工程,过罪化问题连接着刑事一体化和整个刑事司法体系的发展。过罪化问题也使规范问题与社会历史问题紧密结合。[4] 例如,运用社会学中的"道德恐慌"理论,研究被害人基于对犯罪的恐惧心理而不断呼吁国家进一步采取先发制人、普遍广泛、日常多样的犯罪化活动的心理形成机制。[5] 再如,应将政治学上的民主制度,运用到立法机关的刑事立法制定过程中;将心理学上消除普通

---

〔1〕 See Nicola Lacey, "Historicising Criminalisation: Conceptual and Empirical Issues", *Modern Law Review* 72, 2009, p. 942.

〔2〕 参见童春荣:《刑法不得已原则之提倡——与刑法谦抑性比较的抉择》,载《湖北社会科学》2015 年第 7 期。

〔3〕 See Isabel Grant, "The Over-Criminalization of Persons with HIV", *University of Toronto Law Journal* 33, 2013, pp. 480–482.

〔4〕 See Nicola Lacey, "Historicising Criminalisation: Conceptual and Empirical Issues", *Modern Law Review* 72, 2009, p. 939.

〔5〕 参见汪明亮:《道德恐慌与过剩犯罪化》,复旦大学出版社 2014 年版,第 3~5 页。

民众成为被害人的恐惧心理之方法,运用至刑事立法提案的专门详细报告中;将犯罪学的研究结果作为规范刑法学研究的基本前提;等等。刑法原本是一个国家"管控社会"、治理社会的完整系统,而过罪化问题的解决涉及多方参与主体,主要有制定、颁行刑法规范的立法机关,适用、实施刑法规范的司法机关,刑法规范的适用对象,研究刑法规范理论的学者等。这些参与主体并不是例行公事地"走程序",而是充满无限活力的动态参与者。因此,可以过罪化为切入点,研究整个刑事司法体系中的所有问题。

三、过罪化是统一批判刑法的负面理论标签

顾名思义,"过"字具有明显的负面批评意味,过罪化是有缺陷的、错误的极端犯罪化,应竭力避免。当某种犯罪化被贴上过罪化的标签时,其将会遭受无数的嘲笑、讽刺与消极评价,这既是对立法工作直接的贬低与否定,也是对现存刑法规范正当性的否决。同时,过罪化作为一个万能的消极标签,可被广泛运用至刑法领域中所有的不公正情形,甚至可能成为刑法理论论证或刑法学术争论中常见的批判性、反对性、攻击性的表达。又由于整体的、实质的"犯罪化"一词,涉及刑法的方方面面,其范围庞大且抽象,因此,"过罪化"一词学术批判的意味,明显、广博且深远。通过上文的分析可知,过罪化是指刑法范围过大、刑法规范模糊、忽略主观罪过目的和刑事制裁被过度使用等问题,因此,当学者对法条的解释超出法条的核心含义予以不合理的类推解释、导致刑法责任范围过大时,可批评这种情形是过罪化;当学者将某个罪名的主观罪过解释得过于宽松时,也可批评该情形是过罪化;当学者极力呼吁立法机关将刑法对其解决毫无助益的民生问题予以犯罪化时,也可批评其是过罪化;当学者强烈表示要将某个轻罪(如治安处罚行为)修改加重为某个重罪时,也可批评这种修改行为是一种过罪化;继续对毒品犯罪分子核准死刑,也可批评这是一种过罪化等。通过充分运用此种指责性极强、直接批评刑法发展不合理的负面、消极标签,可不断警示刑法工作人员时刻提防过罪化问题,不得将无害、琐碎、无犯意、不符合传统罪责观念、超越传统刑法惩罚范围的行为规定为犯罪,也不得为已存在于刑法规范中的行为,增加额外的惩罚或相关类似新罪名。

第三章 英美过罪化的后果、根本原因和解决办法

第一节 过罪化的后果

公正犯罪化有利于惩罚罪犯、保护社会不受犯罪侵扰，但过罪化破坏人权保障，使社会时刻警惕刑法风险，增大了整体社会成本。[1] 众所周知，刑法是利用国家权力限制公民自由的国家惩治措施，具有公开的胁迫性、强制性和最强的道德谴责性，公民为维护个人利益，会不断质疑政府权力的正当性，而质疑的具体理据主要是过罪化的具体后果。胡萨克利用实证数据，抽象论证过罪化导致不成比例的惩罚和不公正的惩罚。[2] 而哈伯特则认为，立法机关判断是否应将某种行为规定为犯罪并最终致使行为人遭受刑事制裁，应先考虑启动刑事制裁带来的成功预防、减少犯罪的社会收益和启动刑事制裁所导致的道德成本和实践成本，还应考虑是否存在实现同样目的的其他社会控制

---

〔1〕 See Re'em Segev, "Is the Criminal Law (so) Special? Comments on Douglas Husak's Theory of Criminalization", *Jerusalem Review of Legal Studies* 1, 2010, pp. 18–19.

〔2〕 See Douglas Husak, *Overcriminalization—The Limits of the Criminal Law*, Oxford University Press, 2008, pp. 11–14.

手段。[1] 其中的成本主要体现在直接利用刑法全面禁毒中的不合理的司法成本。[2] 如今毒品绝对禁令依然是过罪化流行病的典型表现,国家机关对该无直接被害人的犯罪,惩处范围仍广泛、严厉,且产生众多不公正的后果。[3] 因此本节主要以毒品犯罪为例,阐述过罪化所产生的成本或负面效应,以此为基础判断过罪化是一个客观存在的具体问题。但不能仅根据过罪化的具体不利后果来判明哪些行为是过罪化。因为由该小节的上述论断可以看出,以具体成本或不利后果作为判断过罪化存在与否的标准,不具有成熟的精巧性、精密的逻辑性和普遍的指导性。所以,有学者批评哈伯特的刑事制裁限制理论缺乏决定哪些行为应构成犯罪的原则性根基,认为哈伯特在未对损害原则进行深入研究的情况下得出结论认为:未实施对他人或其他参与者构成损害行为的行为人,应免于遭受谴责性的刑法制裁。[4] 哈伯特《刑事制裁的界限》一书的主要目的是提醒立法者应小心谨慎地施用刑事制裁,在进行立法活动时应充分考虑刑事制裁的负面后果。而本小节的目的也体现在此,即以最简单易懂的方式,告知所有人过罪化的具体不利后果。随着对过罪化问题所涉的理论研究的逐渐深入和专业化,也须探究伤害原则、不法性原则等原则性犯罪化理论。总而言之,过罪化具有三种令人普遍感到深深担忧的具体后果:阻碍社会创新、放纵不公正的惩治和纵容犯罪亚文化的固化。

一、阻碍社会创新

“压制型社会秩序中,公民满身缠绕束缚,创新只是理想者的奢望。”[5]在这种社会秩序中,对用刑法禁令解决犯罪问题无效性的相关理性创新研究,极易受到民众之怒斥。例如,民众对毒品性质、毒品危害和毒品应对措施早已形成集体偏见,普通民众只看到毒品的毒性,而绝对无视

---

[1] See Herbert L. Packer, *The Limits of the Criminal Sanction*, Stanford University Press, 1969, p. 226.

[2] 参见[美]哈伯特·L. 帕克:《刑事制裁的界限》,梁根林等译,法律出版社 2008 年版,第 329~330 页。

[3] See Stuart P. Green, "Vice Crimes and Preventive Justice", *Criminal Law and Philosophy* 9, 2015, p. 574.

[4] See John M. Junker, "Criminalization and Criminogenesis", *UCLA Law Review* 19, 1971, p. 703.

[5] 何荣功:《社会治理“过度刑法化”的法哲学批判》,载《中外法学》2015 年第 2 期。

其药效,并且习惯性地自动过滤毒品本质上是药品的客观事实。事实上,在非毒品的药品,缺乏国家合法管理的情况下,也会对公民造成严重的身体伤害和精神伤害,而毒品的全面犯罪化反而会进一步加深不被国家公开、合法行政管理的毒品的具体危害。例如,如果社会容许合理使用软性毒品的客观知识公开自由地流通,吸毒者就会懂得合理吸食的情形、用量、时间、地点、仪器等,并在出现健康危机时有立即就医的权利,那么毒品从整体上对公民的危害就会极大地降低。〔1〕 同时,全面禁毒的法律立场使人们完全忽视软性毒品治疗人类精神疾病、减轻人类痛苦、使患者精神放松等重大药用价值和医疗价值。

虽然刑法将某种行为、状态和物质予以严厉禁止,的确有利于直接保护危害遥远的现存社会利益,但同时也会严重挫败民众的创新动力、极大地阻碍有利于社会长足进步的创新行为。〔2〕 例如,法人违法行为的"犯罪化"范围不断扩大,会导致企业人员因担心承担潜在的刑法风险,主动扼杀或抑制具有社会创新力、直接引发社会进步的经营行为、模式或概念,进而会减少市场经济繁荣发展的润滑油——企业及其员工的市场竞争力。〔3〕

二、放任不公正的惩治

众所周知,如果刑法规范中无死刑设置,最终不会有无辜者被处以死刑,而无辜者被判处死刑,这正是过罪化背景下最令人发指的不应得、不公正的惩罚。即使抛开死刑这一极刑不论,过罪化的其他方面,也会直接产生明显的不公正惩罚,如过罪化氛围之下的规范内容过度模糊而宽泛,简单罪状和空白罪状过多,导致公民在不知刑法具体内容的情况下招致惩罚,这对其是不公正的,这样的刑法无疑是一种刑法陷阱。如果刑法将日常细微琐碎的行为规定为犯罪,这会使公民害怕遭受刑事惩罚的恐惧感上升,对刑法更多的是恐惧,而不是尊重刑法、守护刑法正义之心理。只有公

---

〔1〕 See David A. J. Richards, *Sex, Drugs, Death, and the Law: An Essay on Human Rights and Overcriminalization*, Rowman & Littlefield Publishers, 1986, p. 158.

〔2〕 参见何荣功:《社会治理"过度刑法化"的法哲学批判》,载《中外法学》2015 年第 2 期。

〔3〕 See Dick Thornburgh, "The Dangers of OverCriminalization and the Need for Real Reform: The Dilemma of Artificial Entities of Crimes", *American Criminal Law Review* 44, 2007, p. 1283.

民尊重刑法、认同刑法或信仰刑法，深信刑法能实现正义，才会主动自觉地遵守刑法，社会秩序才得以长久、自愿地维系。[1] 据此，过罪化问题会放任不公正的惩治，主要体现以下几个方面：

首先，不公正的惩治，主要体现在行为实施之后的不公正侦查、起诉、审判、执行等司法行为中，即不公正的适法手段、适法方式、执法结果等。[2] 例如，毒品犯罪黑暗而复杂的地下交易链条和稳定的非法交易市场，导致公安、检察机关对毒品刑法规范的适用很困难，这种困难迫使执法机关采取非法搜查、非法逮捕、非法窃听、非法跟踪监视、扭曲人格的特请诱惑制度或卑鄙的警察圈套等一系列直接严重侵害公民基本人权的执法举措。又因刑法规定了大量的可限制公民自由的涉毒犯罪，这赋予了执法机关，特别是警察过大的自由裁量权。加之可供警察使用的罪名很多，国家总体司法资源却很有限，能投入到镇压毒品犯罪的资源本身更有限，这使司法实践中出现大量的偶然性、差别性、歧视性、不平等等不公平过度执法，[3] 例如，美国毒品犯罪刑法规范适用的对象，主要是黑人和墨西哥裔美国人，这些人中某人因涉嫌毒品犯罪被抓获，很难说不是因为身份特殊或运气不佳，也很难说是一种公正的惩罚。

其次，英美全面镇压毒品犯罪的执法现状，最引人注目的是毒品战争不必要地损耗了大量宝贵、稀少的司法资源。例如，毒品刑法规范难以有效实施，迫使缉毒警察在和平年代冒着生命危险打入毒品犯罪组织内部，与毒品罪犯展开生与死的决战较量，甚至有缉毒警察为执行严苛的毒品刑法规范为国捐躯。同时，在这场仍在持续的毒品战争中，无数的毒犯，为获取高额毒品利益死在国家合法的“枪眼”下。还有一些毒犯，为顺利实施毒品犯罪、避免被国家机关逮捕，甚至采用身体藏毒、体内运毒、吞咽毒品等严重危及人身安全的手段实施毒品犯罪，有些人最后还因此葬送性命。在这场旷日持久的毒品战争中，除了双方的生命权被剥夺，对大量

---

〔1〕 参见何荣功：《社会治理“过度刑法化”的法哲学批判》，载《中外法学》2015年第2期。

〔2〕 See Todd Haugh, “SOX on Fish: A New Harm of Overcriminalization”, *Northwestern University Law Review* 109, 2015, pp. 203–204.

〔3〕 See Sara S. Beale, “Many Faces of Overcriminalization: From Morals and Mattress Tags to Overfederalization”, *American University Law Review* 54, 2005, p. 757.

涉毒人员进行大规模地拘留、逮捕、起诉、审判和执行，最终限制其自由或合法地剥夺其生命，也严重消耗了大量的司法资源。虽然消耗司法资源，是刑法禁令实施的必然结果，但问题的关键在于国家贯彻法律的资源珍贵而有限，以极其有限的宝贵司法资源打击毒品犯罪，毒品问题却仍屡禁不止，愈演愈烈，个别涉毒分子甚至招摇过市，在网络上公开炫耀，这不禁令人质疑毒品刑法禁令的有效性。笔者认为，既然对毒品罪犯一味地"喊杀喊打"，无益于从根本上解决毒品犯罪问题，那应重新谨慎思索一些问题，如是否没必要对一些毒品行为采取具有最严强制力的刑事制裁手段？是否应有条件地、适当地不用刑法惩处一些毒品相关行为，将更多的国家资源投入社会公益机构、戒毒研究中心、公共娱乐设施，创造无犯罪起因的社会环境。同时，还可用该资金设立能专门审判毒品犯罪的客观、独立、中立的毒品法院（Drug Court）。[1]

最后，过罪化问题除产生不公正的惩罚结果外，还容易使行为人将实施刑法所禁止的行为予以内在合理化。例如，白领将自己所实施的经济违规行为予以合理化，会导致犯罪行为被更频繁地实施，因为行为人容易在心理上将白领实施经济犯罪行为，予以内在合理化，特别是在行为实施之前，这种内在合理化机制强大而普遍。[2] 第一，白领犯罪未直接明确地伤害到他人，实施白领犯罪的行为人，反而会谴责制定实施此种禁令的国家工作人员，认为立法机关本不应将此种行为予以犯罪化，司法机关也不应将这种行为以犯罪论处；第二，由于白领实施的不道德行为，是因法律规定才构成犯罪，法律无规定即不构成犯罪，所以犯罪的实施者，极易因无法理解自身行为的实质违法性，而忽略行为的形式违法性，从而继续实施被现代刑法所囊括的犯罪行为；第三，实施白领犯罪的行为人，会因公司法、企业法、经济法、税收法等条文规范太繁杂，主张犯罪行为的实施只是难以避免的偶然事件，自己对其发生无选择的能力、机会和条件，根本无法控制犯罪行为发生与否。因此，在过罪化时代背景下，行为人容易将实施被过罪

---

〔1〕 See James E. Felman, Cynthia E. Hujar Orr, "ABA, Section to Jointly Address Overcriminalization", *Criminal Justice* 29, 2014, p. 5.

〔2〕 See Todd Haugh, "SOX on Fish: A New Harm of Overcriminalization", *Northwestern University Law Review* 109, 2015, p. 153.

化的犯罪行为予以内在合理化,这是过罪化的新危害。[1]

三、纵容犯罪亚文化的固化

授权性立法中的官僚犯罪化,不断地通过犯罪关税原理固化犯罪亚文化。犯罪亚文化主要表现在:社会上一直存在经不起暴利诱惑的毒品犯罪"大军"和总体相对固定的毒品"消费群体";毒品犯罪一直处于蔓延高发的状态,要不停地依赖刑法打击毒品犯罪;犯罪亚文化容易引发有组织犯罪和恐怖主义犯罪。

第一,犯罪关税原理作用下的犯罪亚文化,主要表现在受高额非法利润所惑,大量行为人趋之若鹜,加入毒品犯罪活动"大军"冒着生命危险实施毒品犯罪。根据犯罪关税原理,国家对具有硬性、刚性需求的物质、产品或服务,予以人为地绝对禁止或全面限制,会导致生产、制造、供应或贩卖该非法物质、产品或服务的社会风险、法律成本、道德风险等严重升级,直接引起相关非法行业所提供的非法物质、产品或服务之价格大幅度上升,又因地下市场未正式、公开地获得国家行政管制或监督,非法物质、产品或服务从制造商、供应商、经销商等手中最终到达"消费者",其价格不断不合理地上涨,这正是非法物质、产品或服务具有严重、巨大的暴利之形成机制。这种严重的、巨大的暴利,又会刺激潜在的犯罪人从事毒品犯罪活动,诱发了被主流社会孤立抹杀的社会边缘亚文化群之形成,使毒品从业人员彻底成为主流社会的对立面,不再为主流社会做贡献,转而成为主流社会的破坏专业户,同时,毒贩群体自行发展出专业稳定、黑暗狡诈、利润丰厚的非法地下交易市场,这种地下交易市场无法无天、危机四伏,成为社会的阴暗面,同时固化为公开、博爱、和谐社会的终极顽疾。

第二,犯罪关税原理作用下的犯罪亚文化,还表现在总体相对固定的毒品"消费群体",为支付非法物质、产品或服务的高昂要价,会直接诱发其他核心的、真正的传统犯罪。[2] 例如,利用自由刑、死刑等刑罚手段,不分毒品种类、性质、含量或真实数量,全面禁止毒品,为制造、供应、走私、贩卖毒品等非法活动的从业人员,产生了令人畏惧的高昂违法成本,而毒品从

---

〔1〕 See Todd Haugh, "SOX on Fish: A New Harm of Overcriminalization", *Northwestern University Law Review* 109, 2015, pp. 155-156.

〔2〕 See Nils Jareborg, "Criminalization as Last Resort", *Ohio State Journal of Criminal Law* 2, 2004, p. 530.

业人员为确保成本利益相平衡,毒品的最终售价,必定较同类消费品高出许多。又由于地下毒品商业活动,处在国家行政管制的空白地带,毒品供应经中介肆意地层层盘剥,毒品变成更加高贵的非法消费品,这些皆由购买毒品、使用毒品的最终消费者买单。对于毒品使用者来说,特别对于吸毒成瘾者来说,其为支付高昂的毒资,容易犯下抢劫、绑架、故意杀人、故意伤害、敲诈勒索、多次盗窃等直接取财的严重犯罪行为。

第三,在犯罪关税暴利驱动下,刑罚"野火"烧不尽,毒品"春风"吹又生。各种全面禁毒客观情况显示,毒品犯罪在全世界仍十分猖獗、毒品使用者有增无减,禁毒形势依然非常严峻。在英美司法实践中,刑法主要被施加于毒品商业活动中的低端从业人员,意即遭受刑罚的对象,大多是处于毒品犯罪低端链条的下级运输者、贩卖者或消费者,并非组织、领导、指挥走私、制造、运输、贩卖等活动的"高层人员",真正的"高层组织者"和"领导者"依旧未被绳之以法,这也是毒品犯罪仍然肆意泛滥的直接原因。正所谓"擒贼要擒王",如果只是对毒品犯罪集团中的"小兵小将""中层骨干"判处严厉刑罚,而并未追究或较少追究幕后头目的刑事责任,对毒品罪犯判处再多死刑,也于事无补。但是,即使刑法执行机关将打击重点放在处于毒品交易塔尖的那部分"领导人物",又更耗时、耗力、耗资源,甚至可能会牺牲缉毒警察的生命,最终也无法保证将早已财力雄厚的"毒枭"逮捕归案。即使偶尔有"毒枭"被司法机关逮捕归案,又会在犯罪关税暴利驱动下会不断出现新的大"毒枭"。

第四,犯罪关税暴利的存在,滋生出毒品有组织犯罪和毒品恐怖主义犯罪。世人皆知的是,刑法的严苛管制与严厉镇压并没抑制住非法毒品交易市场长久、稳定的"繁荣",毒品犯罪活动朝着结构运作更加成熟、完善的有组织形式发展。一方面,毒品犯罪的从业人员,为抵抗司法机关严厉打击毒品犯罪的强劲攻势,自然会形成毒品犯罪组织;同时也会与其他同样被刑法所禁止的非法从事人员,结成坚固的邪恶同盟关系,更进一步扩大、固化毒品有组织犯罪的范围,[1]这极大地增加了国家打击毒品犯罪的难度,即使不断加重毒品犯罪的惩罚力度,对毒品滥用这一严重的社会问

---

〔1〕 See Richard S. Frase, "Criminalization and Decriminalization", in Kadish H. Sanford ed., *Encyclopedia of Crime and Justice*, The Free Press, 1983, p. 444.

题，仍是一筹莫展；另一方面，毒品犯罪化，促使“地下黑市”交易之形成，由于该交易不受政府或其他权威机构的公开监管，因而不用交税，这使恐怖分子会从该非法市场中获得资助，形成毒品恐怖主义犯罪。除此之外，毒品有组织犯罪和毒品恐怖主义犯罪，会反过来凭借非法手段垄断毒品的价格，导致毒品犯罪的暴利性更加显著。[1] 可惜民众对该犯罪亚文化视而不见，此类话题也无法成功进入公众日常辩论中，更无法进入政府决策中。[2] 反而是利用刑事制裁措施全面禁毒的国家之强硬立场，使普通公民认为国家全面禁毒是理所当然和必不可少的，也使国家一心放在打击毒品犯罪上，无多余时间、精力和资源去思考、探究客观理性地治理毒品泛滥问题的更先进解决之道。

第五，为了逐渐溶解被犯罪关税原理所固化的犯罪亚文化，应该对毒贩慎用监禁刑，因为监禁刑会给毒犯造成终生不可磨灭的伤害和痛苦，这会加深其对作为传统社会管理制度之监狱的厌恶和仇视。[3] 荷兰法官和检察官中的精英皆认为，监狱解决犯罪问题的价值有限，严惩只会加剧、恶化犯罪问题，这主要表现在行为人在被关押的期间，社会关系和公民身份趋于死亡，这只会阻碍罪犯重新融入主流社会。[4] 因此，应基于社会融合、社会宽容理念，认可罪犯在监狱中的公民权利，将符合规范犯罪化原则的公民关押进国家机关内，以使其公正地遭受应得的报应惩罚，如人身自由被剥夺、暂时无法抚养子女导致子女教育缺位；暂时与社会失去联系，无

---

〔1〕 参见王林：《美国刑事司法过罪化——成因、后果及其对策分析》，载《理论界》2015年第4期。See Michael S. Moore, *Criminalization: The Political Morality of the Criminal Law*, Oxford University Press, 2014, pp. 203-204.

〔2〕 Alvaro Santos, "International Law and Its Discontents, Critical Reflections on the War on Drugs or the Role of Law in Creating Complexity", *American Society of International Law Proceedings* 106, 2013, p. 174.

〔3〕 See Gerry Johnstone, Tony Ward, *Law and Crime*, SAGA Publications Ltd., 2009, p. 158.

〔4〕 See Susan Easton, *Prison's Rights: Principles and Practice*, Routledge, 2011, p. 25.

法过普通的家庭生活,被监禁者全家人身心都因此遭受剧烈摧残。[1] 待这些公正惩罚结束后,应使其尽快融入家庭生活、负责子女教育、守护家人身心健康的主流文化中。

第二节　过罪化的根本原因

过罪化严峻问题的产生、扩张和不断蔓延的根本原因,是"法律与自由"统治模式的缺位、成熟民主的政治体制之缺失和对公民权利等政治价值缺乏充分尊重。

一、"法律与自由"统治模式的缺位

现代政治国家的统治模式是"法律与秩序",而不是"法律与自由"。过罪化是"法律与秩序"政治学不断升级后所创造的单向棘轮,而且很可能是善良市民以一种相对理性、可预测的方式自愿营造出的导致过罪化的时代氛围。[2] 正是对犯罪的恐惧、厌恶和憎恨促使人们强烈支持,甚至迫切需要国家对罪犯保持严厉打击态势,以此凭借刑法维护良好、稳定的社会秩序。[3] 一般来说,人类社会存在一种普遍、朴素、直观的见解,认为犯罪之所以猖獗,犯罪分子之所以有恃无恐,是因为违法成本太低,所以国家应不断提高违法成本,才能有效解决犯罪问题。提高违法成本的途径有严密法网、持续加重惩罚力度、增加对罪犯的暴力威慑,只有这样才能直接减少犯罪激励因素。无可否认,现代社会中仍有很多拥有丰富犯罪资源的违法者逍遥法外,他们还以无成本或低成本地公开肆意地享受犯罪所带来的不正当利益。这种不公平的全球社会现状,使得遵纪守法的广大良好市民感觉守法是一件很愚蠢、怯弱、无能的事,如果自己有勇气、有能力真的敢想敢干,也能如违法者那般享受数不尽的非法物质利益。但是遵纪守法者并

---

〔1〕 See Kathy Norris, "The Overcriminalization of Conduct: Consequences for One American Family", Subcommittee on Crime, Terrorism, and Homeland Security, Judiciary Committee, United States House of Representatives, http://www. cato. org/publications/congressional - testimony/overcriminalization-conducoverfederalization-criminal-law, July 22, 2009.

〔2〕 See Erik Luna, "The Overcriminalization Phenomenon", *American University Law Review* 54, 2005, p. 730.

〔3〕 See Andrew von Hirsch, "The Politics of 'Just Deserts'", *Canadian Journal of Criminology* 32, 1990, p. 402.

没有违法者那样的“勇气”、“魄力”和“能耐”，于是仍是真正的遵纪守法者。但是人活在社会中，天生的正义感永远不会被“不正义”浇灭。当获知他人违法行为的相关信息后，心中正义的呼声越来越清晰、强烈：国家应严惩这些违法者，使这些违法者获得其应有的惩处。即使对现实中的违法犯罪行为的具体客观情况一无所知，天生即拥有理想主义精神、平等主义精神、惩恶扬善抱负、渴望伸张正义的普遍遵纪守法者，会根据其大致感知到的犯罪猖獗形势以及行为人是不道德的初步印象，认定犯罪猖獗的主要原因是违法成本过低、违法利益较高，遂必定会不断渴求或呼吁立法者，将所有违法行为纳入刑法规制中，进行严厉打击和惩处，从而增大那些法外之徒的违法成本，减少违法分子从犯罪中获取的非法利益。而统治者们正是因恰当地把握民众对上述通过法律维护秩序的心理，才会拥有越来越倚重法律的群众基础，不断通过法律增加违法者的违法成本，而刑法在增加违法成本的各项制度中快、狠、准，故刑法成为增加罪犯违法成本的最主要手段，最终形成了过度使用刑法的过罪化问题。事实上，这种治理思维从现代社会重视法治之初，即已发展成一场全球性的“法律与秩序”运动。在这场运动中，作为所有法律后盾保障的刑法，其规模、尺度和调整范围，也顺其自然地越来越广阔、庞大而宽泛。

（一）罪犯不断逃避刑事责任只是“导火索”

在国家看来，违法犯罪分子的大致固定生存样态是：诡计多端、常出新招的违法犯罪分子，长期苦心钻研如何逃避刑法规制、如何不被追究刑事责任、如何减少自己承担的刑事责任、如何从事刑法规范辐射不到的新违法行为。而违法犯罪分子对这些问题的判断根据之一是现行刑法规范，因此随着刑法规范不断完善、规制范围的不断深入，违法犯罪分子规避刑法的方式和手段越来越隐蔽、性质会越来越模糊，社会中始终存在大量充满无限活力的真正罪犯正逍遥法外。立法机关当然不会对猖獗的犯罪坐视不理，为有力抗击这些逍遥法外、或在刑法规范灰色地带游走的频变花样、时出新招的真正犯罪分子，为不让犯罪分子有意逃避或成功钻研如何降低其刑事责任，国家必定会不断扩充刑法规范的范围，制定大量过度宽泛的刑法规范或刑事责任规则，使得司法机关在惩治犯罪分子时有法可依。正是依循国家与规避者斗智斗勇、相互抗衡的机制，才产生了过度宽泛的刑法规范。

(二)国家机关固定的政治运作机制是主要原因

从与实施新犯罪行为的违法分子作战的角度来看,制定过度宽泛的刑法规范是立法机关打击新花招不断、规避能力不断增强、犯罪策略不断升级的罪犯的十分必要之国家策略。[1] 造成过罪化问题的直接原因是立法机关或授权立法机关不断制定、出台新的刑法规范,在法律上界定新的犯罪行为,因而违法犯罪分子的固定生存样态,只是最直白、最明显的"导火索"。政党国家为强化本国的意识形态、获得严厉打击犯罪的政治声誉,必定控制着最能激起民众愤怒火焰、仇恨种子、惊恐情绪的犯罪问题。在相对和平的国度,犯罪问题是民众的最大"软肋",政党国家在该问题上必定特意在最大限度地可见范围内,不断向民众宣示、承诺、传递如下信息:政党一直都在严肃认真地看待、处理一些社会不端行为,并通过国家最大的努力——刑法,予以最严厉的打击,刑事法网相当严密,可将所有罪犯一网打尽。并据此不断扩充刑法规范的内容、范围、规模,充分利用最具强制力、震慑力、破坏性的刑法,最大化地展现国家的努力。[2] 因此,在与犯罪作战方面,国家制刑权的运作目的相对通透:国家不断扩充刑法规范,意在宣扬法网恢恢、疏而不漏的观念。国家刑法规范不断膨胀的主导因素,不能简单直接归结于信息时代的科技进步产生新的犯罪技巧,而更多地应归结于政治压力或其他相关因素。[3] 同时,所有政党内部的日常详细活动不为外人所知,政治压力中必定存在一些其他人为相关因素。政党专门用于应对犯罪的各大国家机关,主要是立法机关、检察机关、警察,正是这几股强大的司法势力正在不停地急速推动着过罪化。

1. 过罪化不断为刑事立法机关获取民意支持

民众最在乎自身及家人的身体安全和财产安全,良好而有秩序的社会是实现这种安全最基本的前提条件。因此具有制定、颁行和通过法律规范天然职责的立法机关总是倾向于出台新刑法规范,立法机关也最擅长通过

---

[1] See Samuel W. Buell, "The Upside of Overbreadth", *New York University Law Review* 83, 2008, p. 1495.

[2] See Andrew Ashworth, "Is the Criminal Law a Lost Cause?", *Law Quarterly Review* 116, 2000, p. 225.

[3] See Joshua Styles, "What Can We Learn from Britt v. State: How Overcriminalization is Eroding a Fundamental Right", *Journal On Firearms & Public Policy* 23, 2011, p. 140.

不断出台让多数人民群众满意的新刑法规范，将维护社会良好秩序的实际权力或法律权威转移至警察、检察官、法官等司法人员手中。社会上产生不公正惩罚的具体特定案件，容易被媒体连篇累牍地报道而被民众直接感知，因此民众一般是抱怨司法机关的种种不公正行为，而不会抱怨立法者颁行的立法本身不公正，反而认为立法机关应继续将更多的社会危害行为规定为犯罪，对已有犯罪行为加大惩罚力度。[1] 民众的这种新犯罪化呼吁事实上来自对犯罪的道德恐慌，一种普遍存在的歇斯底里的反应，是不稳定的社会观念。[2] 这导致立法机关在增设新罪时，难以接受普通公民真实、理性而有效的监督批评，反而受到幻想新犯罪化必定属于公正犯罪化之民众的大力追捧，立法机关据此持续不断地编织刑事规范"铁幕"，使过罪化问题造成的司法不公源源不断地出现。这种偏重社会秩序的刑法权力运作机制也正是我国出现刑法泛化现象的原因之一，也能说明我国刑事立法，更重视秩序刑法、风险刑法、预防刑法，而对自由刑法、人格刑法重视不够，甚至将自由刑法、人格刑法边缘化。[3]

2. 过罪化赋予检察机关极大的起诉自由裁量权

立法机关制定繁多的刑法规范，使检察机关办理具体案件时具有充分完善的法律依据以及庞大的自由裁量权，从而有利于检察机关更灵活、更有力、更快速、更简单的处理案件。例如，在英美国家刑法中规定尽可能多的犯罪行为，有利于检察机关进行辩诉交易。作为案件主要处理方式的辩诉交易制度，极大地限制了大量案件运用复杂且烦琐的陪审团制度或其他正当程序进行公开审理，对于检察机关，该制度节约了相当多的司法成本，减少了案件处理时间。因此，宽泛而重叠的刑事制定法，为检察机关适用刑法提供了丰富的刑法资源，也方便检察机关获得受民众欢迎的案件处理结果。[4] 因此有学者认为，检察机关拥有庞大的自由裁量权是一种权

---

〔1〕 See William J. Stuntz, "Correspondence: Reply: Criminal Law's Pathology", *Michigan Law Review* 101, 2002, p. 836.

〔2〕 See Stuart P. Green, "Vice Crimes and Preventive Justice", *Criminal Law and Philosophy* 9, 2015, p. 594.

〔3〕 参见徐洋洋：《从刑法泛化现象反思刑事立法的正当性根据》，载《湘江青年法学》2015 年第 1 期。

〔4〕 See Paul Rosenzweig, "Overcriminalization: An Agenda for Change", *American University Law Review* 54, 2004, p. 810.

力良性转移的建构。[1]

3. 法庭必须适用立法机关制定的过罪化规范

法庭的法定职责是解释、适用法律，维持、贯彻刑法规范。即使该规范极其空泛、高度重叠、规制行为范围极广，法庭也必须适用。因此，法庭总是竭力维护刑法规定。如果法庭不这么做，过罪化现象很可能不会出现。[2] 但是在无完善发达的宪法审查权的国度，如果法庭不这么做，即是违背了法庭的法定职责。

4. 民众希望刑事立法规范明确规定特定具体的犯罪行为

一般来说，民众希望法律规定罪状明晰、标签合理的具体罪名。为使民众明确了解自己的具体行为在刑法上的定性，使刑法更好地指导民众在日常生活中的各项行为，国家根据公平告知原则、公平警告原则或公平标签原则，对罪状规定得比较具体详细，对千差万别的特定具体行为都予以单独列明，对每个行为都分别予以定性，从而使每个人公民都有公平获取和理解刑事规范禁令的机会。但这却导致刑事法条数量急剧膨胀，刑法规范越来越复杂，反而使民众面对庞大的刑法规范系统时无所适从，这又违背了刑法公平告知、警告、标签等原则的初衷。

二、成熟民主的政治体制之缺失

大众媒体本应成为推动民主进程的强大工具，因为大众媒体直接决定了社会体制秩序中标志性的现存框架，具有塑造意识形态的天然强大能力，随时随地都有能力不断筛选、决定和解读供社会民众热议、探讨的日常生活话题或工作话题，完整客观地输出理性知识。但现实情况是：全世界几乎所有的大众媒体，都留下了政治家属于核心界定者的深深烙印。特别在美国，作为精英的政治家和代表特定利益集团的政治游说团体，直接主导、控制着刑事立法。政治家通过重点严厉打击犯罪行为，不断制定新的刑法规范，为统治者赢得将新罪名奔走相告于民众的喝彩之声。[3] 这种

---

[1] See Kyron Huigens, "What Is and Is Not Pathological in Criminal Law", *Michigan Law Review* 101, 2002, p. 812.

[2] See Douglas Husak, *Overcriminalization—The Limits of the Criminal Law*, Oxford University Press, 2008, p. 50.

[3] See Richard S. Frase, "Criminalization and Decriminalization", in Kadish H. Sanford, eds., *Encyclopedia of Crime and Justice*, The Free Press, 1983, p. 439.

立法过程并非成熟的民主,只是精英式民主。缺乏成熟的民主政治体制,全体公民并未真正当家作主,其民主权利并未得到真正实现、维护或保障,易被其他力量影响、操纵或代言,导致过罪化问题愈演愈烈,政治家更加无法理智、客观地对待存在于美国现代社会中的惩罚文化、监禁文化,其反而感性、主观地不断宣扬惩罚文化、监禁文化。[1] 例如,基于充分迎合民众对犯罪的天然恐惧心理,以及民众与生俱来的、强烈呼吁严惩罪犯的正义感,政治家控制下的大众媒体常年报道、公布、批评刑事规范对重大社会问题的管制处在空白状态,并且长期大致保持类似说辞:法律存在漏洞、法律不完善,以及罪犯掌握着如何规避法律的技巧攻略,因而很多罪犯仍逍遥法外,犯罪仍猖獗,须不断扩大惩罚范围、加强惩罚力度。民众之所以会如此判断,主要是因为普通民众不知道真实的犯罪原因、罪犯的主客观情况、惩罚实践的真实情况,以及刑事制裁的真实效果等。[2] 但根据成熟的民主立法程序,立法机关应提前发布、客观如实地公开各项客观资料和实证数据,供全体社会公民查阅或提出个人意见,而且应有大量完善的公共实体平台、场所或多元途径,使民众更容易参与刑事立法,以及进行公开辩论。例如,主张废除或减少刑事责任的刑事辩护律师团体、公民自由民主公益团体或非政府志愿者公益组织,应当有机会发声,而不应维持现阶段由精英政治家或代表特殊利益集团的专业技术团体,在特殊场所半公开地进行激烈的讨论,以此制定刑法规范,而放任过罪化问题的恶化。

刑法规范中存在一种罪名久置不用的现象。该现象是指因刑事立法惰性的特点,罪名一旦生成,规定该罪名的刑法条文几乎不可能被废除,即使废除形式上的罪名条款,行为实质上仍被刑法规定为犯罪,只是换了名称而已。正如约翰·加德纳所说:“我们不应奢望立法者会主动废除一些罪名,减轻总体刑罚量,即使立法者废除某些刑法禁令,刑法的覆盖面仍会

---

[1] 参见[美]贝兹·卓辛格:《把他们关起来,然后呢?》,陈岳辰译,中信出版社2017年版,第28页。

[2] See Gerry Johnstone, Tony Ward, *Law and Crime*, SAGA Publications Ltd., 2009, p.154.

通过其他无形的途径持续不断地延展。"[1]如果往前追溯出现该现象的理由,会发现刑事立法机关有惰性,其倾向于避免主动挑起不必要的纷争,以防出现不安定的社会局面。因为当国家废除某个罪名,又未给出具有说服力的充分理由时,这会引起社会的广泛关注,严重地刺激那些想保留该罪名的民众,愤恨地极力呼吁保留该罪名,并列出该罪名的种种严重危害后果和极端残忍的极少见特例,从而使国家机关感受到民意不可违,不敢再轻易废除不必要的象征性罪名。例如,正是基于罪名久置不用现象,乱伦在美国一些州仍然是犯罪行为,甚至有一些州将通奸行为规定为重罪,大部分州也将卖淫规定为犯罪行为,即使这些行为事实上很少被起诉。当然,不可否认,对于长期不直接适用、表面上被置之不用的罪名,虽然难以从刑法中剔除,但仍具有某种程度上的补充规制、退而求其次的"备胎"作用,这也是罪名久置不用现象存在的主要原因。如果在具有成熟民主的政治体制下的立法程序中,可将这一现象公开透明化,而不是变成讳莫如深的潜规则。而且,立法机关完全可通过在社会上发布权威、详细、证据充分的罪名废除报告,向全体民众提供极具说服力的理由根据,那么废除久置不用的罪名,是完全有可能的。

三、对公民权利的政治价值缺乏充分尊重

刑法理论的争论热点不是立法机关超越或限制公民不被犯罪化的权利,将某种行为规定为犯罪之时,一般也不偏向于主张限制立法机关权力的犯罪化。正是对公民权利的相对矮化,导致限制、剥夺公民权利、自由和自治的犯罪化逐年增加,使过罪化问题愈演愈烈。即使国家是在用纳税人的钱,将有大量宝贵时间、精力和富有生产力的人员,长时间地供养在固定的场所或特定区域,几乎不关心那些在押人员,或监狱服刑人员的权利状况。因为我们本能地认为其罪有应得。但是如果详细考察,极易在监狱或关押场所发现大量不公正的惩罚。可见,过罪化问题根源于整个社会构造,不是简单地源于全球表演政治、象征性犯罪化(symbolic criminalization)或表层法律规制过程。例如,如今美国的辩诉交易制度早已与过罪化现象

---

[1] See John Gardner, "Douglas Husak: Overcriminalization: The Limits of the Criminal Law", Notre Dame Philosophy Reviews, http://ndpr.nd.edu/news/23674-overcriminalization-the-limits-of-the-criminal-law/.

形成共生关系，二者相互依赖，因为前者使后者免予不正当犯罪化的立法审查，而后者使前者继续广泛存在。在这种互相依存的机制中，始终考虑的是如何快速解决刑事案件，使犯罪嫌疑人遭受惩罚，却对公民权利、自由、自治等少有提及。[1] 据此，笔者将在本书第四章详细阐明公民权利、自由、自治的内涵及其重要性，以期不断强化提升这些价值在刑法基础理论研究和立法机关犯罪化过程中的支配主导作用，从而逐渐从根本上有效地抗击过罪化。

第三节　过罪化的解决办法

过罪化问题解决的之道与以往刑法的道德限制理论不同，虽具有共通性，但侧重点不同。过罪化的视角更具务实性、可操作性和实践影响力，重视如何以刑法哲学理论为指导，来突破刑法发展的过罪化困境。大概有如下五种主要具体选项：一是实体刑法宪法化，以宪法约束实体刑法的规模和范围，使法官有权根据宪法，直接审查实体刑法规范的整体效力或对个案的适用效力，对违反宪法的实体刑法规范宣告无效，或宣告某条刑法规范今后不能再适用于某类案件；二是实体刑法去政治化；三是司法机关努力根据刑法原则或原理，解释和适用刑法，在严格遵照正当程序保障原则的前提下，限制刑法的适用范围；四是充分利用检察机关的庞大自由裁量权，在刑法适用过程中，减少多余、重叠、过度宽泛的不公正刑法规范的不利后果；五是立法机关落实立法程序需要民主化、科学化和理性化的客观要求，充分利用全社会所有立法参与主体的力量和所有学科中的犯罪知识，严格限制新罪名的出台，严格防止现有刑法规范范围的进一步扩大。本小节将详细论述上述五种解决之道的具体操作办法，以及相应的局限性和改进办法。最后从实体规范刑法学的角度出发，主张过罪化问题的解决主要靠立法机关遵守原则性的规范犯罪化原则。

一、实体刑法宪法化

为减少过罪化、限制刑法调整范围和刑法适用范围，学者已提出多种

---

[1] See Lucian E. Dervan, "Overcriminalization 2.0: The Symbiotic Relationship between Plea Bargaining and Overcriminalization", *Journal of Law, Economics & Policy* 7, 2011, p. 646.

潜在的解决之道。首先被频繁探讨的是实体刑法宪法化，认为刑法应如宪法一样，旨在直接保护公民权利和公民自由，从而主张由法官对刑事条款进行违宪审查，宣告某些刑事罪名违宪今后不再适用。〔1〕很明显，这是一种刑法之外的限制，主要是从宪法出发，以宪法为根本依据，运用宪法审查个案刑法的适用或直接审查个别、部分或所有刑法条文的正当性。虽然对实体刑事立法司法审查，可能会限制过罪化，也可能会促使法庭更进一步地发展程序权利的理性内容。〔2〕但是从传统上说，政治性十足的宪法对实体刑法的限制作用非常小，反而主要是对刑事诉讼程序的限制比较大，因为国家宪法保护的是公平审判，而不是公平刑法。〔3〕因而实体刑法宪法化的过罪化问题解决之道既有必要性也有局限性。

（一）法院对刑法规范进行宪法审查的必要性

一方面，根据立法机关、司法机关和行政机关三权分立原理，法院应有权对立法机关的立法活动进行监督、审查，从而直接减弱过罪化问题在司法实践中造成的不利后果。例如，斯顿次主张，可能最好的方法是刑法宪法化。宪法应明文授权独立的法官有权对刑法进行司法审查，即由法官根据宪法对犯罪定义予以严格独立的审查，从而使法官权力形成与立法至高权、检察官自由裁量权相抗衡的权力平衡态势，最终得以限制刑法的边界范围，因此解决刑事司法系统中界定犯罪和刑法范围问题的关键在于法庭。〔4〕另一方面，对于刑法规范正当性、合理性的质疑，任何时候、任何阶段都可以进行，而对现行刑法规范最正式、权威和有效的质疑，是法官对其进行的宪法性审查。虽然我们一般会假定该刑法规定具有正当性和合法性，但这并不代表该法律在任何具体情况下，皆具有真正的正当性和合法

---

〔1〕 See Mike C. Materni, "The 100-plus-Year-Old Case for a Minimalist Criminal Law (Sketch of a General Theory of Substantive Criminal Law)", *New Criminal Law Review* 18, 2015, p. 339.

〔2〕 See Donald A. Dripps, "Overcriminalization, Discretion, Waiver: a Survey of Possible Exit Strategies", *Pennsylvania State Law Review* 109, 2005, p. 1161.

〔3〕 See Victor Tadros, "The Architecture of Criminalization", Criminal Justice Ethics 28, 2009, p. 82.

〔4〕 See Nancy. J. King, "Portioning Punishment: Constitutional Limits on Successive and Excessive Penalities", *University of Pennsylvania Law Review* 144, 1995; William J. Stuntz, "The Pathological Politics of Criminal Law", *Michigan Law Review* 100, 2001, p. 598.

性,为避免不公正的判决结果,刑法规范被立法机关通过后,仍需由法院审查现行刑法规定是否真的具有正当性和合法性。

(二)刑法违宪审查的具体操作

1. 宪法法院的法官专门审查过罪化问题

对刑法规范内容进行违宪审查的主体,应当是宪法法院中专门审查过罪化问题的宪法法官,或最高法院中的独立法官,而不是普通法院的法官。因为一般来说,普通法院法官的主要职能是忠实、准确地解释适用现有刑法规定,其在评价某个刑法规范的适用有效性时,优先考虑如何将某个违法行为解释得纳入现有刑法规范中,使违法者不逃避刑事制裁,使正义得以昭彰,而无权力,也不可能直接质疑刑法立法规定的正当性、合法性和有效性。只有专门的宪法法官和最高法院的独立法官,才有足够独立尊贵的权威地位直接审查过罪化的刑法规范,也才能使刑事诉讼法和实体刑法真正地统一融合,使刑法适用程序更好地服务于实体刑法。

2. 刑法规范违宪审查的三大理论依据

为缓解过罪化问题,最有力的三大理论依据分别是损害原则、人性尊严原则和合法性原则。其中,损害原则是实体刑法中的首要原则,人性尊严原则在宪法中主要体现在保障刑事诉讼正当程序权,如《美国宪法第十四修正案》规定了正当程序权,合法性原则直接来源于宪法,与宪法中的法治基本原则一致,其在大陆法系中是指罪刑法定原则,本书在此意义上将二者通用。

首先,法官可根据损害原则对不符合损害原则的刑法规范宣告违宪,使其归于无效。例如,在美国标志性判决劳伦斯诉得克萨斯州案中,最高法院否定法律道德主义是犯罪化的正当化根据,认同损害原则是核心关键的犯罪化正当化根据,犯罪化不应违背损害原则。[1] 毋庸置疑,被狭义解读的损害原则,一直以来都有限制刑法范围的作用,其中最显著的是,损害原则可有力驳斥、批评支持犯罪化的道德主义观点,使刑法非道德化,减少刑法中的道德成本,从而为避免利用刑法推行道德建设提供厚实的理论根据,同时损害原则为将无被害人犯罪剔除出刑法提供了极具说服力的理由。因此,按照被狭义解读的损害原则,法院应宣告规定邪恶犯罪或道德

---

〔1〕 Lawrence v. Texas,539 U. S. 558(2003).

犯罪的刑法规范违宪。其中道德犯罪主要包括两类：一类是行为只对自己造成损害，并不直接涉及第三人的利益，主要表现在赌博、持有使用毒品的行为等等；另一类是两名以上成年人之间私下、自愿、合意的性行为，虽然对参与者造成损害，但也不直接涉及第三人的利益，如卖淫、性虐待、聚众淫乱等。

其次，法官可根据人性尊严原则及其衍生的正当程序保障、不被惩罚的权利，将不符合人性尊严原则和正当程序保障的相应司法机关之行为宣布为违宪，使其归于无效。在现代自由、法治社会，人性尊严具有绝对、无与伦比的内在价值和无条件性。根据人性尊严原则，个体有权决定自己的生活方式、生存样态，而国家有义务保护公民自我实现、自我满足和自我保存的权利。人性尊严来源于个体的自主选择能力，个体自主性产生个体受他人尊重的义务，不仅他人有义务尊重个体尊严，国家更有义务尊重个体尊严，因而人性尊严本身隐含在作为国家根本大法的宪法之中。宪法上的人性尊严原则也可约束刑法，缓解过罪化问题。但人性尊严事实上是一个十分抽象、理解相当混乱的理论概念，即便如此，美国最高法院仍在不断援引该原则，因为人性尊严是宪制国家的一项基本宪法价值。保护人性尊严作为一种宪法道德，具有长远的政治价值，特别是宪法中的人性尊严原则，可约束过罪化。[1] 根据人性尊严的基本宪法价值，国家不得干涉任何涉及个人尊严的个体选择。国家机关不得在无视正当程序保障、不被惩罚权利的情况下，侵犯公民的隐私权、侵犯公民的表达自由权、不合理地搜查和逮捕公民、对公民施加残忍、少见、不寻常、不必要的惩罚等。[2] 例如，美国宪法第一修正案规定了保护隐私权，美国宪法第四修正案规定警察搜查、逮捕犯罪嫌疑人前需要合理的理由，第五修正案规定限制对犯罪嫌疑人进行关押审讯。如果警察或检察机关为实施过度宽泛的刑法规范，不正当地非法执法，不恰当地侵犯公民的正当程序权、隐私权，宪法法院的法官可根据人性尊严原则，排除非法获取的证据，使该执法所产生的

---

〔1〕 See Michal Buchhandler-Raphael, "Drugs, Dignity, and Danger: Human Dignity as a Constitutional Constraint to Limit Overcriminalization", *Tennessee Law Review* 80, 2013, p. 308.

〔2〕 See Mike C. Materni, "The 100-plus-Year-Old Case for a Minimalist Criminal Law (Sketch of a General Theory of Substantive Criminal Law)", *New Criminal Law Review* 18, 2015, p. 366.

证据无效,从而减轻过罪化带来的不利后果。

最后,宪法法院的法官应根据合法性原则(legality principle)所要求的模糊即无效原理(void for vagueness doctrine),将过度宽泛、无所不包的刑法规范,宣告为违宪。众所周知,直接来源于宪法的合法性原则认为,无法律明文规定即无犯罪和惩罚。合法性原则具体包含实质性的明确性原则和公平警告原则。根据公平警告原则,法官应独立审查刑法条款是否符合该原则,有权决定具体罪名是否可以适用具体的行为。同时,根据该原则,自由社会中的刑事立法,应事先让民众知晓何种行为会导致逮捕、起诉、入监或承担其他惩治风险。但实际上,在过罪化的全球背景下,民众对该原则知之甚少,也难以充分被国家提前警告不要实施某些特定的行为。因为大部分普通民众不会查阅刑法典或其他刑法规范条文,更不知道刑法典里的具体条款,即使刑法禁令张贴在公共场所,大部分人也不会驻足停留认真观看和了解。他们除了知道杀人、强奸、抢劫、贪污贿赂等会惹来牢狱之灾外,对其他大量的行为只是根据自己内心的道德直觉,判断其可能不对,但难以意识到自身行为属于刑法上的犯罪行为,还是属于不道德行为、违法行为、违纪行为或违约行为等。即使这样,现代刑法中"不知法律"一般都不是宽恕免责事由。因为根据行为责任理论,国家机关应假设具有自由选择权、自由意志的理性公民,会主动知晓某种行为可能触犯刑法,而且,法治时代的公民,也应主动知晓刑法禁令的具体内容。因此,既然刑法已明文规定相关禁令,即使理性公民实施犯罪行为前,并不知存在该禁令,也可构成该犯罪,毕竟刑法之明文规定已符合合法性原则中的明确性要求,即也已符合公平警告原则。但在当今过罪化的时代背景下,被告人可理直气壮地主张"不知法律为宽恕事由",主张自己事实上不知刑法内容,也不是有意盲目或特意忽视刑法内容。例如,在美国无人知晓该国的刑法规范数量,连民选议员也不知。[1] 但当刑法规范因模糊性出现争论时,应为被告人提供新的抗辩渠道和平台,使被告人能够行使宪法规定的申诉权,让法官审查某条法规是否不具有明确性,是否违背公平警告原则而无法使被告人主动查找刑法规范。如果法院经过审查认为被争议的刑

---

〔1〕 See Paul Rosenzweig, "Overcriminalization: An Agenda for Change", *American University Law Review* 54,2004,p. 819.

法禁令,不满足合法性原则中的明确性要求,那么该刑法禁令应因违背公平警告原则而宣告无效。

3. 中等审查是刑法规范违宪审查的主要标准

严格审查(strict scrutiny)的审查标准高于中等审查(intermediate scrutiny),严格审查,是指刑法规范应完全符合狭义损害原则、人格尊严原则或模糊即无效原则等原则,凡是违反这三项原则的刑法规定,应被宪法法院宣告为违宪。但需同时满足这三种内涵丰富、充满争议的重大原则,难度极大。中等审查,是指并不需要完全符合宪法中保护基本权利的各项原则,只需证明将某种行为规定为犯罪与某种重要政府利益具有实质关联即可。〔1〕这与不被惩罚或犯罪化的权利的中等审查标准是一致的,具体是指将某种行为规定为犯罪应符合宪法规定的权利条款和自由条款,使在宪法统治下的公民具有独立、实质的自由,而不是传统上的自由。〔2〕

(三)刑法规范违宪审查三种指导理论的局限性

事实上,无法期待法官积极宣告绝大部分刑法规范违宪。即使拥有违宪审查历史传统的美国联邦最高法院,一般也只是针对个案中对被告人适用某条刑法规范是否违宪进行审查,并不会直接裁定该刑法规范本身违宪。〔3〕归根结底,法院对刑法规范的违宪审查,无法直接改变积弊难返的不公正立法或司法。即使有损害原则、人性尊严原则和合法性原则提供强大的理论支撑,法院仍难以承受解决刑法发展过程中过罪化难题的时代重任。更不容乐观的是,损害原则、人性尊严原则和合法性原则的具体内容在学者间还充满争议,无法单独作为解决过罪化问题的理论根据。

1. 损害原则不是专门解决过罪化问题的理论指导原则

众所周知,犯罪化理论中限制刑法最有名的原则是损害原则,但对损

〔1〕 See Joshua Styles, "What can We Learn from Britt v. State: How Overcriminalization is Eroding A Fundamental Right", *Journal On Firearms & Public Policy* 23, 2011, p. 1145.

〔2〕 See Michael S. Moore, "Liberty's Constraints on What Should be Made Criminal Law", in R. A. Duff, Lindsay Farmer, S. E. Marshall, eds., *Criminalization: The Political Morality of the Criminal Law*, Oxford University Press, 2014, p. 212.

〔3〕 See Michael S. Moore, "Liberty's Constraints on What Should be Made Criminal Law", in R. A. Duff, Lindsay Farmer, S. E . Marshall, eds., *Criminalization: The Political Morality of the Criminal Law*, Oxford University Press, 2014, p. 130.

害概念的理解非常不确定，不同法官可根据主观意愿对损害进行不同的理解。[1] 损害原则具体内容的争议性很大，不确定性仍在不断加剧。[2] 这严重削弱了损害原则限制刑法范围的真实能力。同时损害原则的实践表明，法院并未根据该原则将那些应予非犯罪化的行为剔除出刑法典。例如，美国劳伦斯诉得克萨斯州案中的判决理由，并不是一个权威的刑法意见，其对刑法的实质变革也无任何影响，刑法中仍存在应予非犯罪化的大量无被害人犯罪类型，这表明法庭的判决结果对刑法实体内容急剧膨胀的严峻趋势作用甚微。[3] 过罪化问题如今愈演愈烈的趋势，更说明损害原则在试图解决过罪化问题的实证，是失败的。再者，损害原则中的“损害”定义本身缺乏必不可少的规范成分，损害原则在试图解决过罪化问题的规范上是无能的。甚至南辕北辙的是，损害原则中有关“损害”的论述范围越来越宽泛的解读，反而能够使如今大量的刑法禁令获得表面犯罪化的正当理由，同时正在为刑法禁令规模和范围的不断扩张提供大量的理论根据。最严重的是，对损害原则的扩张性解读，还使得之前只具有道德主义犯罪化正当根据的行为，也具有了损害原则的犯罪化正当性根据。[4]

事实上，从实体刑法规范理论的角度来看，损害原则的巨大争议性和极其不明确性，正是使如今过罪化问题变成文明刑法中根深蒂固的主要理论缘由之一。正如深入具体阐明损害原则，并促使其充分发展的范伯格所认为的，损害原则需要在具体罪名分析中不断地获得修正、完善，而且依照其具体应用的实际情况，对其查漏补缺，使其具有充分的道德合法性。[5] 因为包含损害可能性及其程度、损害遥远性及其程度、损害等级性和严重

---

〔1〕 See Donald A. Dripps, "Overcriminalization, Discretion, Waiver: A Survey of Possible Exit Strategies", *Pennsylvania State Law Review* 109, 2005, p. 1168.

〔2〕 See Bernard E. Harcourt, "The Collapse of the Harm Principle", *Journal Criminal Law & Criminology* 90, 1999, pp. 118－120; Donald A. Dripps, "The liberal Critique of the Harm Principle", *Criminal Justice Ethics* 17, 1998, pp. 8－11; Meir Dan－Cohen, "Thinking Criminal Law", *Cardozo Law Review* 28, 2007, p. 2419.

〔3〕 See Michal Buchhandler－Raphael, "Drugs, Dignity, and Danger: Human Dignity as a Constitutional Constraint to Limit Overcriminalization", *Tennessee Law Review* 80, 2013, p. 295.

〔4〕 See Michal Buchhandler－Raphael, "Drugs, Dignity, and Danger: Human Dignity as a Constitutional Constrain to Limit Overcriminalization", *Tennessee Law Review* 80, 2013, p. 302.

〔5〕 See Joel Feinberg, *Harms to others—The Moral Limits of the Criminal Law*, Oxford University Press, 1986, pp. 10－18.

性等的损害原则,并不是一个不容变通的原则,其伸缩性很强。但范伯格对损害原则一系列具有限定性、补充性的论证,及对利益受挫型(interest setback)损害的分析,表面上极大地丰富了损害原则,实则将损害原则进行全面消解,使得损害原则完全被这些补充性原则和被阻却的利益所取代。

2. 人性尊严原则解读种类繁多

人性尊严具有多面性,理论界对人性尊严有各种各样的解读,并不存在对其绝对单一的解读,甚至有些解读大相径庭,因此法庭一般在宪法背景下援引人性尊严原则,而无所谓哪种具体的人性尊严解读最优。但这种状况使人性尊严原则的实践可操作性很差。例如,人性尊严可分为作为个体自由的人性尊严和作为社群主义美德的人性尊严。作为个体自由的人性尊严以权利为基础,作为社群主义美德的人性尊严,以保护集体的人性尊严为基础,也是维护集体尊严的重要手段。这两种人性尊严是相互冲突的,即根据社群主义美德的人性尊严,特别是对社群主义美德的人性尊严予以宽泛解读后,当民众对某种行为予以广泛道德谴责时,该行为则为犯罪。但根据个体自由的人性尊严,个体自由的生活方式和自在的生活样态,应受到刑法保护,不能因为多数人对某种行为进行道德谴责,就将某种行为规定为犯罪。当然,为达致二者的平衡,可对社群主义美德的人性尊严予以狭义解读,但仍难以找到平衡点。

3. 合法性原则的实践力量微弱

事实上,宪法中的合法性原则在法庭中的具体实施力量微弱。[1] 因为刑法规范是开放性极强的文本,而合法性原则所要求的刑法规范的明确性,并无客观标准予以测量,不可观察且难以说清。同时明确模糊与否的判断标准到底是普通国民标准,还是特定行为人标准,或是国家统一的固定标准,这些都存在很大争论。在司法实践中,反而是极其宽泛的法条或罪名,得到了更广泛的适用。例如,我国的以危险方法危害公共安全罪、寻衅滋事罪、非法经营罪等罪名,正分别广泛适用于各式各样的案件,对司法实践中疑难案件的处理发挥了显著作用。

---

〔1〕 See Samuel W. Buell, "The Upside of Overbreadth", *New York University Law Review* 83, 2008, p. 1519.

(四)刑法规范违宪审查不是解决过罪化问题的最佳途径

1. 通过宪法审查解决过罪化问题存在难以克服的困难

刑法规范违宪审查在理论层面的确很有道理,也具有理论的融会贯通性,但落实到实践,适用实体刑法时会面临重重困境。[1] 刑法背景下,因法庭不具有相应的组织能力,法庭无法决定何种行为值得遭受强烈谴责,也无法得知是否非刑事制裁方式对真正解决问题的局限性更小,更无法明确是否特定刑事制定法的具体实施能准确发挥刑法的表达功能。[2] 因为法庭的宪法性审查的一般主要动因都是存在不公正的个案,法庭不可能平白无故地启动宪法审查程序。同时,法庭是否有权真正地约束立法机关的权力及其范围,这无论是在政治领域,还是在法律理论中,都存在正当性争论。一般来说,法庭也不愿意承担限制立法机关规定的实体刑法规范的实际适用范围的责任。因此,从具体操作层面上看,法庭最多只对刑法规定是否能适用于个案进行审查,一般裁决某个刑法规定适用某个被告人是违宪的,其既无能力,也无职权直接裁定某个刑法规范本身违宪,法庭更不可能直接废除该刑法规定,否则便是超越法庭监督范围,直接挑战立法者的最高权威。例如,对刑法规范中罪名久置不用问题,从理论上说,可通过法官对该刑法规范进行宪法性审查,让法官决定何种久置不用的条文应废除,哪些罪名可真正实质性地担当补充规制的作用,最终法官在宪法性审查的判决中直接表态,判定是否违宪。可是启动审查罪名久置不用的问题,必定起因于对个案适用这种罪名引发了社会广泛争议,民众认为对行为人适用此罪名不公平。独立的宪法审查专门法官,可最终裁定对该个案适用此罪名属违宪,至于该法条的去留存废,法庭本身无权定夺。同时,在审查过程中有一个显著的特点,即上述违宪审查的理论依据,本身具有极大的灵活性,争议性很大,这样留给法官的操作空间很大。法官最终是否会裁定某个刑法罪名适用某个案违宪也很难说。

2. 刑法规范宪法审查只是对过罪化问题的事后"堵截"

在大量的过罪化文献中,常见的批判是某种特定犯罪类型的行为范围

---

[1] See Michal Buchhandler-Raphael, "Drugs, Dignity, and Danger: Human Dignity as a Constitutional Constraint to Limit Overcriminalization", *Tennessee Law Review* 80, 2013, p. 307.

[2] See Douglas Husak, *Overcriminalization—The Limits of the Criminal Law*, Oxford University Press, 2008, p. 130.

过度宽泛、打击面太大。对于该批评，如果从刑法具体适用的过程来看，过罪化问题与法律实施机关有直接关联。如此推演，过罪化问题在某种程度上看似是可转化为刑法具体实施和适用的问题。过罪化研究也说明，虽然过罪化问题的解决涉及整个刑事司法体系，但学界更多的是从刑事诉讼程序和法官量刑的角度，来寻求过罪化问题的解决之道。相对来说，从刑法规范理论和实体刑法内容的视角，关注以及试图解决过罪化问题的研究甚少。但须引起高度重视的是，法庭的司法审查，或其他司法机关的其他措施都具有事后性，即只有在过度宽泛的刑法禁令颁行之后，才能对该刑法规定予以审查或补救，无法从源头上减弱"过罪化洪水"的持续泛滥；相反，还会使国家机关对是否应将某种行为予以犯罪化问题，缺乏考虑，还不利于过罪化问题的根本解决。针对过罪化的趋势，应从行为进入刑事司法系统之初，即刑法立法阶段，将行为阻挡在刑事司法系统外，这样就不会再有后续的司法机关寻找违宪审查、立法意图等理论遏制过罪化的不利后果。当面对"过罪化洪水"时，根据人类上千年的"治洪"经验，堵截难以奏效，应因势利导。既然"洪水"已凶猛蔓延，司法机关筑起堤坝，运用限制刑法的原理或原则，采用事后堵截性监督审查手段，使轻微的不正当行为入刑的难度加大，同时将过罪化的不利后果控制在一定范围，减少司法不公，这属于力量微弱，但总体不错的解决办法，可惜这并非最佳的办法。

3. 刑法规范的违宪审查是一个充满未知数的新领域

过罪化背景下的当今刑事司法系统，未完全履行其与生俱来的实现正义、保障自由、维护权利的宪法承诺。正是因为司法机关各司其职，对过罪化问题放任自流，并对过罪化趋势充分加以利用，才使过罪化问题发展至不可收拾的地步。但批判无益于解决过罪化问题，毕竟作为强大无比的权力聚合体，刑事司法系统极其容易危及所有进入刑事司法系统中个体的自由。而在司法系统中设立宪法法院，审查刑法的具体适用情况及实施过程，从理论构建上看，确实有可能使刑事司法系统切实履行宪法承诺。[1]但是刑法具有非宪法的本质，让宪法成为约束过罪化的替代机制，需要全

[1] See Michal Buchhandler-Raphael, "Drugs, Dignity, and Danger: Human Dignity as a Constitutional Constraint to Limit Overcriminalization", *Tennessee Law Review* 80, 2013, p. 306.

新建构、配置繁多的配套制度,工程量过大,变数也太大。〔1〕众所周知,刑事司法制度包括两大法律学科:一是刑法,二是刑事诉讼法。其中,刑法的同源学科是哲学,刑法主要是追踪真实或假想的刑事案件,看重刑法适用过程中公民的直觉反应,因而在刑法规范学中,过罪化问题的解决主要涉及实体刑法的规范性限制;刑事诉讼法的同源学科是宪法,刑事诉讼法中所有的具体司法操作,皆具有重大的宪法意义,而且刑事程序也正在不断被宪法化。主要是具有政治性的各司法机关,根据具体案件情况或先例,对相似案件进行相似处理,从而获得公正判决。作为刑事诉讼制度的核心,对犯罪嫌疑人或被告人予以正当程序保障能获得最大限度的公正。但通过宪法审查制度,确保源于人性尊严原则的正当程序保障,对过罪化的根本解决毫无助益。因为实体刑法范围过于膨胀和惩罚过于严重,主要源于国家严厉打击犯罪的政策动机和现有政治体制的日常运作,与刑事司法系统中的正当程序保障并无直接紧密的关联。更显著的原因是法官不愿对主观性极强的秩序、安全、自由等价值进行判断,以免僭越立法权、遭受反法治的指责。〔2〕当然,为更直接限制刑法的规模与范围,可稍微为上述刑事诉讼法和刑法的两分法"松绑",构建新的配套制度。例如,法庭可根据源于宪法、暗含于刑事制裁中公民不被惩罚的权利,对那些可能侵犯犯罪嫌疑人或被告人不被惩罚的权利的刑法规定,判定违宪。至于不被惩罚的权利的相关具体制度,仍需要不断构建和完善。

二、实体刑法去政治化

众所周知,刑事立法具有强大的政治作用和巨大的政治价值,刑法是政治家针对社会问题展示政治上象征性姿态最强有力的工具。正因如此,刑法典中很多罪名都是政治手段或政治迎合的结果,过罪化问题产生的根本原因之一,也是政治家以"法律与秩序"的政治模式控制管理社会的直接产物。提倡刑法去政治化,本质上是要求政治家提升客观中立的刑法学家在刑事立法过程中的地位和重要性,呼吁立法机关应采纳刑法学者耗尽心力专门研究出的先进、理性、客观的智识成果,如论证充分、结构完善、

〔1〕 See Donald A. Dripps, "Overcriminalization, Discretion, Waiver: A Survey of Possible Exit Strategies", *Pennsylvania State Law Review* 109, 2005, pp. 1155–1156.

〔2〕 See Kyron Huigens, "What is and is not Pathological in Criminal Law", *Michigan Law Review* 101, 2002, p. 813.

可操作性强的立法改革草案、刑法学家充分研发和阐明的各项刑法基本理论、基本原则、根本原理等，而不是直接采纳多数人提出的强烈道德情绪的非理性、不客观意见。〔1〕事实上由政治家一手创建、把持和管理的立法机关，为更好地统治、控制、治理社会，对于先进、理性和客观的理论也喜闻乐见。同时，也为塑造立法者的开明形象，获取广进言路、从谏如流的声誉，当刑法学界竭力呼吁政治家给予刑法学界参与刑事立法实质权力时，政治家会相应让步，适当放权，有限地给予客观中立的刑法学家一定的立法商议权、立法参与权，以及相应的立法地位。但这种参与影响力微乎其微，而且无法确保其影响力、持久力和稳定性。即使刑法规范的制定去政治化，这对过罪化问题的解决也作用不大。例如，美国刑法界早已将刑法去政治化真正付诸实践，由著名法学专家组成的独立机构美国法学会创制的 1962 年《美国模范刑法典》，以及独立于政府司法机关的独立机构美国量刑委员会制定的 1987 年《联邦量刑指南》，即刑法去政治化的典型实践成果。但由法学专家一手推动的刑事立法《美国模范刑法典》，本身并无实际的法律约束力。虽然它为杂乱多样的美国刑法提供了一个统一范本，也开启了聚焦实体刑法的刑事司法改革新纪元，但实际上没有任何一个州的刑法立法完全采纳《美国模范刑法典》，而且多数州虽然以《美国模范刑法典》为蓝本和框架，具体的内容仍然与《美国模范刑法典》大相径庭，州刑事立法中仍然有很多明显的被过罪化的刑法规范。例如，加利福尼亚州的刑法规定了很多《美国模范刑法典》以外的轻微犯罪，这些轻微犯罪都是过罪化问题的表现：《加利福尼亚州教育法》规定，老师组织田野考察时未带急救箱，校长或老师可被刑事定罪；《加利福尼亚州选举法》规定，赌选举结果是一种犯罪行为；《加利福尼亚州政府法》规定，国家资助的乐队进行私人商业演出是一种犯罪行为；等等。〔2〕总之，立法机关依然根据社会偶然事件，不断零散地增加新的罪名。所以，法学家不应高估自己处于中立、客观的专家群体所制定的《美国模范刑法典》的作用。与此同

---

〔1〕 See William J. Stuntz, "The Pathological Politics of Criminal Law", *Michigan Law Review* 100, 2001, pp. 580-585.

〔2〕 See Roger A. Fairfax, Jr., "From ' Overcriminalization ' to ' Smart on Crime ': American Criminal Law Justice Reform—Legacy and Prospects", *Journal of Law, Economics & Policy* 7, 2011, p. 603.

时,1987年美国在混乱不堪的量刑实践中产生的《联邦量刑指南》,虽被司法机关采纳并指导实际的量刑工作,但几乎被一致认为其弊端尤多,对其否定和批评主要集中在它的独裁和严酷性上,独裁表现在道德上相似的案件最终量刑结果相去甚远,逐渐增加的量刑水平与以往相比过犹不及。[1]由此可见,实体刑法规范真的去政治化后,其结果令人始料未及,更无力解决过罪化问题。

不可否认,去政治化后,刑法规范的制定,可真正做到客观中立和公开透明,但由于立法机关代表合法政权中最强大的政治力量,而在去政治化后的刑法规范的制定过程中立法机关缺位,因而该刑法规范的制定也无任何政治力量支配、左右或影响。因为去政治化后制定的刑法规范,既无法律上的效力,也无事实上的效力。众所周知,刑法之所以有效力,直接原因是刑法由立法机关制定,而不是由其他个人或组织机构制定。但人类社会的立法机关都是由政治家建立、组织和领导的,刑法由立法机关制定才有法律效力,所以刑法不可避免地需要政治化,需要政治力量在法律上赋予其正式的合法暴力权威。但上述美国的两个实践证明,专家型立法总体评价并不高,对司法实践影响甚微,甚至受到同行专家内部的批评。过罪化问题也仍然在疯狂蔓延。进一步地说,去政治化的刑法规范之所以对社会实践的积极作用有限,甚至遭受法学界内部的各种批评和质疑,除专家型法律制定者无法定立法权威外,另一个主要原因是专家型法律制定者,没有让人民群众满意的民意压力,也无法深刻了解司法实践中的真实案件情况,所以制定出来的刑事立法自然难以充分融入刑事司法实践,既无法赚取民心,也不迎合政治家的欢心。

总之,刑法天生具有政治性,过罪化问题产生的根本原因,也在于客观存在的"法律与秩序"政治模式、缺乏成熟民主的政治体制和对公民自由、权利和自治等政治价值的重视不够。无法寄希望于通过刑法的去政治化解决过罪化问题,而是必须客观承认、接纳具有政治最高权威的立法权力机关,对刑法的绝对领导和掌控,同时相信立法机关可通过进一步的民主化和科学化进行自我约束,限制现行刑法规范的规模和范围,改变下列统

---

[1] See William J. Stuntz, "The Pathological Politics of Criminal Law", *Michigan Law Review* 100, 2001, p. 585.

治模式:新闻媒体每天仍然不断报道骇人听闻的刑事案件,始终使人们处在犯罪猖獗、应严厉打击的信念中,这信念与一心想稳定、巩固、强化政权的立法者不谋而合,立法者继续不断地根据社会偶然发生的案件,制定新罪名,扩大旧罪名的适用范围,加大相应罪行的惩罚力度。

三、法庭充分利用司法解释

众所周知,法庭在刑法范围不断扩充、惩罚不断趋于严重的过罪化问题上,作出了很大"贡献",这种"贡献"主要表现为法庭宽泛、扩大性地解释刑法。[1] 因此有学者认为,如果法庭不再通过司法解释赋予模糊刑法规范不正当的范围,不再玩弄过罪化的游戏,刑法即可克服过罪化问题。[2] 所以刑法理论学者应充分发展和阐明刑法中的各项特定原则和准则,刑法解释主体应遵照这些原则解释刑法,通过这些刑法原则和刑法解释原理限制刑法的扩充,从而使刑法的具体适用和实施变得更有效、更公正。[3] 例如,在最容易产生司法不公的疑难案件中,因刑法规范对具体犯行和犯意等犯罪定义规定得不准确,使同一个行为可同时适用很多个罪名。但如果法官坚守刑法解释理论中的竞合论,如对重叠犯,法庭适用处罚最轻的刑罚规范,公民最终也可获得公正的判决结果。同时法庭进行司法解释时,适用仁慈宽容的解释规则,从而约束法官最终判决中的量刑结果过于严厉。[4] 但此种方式始终是事后"堵截",只能减少过罪化问题带来的不利后果,而无法真正延缓过罪化的趋势,治标不治本。与此相反,司法解释会产生过度执法(overenforcement)的新问题。例如,在行政犯中,相关司法解释的适用规则和专业性极强的外包法律,使适用者更加迷

---

〔1〕 See Stephen F. Smith, "Yates v. United Stated: A Case Study in Overcriminalization", *University of Pennsylvania Review Online* 163, 2014, p. 153.

〔2〕 See Stephen F. Smith, "Overcoming Overcriminalization", *The Journal of Criminal Law & Criminology* 102, 2012, p. 590.

〔3〕 See Fernando Molina, "A Comparison between Continental European and Anglo-American Approaches to Overcriminalization and Some Remarks on How to Deal with it", *New Criminal Law Review* 14, 2011, p. 129.

〔4〕 See Darryl K. Brown, "Criminal Law Unfortunate Triumph over Administrative Law", *Journal of Law, Economics & Policy* 7, 2011, p. 673.

惑不清。所以司法解释本身存在很多亟须解决的难题。[1]

不同的犯罪类型、案件类型和个罪的具体运用，涉及刑法规范中的不同原理或原则。例如，司法解释方法不仅有限制解释，还有扩大解释。扩大解释在具体适用刑法规范时，对于解决刑事立法的滞后性问题必不可少。同时在司法实践中，地方法院、上诉法院或最高法院，在将刑法规范适用于具体的疑难案件时，基本上都是扩大解释，几乎不会适用限制解释。因为宽泛、扩大的解释，可使今后类似的重大疑难案件，也被规制在刑法之中，从而使今后处理类似的疑难案件时有经验可循，更得心应手。同时，检法一家亲，检察机关和审判机关的目的一样，都是使罪犯绳之以法、承担应有的刑事责任。而过度宽泛的刑法规范，恰好使法庭极其容易、方便地调动刑法解释工具，做有利于起诉方的解释。[2] 而且，审判机关作为立法者的忠实同盟，无论是保守主义意识形态浓厚的法官，还是自由主义意识形态浓厚的法官，都会在具体案件中对刑法规范的适用进行扩大解释。因此，事实上，法院对制定法的解释，反而使刑法规范在立法程序之外继续不断扩充，从而产生违反法治的事实上的犯罪化，其本质上是一个过渡执法，一种选择性的不公正执法。[3] 由此可见，实体刑法规范中并不存在一个专门统一的司法解释原则或原理，强制性地指导所有的司法解释进行严格的限制解释，以此延缓过罪化的趋势。可能有学者会认为刑法总论中的基本原则，如罪责刑相适应原则、合法性原则、适用刑法人人平等原则，可适用于所有的犯罪类型中，也是刑法中的专有原则。但如果仔细探究下这几项原则在司法解释中的实践意义，就会对其并不是刑法规范理论中专门独有的这一事实了然于胸，而且有时其在司法解释实践中极易任人利用。因为从本质上说，其直接源于宪法，也规制刑事诉讼程序，还指导司法解释，但其并非刑法实体规范所独有的专门原则，因此无法通过司法解释，专

---

〔1〕 See Matthew S. White, "Overcriminalization Based on Foreign Law: How the Lacey Act Incorporates Foreign Law to Overcriminalize Importers and Users of Timber Products", *Washington University Global Studies Law Review* 12, 2013, p. 399.

〔2〕 See Samuel W. Buell, "The Upside of Overbreadth", *New York University Law Review* 83, 2008, p. 1521.

〔3〕 See Isaac D. Buck, "Enforcement Overdose, Health Care Fraud Regulation in an Era of Overcriminalization and Overtreatment", *Maryland Law Review* 74, 2015, p. 270.

门解决刑法实体规范过于庞杂而引发的过罪化问题。

从刑事诉讼程序的角度来看,以司法解释为中心,要求司法机关坚守损害原则、积极辩护事由原则、合法性原则、禁止不合比例刑罚原则、可责性原则、刑法最后手段性原则、人道主义原则等,减小实体刑法规范在司法实践中的实质规模与范围,以此减轻过罪化问题带来的不利后果,确实是相对容易、省事的快捷途径。但抗击棘手的过罪化问题,并无捷径可走。正如安德鲁·阿什沃斯所说,刑法理论学家应发展出一系列强有力的刑法原则或原理,以指导立法、司法工作,从而有效地阻止过罪化问题产生的不利后果,阻挡刑法急速膨胀的扩张浪潮,只有更具原则性的刑法发展才有可能避免刑法沦为一场注定的失败。[1] 但笔者的志向是真正彻底解决过罪化问题,而不仅是减少过罪化问题产生的不利后果。因此笔者认为,必须从实体刑法规范理论的角度出发,直接针对立法机关,提出一个具有统一性、系统性和结构性的规范犯罪化原则,专门用于解决过罪化问题,而这一原则应是公正应得报应惩罚原则。毕竟任何司法解释,其最终目的始终指向立法机关,希冀立法机关不断审查现有立法规定,开展刑法改革,真正地促进刑法的发展。[2] 同时运用司法解释权的司法机关,不像立法机关那样拥有至高无上的国家最高权力,司法机关出台的司法解释并不具有神圣无上的权威性,因此,刑法规范制定后,并不能使民众产生一种对刑法禁令信仰式的敬畏、恪守之心。说到底,公民之所以守法,主要是出于理性考虑,自觉地将法律规范内化为心中的道德律,而不是通过国家对其施加惩罚而遵守法律。政府根本无法通过对行为人施加惩罚真正威慑行为人,也无法迫使那些不遵守法律的行为人遵守法律。在任何社会中,总有一小撮人,出于生计压力、金钱诱惑、情仇冲动等动机在特定情形下实施犯罪。

四、充分利用检察机关的自由裁量权

检察机关拥有过大的自由裁量权,是过罪化问题的典型表现之一。正因为立法机关对不法活动予以多余的犯罪化,故赋予了检察机关过大的自

---

〔1〕 See Andrew Ashworth, "Is the Criminal Law a Lost Cause?", *Law Quarterly Review* 116, 2000, p. 226.

〔2〕 See David Dailey, "Searching for Culpability, Punishing the Guilty, and Protecting the Innocent: Should Congress Look to the Model Penal Code to Stem the Tide of Federal Overcriminalization?", *Catholic University Law Review* 63, 2014, p. 1012.

由裁量权,凸显整个刑事司法系统中存在的过罪化问题。因此,有学者据此认为可通过有效地规制检察机关过大的自由裁量权,有效地解决过罪化问题。

(一)充分利用检察机关庞大的起诉裁量权的必要性

检察机关充分利用过罪化问题的客观背景,发挥起诉那些不具有刑事罪责行为的自由裁量权,使过剩、多余的犯罪化依然顽固地存在。[1] 具体来说,检察机关拥有的过大的自由裁量权,使得选择性、应时性、偶然性、随意性、歧视性、专断性、差异性等不公正执法问题极其突出,同时也导致刑事法规出现几乎难以适用,或直接久置不用等情况。其中稳定确立、无所不在的辩诉交易制度,会产生很多具体的恶果,如无辜者被定罪处罚、大规模地剥夺被告人的正当程序保障、检察机关工作缺乏社会能见度。[2] 但辩诉交易制度节省了过罪化时代所需的大量司法资源、极大地提高了办案效率,因此事实上过罪化使辩诉交易制度在司法案件的终极处理方式上居于主导地位,因而难以根据上述恶果,直接废除辩诉交易制度。但是可以充分利用检察机关庞大的起诉自由裁量权,对辩诉交易制度进行监督、管控或改革,减少辩诉交易制度的运用。[3] 同时在过罪化的全球时代背景下,刑法规范内容的容量极其庞大,也促使检察官拥有过大的自由裁量权。当然,直接与罪犯打交道的检察机关,每天面对沉重的办案压力,也需要巨大的起诉自由裁量权,以及对刑事案件日程的强大控制力,以便快速、有力地追究犯罪嫌疑人应当承担的刑事责任。如果检察机关无该项权力,完全机械地适用刑法典,必将产生人神共愤的后果。

(二)充分利用起诉自由裁量权的具体操作

1. 检察机关自我限制其广泛的自由裁量权

毋庸置疑,检察官有权决定何种行为必须予以起诉,何种行为可进行

---

〔1〕 See Darryl K. Brown, "Prosecutors and Overcriminalization: Thoughts on Political Dynamics and a Doctrinal Response", *Ohio State Journal of Criminal Law* 6, 2009, pp. 461-463.

〔2〕 See Lucian E. Dervan, "White Collar Overcriminalization: Deterrence, Plea Bargaining, and the Loss of Innocence", *Kentucky Law Journal* 101, 2013, p. 747.

〔3〕 See Lucian E. Dervan, Vanessa A. Edkins, "The Innocent Defendant's Dilemma: An Innovative Empirical Study of Plea Bargaining's Innocence Problem", *Journal of Criminal Law & Criminology* 103, 2013, p. 2.

刑事调解，何种行为不予起诉，从而有可能减少过罪化带来的不利后果。[1] 因此，检察机关通过对某些行为不予起诉，将很多违法行为排除在犯罪行为之列。正是这些权力的有效发挥，才使人们难以觉察过罪化问题的严重性。具体说，检控起诉人员应凭良心办事，有节制地、深思熟虑地开展起诉实践，对于是否起诉持谨慎的态度，以此缓解过罪化问题带来的不公正惩罚。例如，检察官在考虑是否起诉企业时，首先，应考虑民事或行政制裁措施是否已足够威慑到该企业，从而使该企业得到其应有的惩治。其次，还应考虑企业被定罪处罚后，获得的好处是否超过未被定罪所产生的好处。如果检察官认真、诚实地考虑这两个基本问题后，会确信在大部分案件中，并不存在足够好的理由起诉企业，而且总是有其他有效可行的替代措施。[2] 又如，公诉人应遵守合并起诉单个罪名的原理，该原理是指当一个行为可适用两个或两个以上的罪名时，对于涉及两个罪名的情况，将范围较小的罪名融合到范围较大的罪名中，如果涉及多个罪名，应适用范围最大的罪名，最终对同一行为只起诉一个罪名。检察官在办案中的这种自我约束，可以避免国家禁止对社会有价值的行为、造成不公平的惩罚。

2. 行政管制检察机关行使起诉自由裁量权

除了检察官自我约束其广泛的自由裁量权外，检察机关应逐渐颁行检察实践指南或检察官办案管理法，对检察机关的自由裁量权进行更有活力的自我限制，使检察官主动接受公众调查和法庭审查，这也是解决过罪化问题的策略之一。[3] 具体来说，检察机关应主动颁行起诉指导意见，确定被起诉者的罪责评价基准线，将主要司法资源用于打击极其顽固、专业程度高、精通犯罪之道、罪责程度最大的罪犯，并尽可能追求恰当的审判结果，以使自身庞大的自由裁量权得以更恰当地行使。同时，在特定案件中，有监督作用的律师或法庭也可审查检察官是否已按起诉指导意见行事。这种方式是通过行政管制方法，增强检察机关自由裁量权行使的公开

---

〔1〕 See Jeff Welty, "Overcriminalization in North Carolina", *North Carolina Law Review* 92, 2014, p. 1963.

〔2〕 See Larry D. Thompson, "The Reality of Overcriminalization", *Journal of Law, Economics & Policy* 7, 2010, p. 582.

〔3〕 See Donald A. Dripps, "Overcriminalization, Discretion, Waiver: A Survey of Possible Exit Strategies", *Pennsylvania State Law Review* 109, 2005, p. 1161.

性、透明性，从而指导、确保检察机关限制性地恰当发挥自由裁量权。[1]行政机关也可颁布相关起诉规则，使检察机关预先大致估计一个最公正的刑罚量，提前大概知晓最终的量刑情况，这样检察官审前进行辩诉交易的需求也不会过于盲目与迫切。辩诉交易减少后，进入审判过程的案件受正当程序保护，更能确保案件得到公正处理，最大范围地实现司法正义。

3. 对实施大量轻微罪行的罪犯实施转处遇措施

检察机关的逮捕和起诉工作，应顾及青少年司法设施项目、毒品处理项目、精神异常者违法者项目、家庭暴力项目等社会政策，以便在这些社会政策的监督下，客观承认在控制、预防犯罪的各项社会制度中，刑法制度效果最次，从而减少起诉量，更好地配置司法资源。例如，对于非法持有毒品或吸食毒品的行为人，国家不运用惩罚手段将其关押起来、限制其自由，而是应将其推荐给社区戒毒互助公益组织，这些公益组织应为拥有自由身的毒瘾患者或涉毒人员配备特定的专业社工，在其他人、毒品公益组织或慈善机构的帮助下，治疗其毒瘾，鼓励、带领其脱瘾，为其找寻新的工作机会等。这些工作都必须在所有参与方皆自愿的情形下展开，例如，二人可自主决定在戒毒互助组织中交谈的时间和时长等具体情况；又如，对于实施犯罪行为的精神病患者，不应将其投入到毫无实质自由的精神病院，也不应将其关押在监狱或看押场所，完全剥夺其自由，而是应为其配备专门的社工和精神病医生，让该精神病患者在家人的陪同下，自愿前往，免费接受治疗，这些费用都由国家社会福利财政埋单。检察机关通过转处遇措施，避免罪犯遭受自由刑，从而减少过罪化带来的不公正惩罚后果。只有通过转处遇措施，才能真正解决公民吸食毒品的社会问题和精神病患者造成的社会难题。

（三）充分行使起诉自由裁量权具有无法克服的局限性

1. 充分行使起诉自由裁量权引发事实上的非犯罪化

充分行使起诉自由裁量权，使检察机关有权自行决定对哪些行为予以起诉，对哪些行为不予起诉，这会造成事实上的非犯罪化。事实上的非犯罪化最显著的问题之一是纵容地区差异性执法，从而形成社会更大的不公

---

〔1〕 See Donald A. Dripps, "Overcriminalization, Discretion, Waiver: A Survey of Possible Exit Strategies", *Pennsylvania State Law Review* 109, 2005, p. 1174.

正。具体来说,这会导致司法管辖区之间形成一种相互竞争的模式,即某地方为严厉打击罪犯,会根据起诉自由裁量权,设置较低的起诉操作标准,因此将罪犯赶到其他起诉操作标准较高的地区,这样本地区的罪犯会变少。而起诉操作标准较高的地区,为应对罪犯的大量涌入,减轻刑事案件压力,将会选择设置更高的起诉操作标准。此后在起诉操作标准高的地方生活的人们,遭受国家权力侵犯的司法风险更低,这便吸引了更多的民众前往居住,当然这其中也包括大量的罪犯。与此同时,吸引大量民众迁移聚集的起诉操作标准较高的地区,民众生活质量更高,资本工业发展环境会更宽松,经济也会更繁荣昌盛,而罪犯的犯罪活动也更加猖獗,这又会产生大量的案件。为了减轻大量沉重的案件压力,该起诉操作标准高的地区会继续选择缓慢地提高起诉操作标准。如此便形成地区差异性执法,即根据立法机关制定的刑法规范,在一国之内的不同司法管辖区起诉标准不同,有的行为在该地区是犯罪而被起诉,有的行为在其他地区也是犯罪,却不被起诉。因此,虽然在行使检察机关起诉自由裁量权的情况下,有差异的地区执法具有显著的现实必要性,但这很明显冒犯了公民心目中共同的正义感,违背了司法公平原则,也产生很多立法机关本可避免的不公正后果。检察机关造成事实上的非犯罪化,是直接挑衅立法机关的立法成果和僭越立法机关进行犯罪化的排他独占性特权。因为检察机关通过不断地争夺定义缺陷重重的刑法规则的权力,使立法机关不再是犯罪和惩罚问题的实际最高国家机关,而使具有庞大自由裁量权的检察机关变成犯罪和惩罚问题的实际最高国家机关。同时,这会给潜在的被害人释放错误信号,使他们认为成文法并不是被制定、颁布、生效后就具有效力,而是要等到检察官权衡利弊起诉后,才能确定这种制定法存在的规范效力,这是对刑事立法教育功能和行为规范功能的极大羞辱。在过罪化背景下,刑事立法繁杂浩瀚,潜在被告人只能依据检察机关的自由裁量权,自行判断哪些行为是违法的,哪些行为会遭到国家的谴责和起诉,而潜在被告人正是潜在的被起诉对象,检察机关才是判断主体,这使潜在被告人的判断易出错,普通民众仍不知何种行为被国家所禁止或允许。因此,应尽量减少、避免和杜绝事实上的非犯罪化。当然,非犯罪化是直接解决过罪化问题的重要方式之一,但这是指立法机关的非犯罪化,而不是指检察机关非犯罪化。

2. 检控官自我约束和行政管理不是完全的解决之道

过罪化时代背景下，立法机关制定大量重叠罪名供检察机关自由挑选，而犯罪嫌疑人为避免被起诉更重的罪名，减少刑事诉讼程序对其心理上的折磨，希望尽快结束眼前的司法灾难，即使检察机关在辩诉交易中违背合并起诉单个罪名原则，未深思熟虑地谨慎办案，犯罪嫌疑人最终依然会主动选择辩诉交易。[1] 如果大量案件最终还是通过辩诉交易解决，那么辩诉交易制度造成的前述恶果仍然存在。进一步说，检察机关对实体刑法内容进行过于宽泛的自由裁量，使美国绝大部分（95%）刑事案件通过辩诉交易制度予以解决，导致大量的犯罪嫌疑人或被告人，放弃刑事诉讼赋予的大量正当程序保障，这不仅歪曲了刑事程序，也歪曲了实体刑法规范。[2] 对于此问题，任何看似合理的回应之策，都不可能百分百的成功，都只能是对这种复杂的情形表示质疑而已。[3] 因此，检察官的自我约束策略根本不是完全的解决之道。[4] 至于通过刑事司法行政管理措施，限制检察机关的自由裁量权，可以在一定程度上控制过罪化问题带来的社会成本，但无法减少过罪化问题带来的高昂社会成本，并且在探寻管控、约束检察机关庞大自由裁量权的方法途径上，也要额外花费大量的执法成本。同时，对检察机关行使自由裁量权予以行政管制，也只是附带性地检阅、极其有限地、非系统性地整改被过罪化问题困扰的刑事司法系统，因而行政管制并不是过罪化问题的应对方式，其无法真正治愈过罪化这一危险的刑法疾病，也无法真正有效地解决过罪化问题。

3. 检察机关支持的人性化项目不是彻底地解决之道

检察机关将实施轻微罪行的罪犯转移到社区公益的人性化项目下，以此非常人性化地处置法律上的轻微罪犯，这需要检察机关予以全力的配

---

〔1〕 See Jeffrey Standen, "Plea Bargaining in the Shadow of the Guidelines", *California Law Review* 81, 1993, p. 1506.

〔2〕 See Lindsey Devers, "Plea and Charge Bargaining Research Summary", U. S. Department of Justice, http://www. bja. gov/Publications/Plea Bargaining Research Summary. pdf. , Janaury 24, 2011.

〔3〕 See Donald A. Dripps, "Overcriminalization, Discretion, Waiver: A Survey of Possible Exit Strategies", *Pennsylvania State Law Review* 109, 2005, p. 1179.

〔4〕 See Darryl K. Brown, "Prosecutors and Overcriminalization: Thoughts on Political Dynamics and a Doctrinal Response", *Ohio State Journal of Criminal Law* 6, 2009, p. 465.

合,最重要的是要有强大的国力支持,以及很多相关的基础配套设施,如发达、丰富、多样的公民组织、规范的社工管理制度、完善的私人募集捐款管理制度等。当然国家财政的大力支持以及相关配套设施,相对较易获得,但以检察机关的充分配合为主导,希冀以此解决过罪化问题,这对检察机关不公平。因为过罪化背景下的检察官案件压力多,并无多余的资源、能力、时间、精力制定实施专门的人性化项目去解决过罪化的问题。同时,检察机关主要负责的是以起诉为核心的工作,其重点是起诉人民群众反响强烈的犯罪嫌疑人,无暇顾及过罪化问题,因此要求检察机关解决该问题无疑是给检察机关添加新的负担。[1] 进一步地说,过罪化问题作为整个刑事司法系统的"顽疾",单靠检察机关充分发挥过度宽泛的刑法规范赋予其庞大的自由裁量权,其影响范围过小,依旧于事无补。刑法规范依然会继续复杂、繁多、庞乱,很多过时的法律仍会停留在法律书本上,检察机关对于过罪化问题的解决,也是治标不治本。虽然通过检察机关充分发挥庞大的自由裁量权,可以减弱过罪化问题对整个刑事司法系统造成的冲击,但这无形中阻止过罪化问题被凸显出来,也使解决过罪化问题应有的全面修改刑法典的事项始终提不上日程。

五、立法机关遵守规范犯罪化理论

上述的宪法法官对刑法规范的宪法审查、刑法规范制定的去政治化、司法机关的司法解释、合理利用检察机关的庞大自由裁量权这四种过罪化问题的解决之道,都采纳的是程序中的机构主体视角,都是在现有刑事规范已过剩存在的事实基础上,遵照立法机关颁行的刑事法规履行本职工作,在司法实践过程中,通过具体的各项操作措施,附带性地限制刑法的规模、尺度和范围,间接影响立法犯罪化,从而间接减轻过罪化问题带来的不公正惩罚后果。但是这些解决措施并未直接阻止立法机关源源不断地颁行、通过新罪刑规范,其对过罪化问题只是兵来将挡、水来土掩之策,并未能提前预防该问题的继续产生、恶化和蔓延。所以至少在目前看来,已有的过罪化问题解决办法几乎是不成功的,这也是经过五十多年努力,美国

---

[1] See Jeff Welty, "Overcriminalization in North Carolina", *North Carolina Law Review* 92, 2014, p. 1964.

过罪化越发猖獗、实体刑法规范的规模和范围仍在不断膨胀的原因。[1]笔者认为,解决过罪化问题的权威主体是立法机关,上述所有途径,皆不如立法者亲自上阵来得简洁、干脆且有效。立法者应竭力阻止过罪化的蔓延,这是值得立法机关追求的重要目标,也只有立法者才有可能实现该目标。当然实现该目标也会有代价,但将来会发现该短暂的代价是值得的。立法机关必须将犯罪化工作民主化、理性化、客观化,充分尊重公正应得报应惩罚原则性的规范犯罪化理论,监督、约束、控制和完善自身的立法活动,才有可能逐渐从根本上缓慢地解决过罪化问题,一改如今过罪化的刑法大环境和时代氛围,实现合理、公正和平衡的犯罪化。

(一)立法机关作为解决过罪化问题的主体可能受到的质疑及回应

1. 立法机关颁行过剩刑法规范的偏好不可改变

从刑事条款定量分析的角度,克服过罪化问题的最有效、最理想的方式,是理性的立法机关重新检验所有的刑事法规,对现存刑法规范该限制适用的限制适用,该废弃的废弃,对今后要出台的刑法规范,能不出台则不出台。[2] 其中,该限制适用的是具有充分必要正当理由,却容易被滥用、误用、错用的刑法规范;该废弃的是一些多余、模糊不清、过度宽泛的刑法规范;能不出台的是,现行刑法规范完全可将其囊括其中、过于轻微的正常交易行为的刑法规范。但这种方式不符合立法机关的立法偏好,虽然学者不断地批评现有刑法立法条文不明确和逻辑相悖问题,但立法机关也不会在短时间内修订、完善立法。众所周知的是,立法机关自始至终都存在不断添加新刑事责任和新罪名的嗜好和倾向,这是立法机关之所以稳固存在的本性使然,无法改变。而且,客观现实的立法情况是,面对日新月异的高科技信息社会中出现的新情况、新问题,立法机关急于颁行新的刑事罪名,无暇专门特意去废除刑事罪名。除非在民意团体强烈呼吁、极力主张的情况下,罪名的废除成为时代的热点话题,立法机关可能会直接立法废除长期久置不用的过时罪名。事实上这种客观情况直指过罪化问题,而我们正是要改变这一造成大量不公正惩罚的现实客观情况。诚然,立法机关

---

〔1〕 See Darryl K. Brown, "Criminal Law Unfortunate Triumph over Administrative Law", *Journal of Law, Economics & Policy* 7, 2011, p. 683.

〔2〕 See Herbert L. Packer, *The Limits of the Criminal Sanction*, Stanford University Press, 1969, p. 246.

创造多余刑法规范的偏好是天生的,无法改变,我们必须充分接纳、认可这种偏好,现行法治系统也需要立法机关有这种偏好。但我们能做的不是无可奈何地任由立法机关今后任意满足和实现这种偏好,而是要用民主的刑法立法制度,以科学、理性、客观的多学科知识、原理和原则,充分尊重、维护立法机关的这种偏好,使其最终制定出经得起世人审视、推敲、质疑的理性刑法规范。

2. 指望立法机关主动专治过罪化问题不现实

设立新罪名、扩大刑事责任范围、出台扩充刑法规范调整范围的新法,是立法机关的法定职责和最高实权所在,这对立法机关来说是最容易完成的。毕竟刑法规范都是立法机关亲手制定的,当初扩大刑事责任的范围、增加国家惩罚力度、增设新罪名,全部符合立法者的目的意图和利益需求。虽然只有立法机关有权界定刑法的调整范围,但事实上难以指望具有至高无上之权力的立法者主动改革刑法规范,大面积地限制现有刑法规范的调整范围,极力控制今后的扩大刑法规范的立法出台,专门从事过罪化问题的解决工作。[1] 自然也无法期待立法者作出英雄主义的自我牺牲,自我限制默认设置为"积极"的立法权,专求减缓过罪化势头。[2] 当然除非奇迹发生,政权管辖区的犯罪率大幅度下降,立法机关就会减缓犯罪化,但奇迹不可能发生。可是立法机关又不得不面对自己一手造成的过罪化问题,慎重考虑着手解决该问题。其实立法机关也有能力、有资格、逐渐地彻底解决过罪化问题。只是必须要有充足的理由,使立法机关产生着手全面复查刑法规范、逐渐减缓颁布新刑法禁令的意愿。但是立法机关倾向于放弃自身界定何为犯罪的法定角色,将新增罪名的司法实施细则的制定或具体标准的判断问题,授予其他机关,主要是司法机关和行政管制机关行使。[3] 因此,司法机关既负责刑法规范的解释,也负责刑法规范的具体

---

〔1〕 See Nicola Padfield, *Criminal Law* (8th Edition), Oxford University Press, 2012, p. 5.

〔2〕 See Mike C. Materni, "The 100-plus-Year-Old Case for a Minimalist Criminal Law Sketch of a General Theory of Substantive Criminal Law", *New Criminal Law Review* 18, 2015, p. 361.

〔3〕 See George J. Terwilliger Ⅲ, "Under-Breaded Shrimp and Other High Crimes: Addressing the Over-Criminalization of Commercial Regulation", *American Criminal Law Review* 44, 2007, p. 1428.

适用。因为,一方面,司法机关作为直接适用刑法规范的机关,对适用刑法规范的司法实践最了解,既有能力也愿意为自己将来适用的刑法规范进行解释;另一方面,新罪名的具体实施规定很烦琐,细节很多,最容易引起各界人士的批评和质疑,如果由充满政治热情的立法机关负责对刑法规范予以解释,对其来说有政治风险,会严重影响立法机关在人民群众心目中的口碑和名声。正因主要是司法机关负责实体刑法规范的解释和适用,才使社会中有"司法不公"一说,从而导致相应的刑法解释理论在实体刑法研究中占主体部分。但社会中很少有批判"立法不公"的,至多批判立法不合理,但也没有上升至法治的核心公正问题。这从侧面可以说明,司法机关的办案过程和办案结果,直接接受公民的监督,而立法机关的立法工作,公民几乎起不到监督作用。如果全体公民可以直接监督立法过程和立法结果,那么也会直接影响立法机关,相应理论也会更丰富、先进、系统和精密,过罪化问题也会在很大程度上逐渐被立法机关克服。因此,完全没有必要要求立法机关专门刻意、一门心思地解决过罪化问题,只要立法机关尽一切可能接受全体公民的监督,过罪化问题的解决便会是"船到桥头自然直"。

3. 期待立法者主动遵守学者提出的各项立法原理是一种奢望

一方面,现代刑事立法史表明,不应奢望立法机关遵守理性客观的立法原理,因为立法机关在立法时早已决意颁布相关法律,任何原理、原则皆无法阻挡立法快速的脚步。立法机关不遵守或完全无视刑事立法原则、原理或标准是无法避免的。刑法理论研究者对此无能为力,因为现有犯罪化理论在真实世界中不具有实践意义。[1] 但另一方面,从刑法规范的定性分析来看,如果立法机关充分遵守各种连贯一致的犯罪化原则和立法原理,过罪化问题将迎刃而解,甚至根本不会出现过罪化问题,但这终究只是学者的南柯一梦。笔者认为,学理上之所以出现过罪化问题的根本原因,是缺乏原则性、系统性、直接可指导实践的规范犯罪化理论,可通过发展出此种规范犯罪化理论,以供立法机关加以利用,从而减缓、避免过罪化问题。这种理论既是对刑法的一种道德限制,也是一种政治限制,同时必

[1] See Douglas Husak, *Overcriminalization—The Limits of the Criminal Law*, Oxford University Press, 2008, p. 131.

须要求犯罪化理论具有原则性、系统性,不能单讲规范性,因为如果只是从规范犯罪化理论的角度来研究过罪化议题,最终问题的核心内容容易演变成风险犯正当化问题。[1] 而现有的犯罪化理论一般要求立法机关,在考虑是否应将某种行为规定为犯罪时,应该小心谨慎、深谋远虑地遵循几点限制性标准或犯罪化原则,如刑法谦抑性,行为必须具有严重的危害性,符合比例性原则和可责性原则,犯罪化能实现预防、威慑、无害化或复归社会等刑罚目的中至少一种目的等。这种大量的犯罪化原则理论纷繁复杂,希望立法者主动遵守,的确是一种奢望。但如果有统一规范性原则对犯罪化予以系统性的指导,并且清楚、简单、好用,立法者自然会采纳。当然,如今发展出的原则性、系统性、实践指导性、专门用于限制国家惩处措施的规范犯罪化理论,也无法根除如今的过罪化问题,但可在今后延缓刑法规范的急速繁衍扩散和过度膨胀。虽然希望仍然渺茫,但值得不断追求。

(二)立法机关解决过罪化问题必须明确的前提条件

1. 必须确立所有刑法规范皆会产生不公正惩罚的前提假设

在当今过罪化的刑法发展背景下,对刑法制裁规范的解释、适用和理论探讨,存在一个不恰当的假设性前提,即认为刑法制裁规范都具有正当性。刑事司法系统中存在的过罪化问题,以及据此产生的复杂、繁多、交叉、重叠的刑法制裁规范,必定会产生不公正惩罚,各国刑法实践中的冤假错案、司法不公正事件的频发即是明证。如果依然认为所有刑法规范具有正当性,是刑法制定、通过、颁布、实施的假设前提,那么过罪化问题将会继续存在,并不断加剧。笔者认为,为避免过罪化问题的不断加剧,延缓过罪化趋势,必须假定所有的刑法规范皆会导致不公正惩罚,还包括今后出台的刑法规范也会导致不公正惩罚,据此要求立法机关不断论证和阐明刑法规范存在的充分必要的正当性根据,从而激励刑法理论界最终形成原则性的规范犯罪化理论,使现存及以后的刑法规范的存在及适用,经得起民众质疑、学者质问和司法机关具体适用的检验。之所以假定所有的刑法规范

〔1〕 See Gideon Yaffe, "Harmfulness, Wrongfulness, Lesser Evils and Risk-creation: A Comment on Douglas Husak's Overcriminalization", *Jerusalem Review of Legal Studies* 1, 2010, p. 46.

皆不公正,是因为我们并不知道何种刑法制裁规范何时会导致不公正惩罚,也不知道具体会造成何种程度的司法不公,就好比有一筐苹果,只知道里面有些烂苹果,但不知道具体哪些苹果是烂的,在这种情况下,为找出烂苹果,可将所有的苹果从筐里倒出,根据一定的标准,将好的苹果重放进筐里,那么筐里的苹果就全部是好苹果了。因此在难以分清何种刑事规范具有不正当性时,为避免不公正惩罚,须从源头上假设所有的刑事规范都不具有正当性,从而专门研究判断各个刑事制裁规范正当根据问题,先明确一个统一的指导原则,然后大致确定几点限制标准,再为这些限制标准进行详细的论证,认真解释这些限制标准的内容,不断尝试或假设将这些限制标准适用于各个具体的犯罪类型中,最终形成原则性、系统性和结构性的规范犯罪化理论,从而解决过罪化问题。

2. 必须确立反对所有未来犯罪化的前提假设

立法机关应为刑事司法体系中的过罪化问题负责,并主动承担解决严峻的过罪化问题。最重要的是,对过罪化问题应持明确的政治立场:立法机关应反对未来所有的犯罪化,反对过度宽泛、无所不包的刑法规范。简言之,为落实该立场,必须反对将来所有的犯罪化,而不能假设犯罪化意味着刑法的完善。〔1〕 因此过罪化时代背景下,在反对将来所有犯罪化的立法立场中,须承认公民有不被犯罪化的权利或不被惩罚的权利。例如,反对包罗万象的刑法规范是胡萨克刑法内外约束七原则中的第七个。〔2〕 立法者应秉承简约主义风格,并以此作为刑法规范的理想风格。在确立公民不被惩罚的权利的基础上,也应反对过度包罗万象的刑法,这是研究刑法理论的基本前提假设。〔3〕 立法者对刑事立法问题的基本立场是不予以犯罪化、反对犯罪化,除非国家已充分履行犯罪化的证明责任,才可真正缩减刑法的规模与调整范围。当然,在极其特殊的情况下,为直接实现真正的

---

〔1〕 参见张明楷:《刑事立法的发展方向》,载《中国法学》2006 年第 4 期。

〔2〕 See Douglas Husak, *Overcriminalization—The Limits of the Criminal Law*, Oxford University Press, 2008, p. 153.

〔3〕 See Douglas Husak, *Overcriminalization—The Limits of the Criminal Law*, Oxford University Press, 2008, p. 154.

实质性国家利益，可在有限制条件下，勉强容忍存在过度包罗万象的刑法。[1] 总之，最理想、快速、合法的做法是立法机关进行实质性变法，将来废除相关法律，最终争取从"法律与秩序"社会控制的统治模式转为"法律与自由"社会发展的统治模式。[2]

3. 立法机关必须承担犯罪化的证明责任

刑事惩罚是一种减损公民基本权利、万不得已的极端暴力行为，公民生活完全不需要国家通过刑事惩罚予以干涉，这必须是一个基本的假设前提。[3] 而支持入刑的国家机关，应承担减损公民基本权利正当性的证明责任，凡是支持犯罪化的人须承担犯罪化具有充分正当性的证明责任。[4] 在解决过罪化问题的文献陈述中，立法者须承担新罪行使将来行为人遭受公正的应得报应惩罚的证明责任。因为启用刑事制裁具有限制、剥夺公民自由的严厉惩治本性，须慎之又慎。同时须使罪犯遭受应得报应，也可间接增强罪犯被追究刑事责任的可能性，使其无法逃避其应当承担的刑法责任，也无法获得较轻的处罚，从而顺带解决"犯罪化不足"的问题。立法机关全力承担犯罪化的所有证明责任，表明国家秉承法律对人人平等的保护理念，即使是罪犯的基本权利，国家也会予以保护。当然，刑事立法中的证明责任与刑事司法中的证明责任不同。一般来说，当某种行为在刑事司法中构成犯罪的证明责任难度较大，刑事司法机关希冀立法机关在立法时，减少相应犯罪的成立要件，减轻刑事司法机关的证明责任，从而免除很多刑事司法中的困难。如果立法者能够统一规定某些行为构成犯罪的一个数字化具体标准，那么刑事司法将变得更简单易行，各个刑事司法机关的权力也会急剧增大。这种情况下的立法机关会心甘情愿地被刑事司法系统"牵着鼻子走"，不断授权司法机关界定犯罪，因为即使出现惩罚不公

---

[1] See Douglas Husak, *Overcriminalization—The Limits of the Criminal Law*, Oxford University Press, 2008, p. 156.

[2] See Matthew S. White, "Overcriminalization Based on Foreign Law: How the Lacey Act Incorporates Foreign Law to Overcriminalize Importers and Users of Timber Products", *Washington University Global Studies Law Review* 12, 2013, p. 401.

[3] See Nils Jareborg, "Criminalization as Last Resort", *Ohio State Journal of Criminal Law* 2, 2004, p. 524.

[4] See Andrew Ashworth, Jeremy Horder, *Principles of Criminal Law* (7th Edition), Oxford University Press, 2013, p. 31.

正的情况,社会也只会怪罪于刑事司法系统,而不会责怪事前不断逃避、推卸职责的幕后者——立法机关。在缺乏成熟民主的现代国家,为克服立法机关自我矮化的毛病,立法者制定限制公民自由的新犯罪规范的立法理由之证明程度,须经得起全民的高度合理质疑。之所以说是高度合理质疑,是因为在自由社会中,涉及自由刑的证明要求必须更加严格,犯罪化的立法决策会长期持续不断地影响千家万户,直接关乎社稷生灵,与每个公民的利益息息相关。因此,立法机关应鼓励所有公民在各个场所、各种时间段,不断公开辩论各种刑法议题,同时开拓多种渠道、平台,供全体公民对立法机关及其工作人员的犯罪化提案进行集中质询,将犯罪化的话题,宣传普及为公民常识。

第四章 英美解决过罪化的公正应得报应惩罚原则

第一节 公正应得报应惩罚原则的哲学立场、法理价值和刑法地位

本书以规范犯罪化理论为基础，为立法机关寻找能直接适用于刑事立法实践过罪化问题解决的基本理论，即公正应得报应惩罚原则（Punishment Principle of Just Deserts），该原则是解决过罪化问题的基本理论和具体指导原则。只有遵循该原则，才能真正地促进刑法的发展和完善，才能在刑法改革问题上达成原则性、一致性的深层共识，真正地改变、发展、完善处于过罪化中的刑法，才更有可能改革刑法，而依据其他原则或原理所形成的经验共识、表面异议会扼杀改革机会。

一、结果主义论、道义论与美德伦理学的哲学立场

刑法的所有问题终可追溯至刑法哲学。刑法哲学有三个规范伦理学理论或哲学立场，分别是结果主义论、道义论和美德伦理学说，三者有显著区别。笔者坚信，可以找寻三者的共通点，以此作为指导未来公正犯罪化的灯塔，真实有效地限制立法者未来不公正的犯罪化，单纯满足三者之一，则无法达致本书的目的。

（一）结果主义论

结果主义论（consequentialism）的关注点是行为结

果,如果实施某种行为最终所获得的利益总量超过所造成的损失总量,这种行为便具有伦理上的善,善优先于正当。刑法中,如果禁止所有行为人实施某种行为,能促进社会总体上获得好处或利益,提升社会的总体幸福或快乐,这种刑事禁令便具有正当性,行为人实施该行为,也就具有刑事不法性。评价结果利益是否最大化的指标是经济效益与威慑力,对应的是收益与成本。[1] 我国刑法谦抑性中的经济分析法,正是以该结果主义论为其哲学立场。[2] 但是为创设利于社会总体利益的结果,结果主义论容许不公正惩罚的客观存在,容许牺牲个案正义,惩罚无辜者,因而这种理论事实上是病态的过罪化病因之一。[3] 另外,客观上难以明确社会总体利益的结果,这种不确定性,导致社会利益的总体评价与整体判断易被人操纵,易使其演变为只看重经济利益。[4] 笔者认为,即使惩罚无辜者在某程度上可能预防更严重的损害结果,但是惩罚无辜者与以正义为核心要义的刑事司法系统是完全背离的,这不是一种合理的正常代价,而是直接对刑事司法的严重背叛和全面否定,法治国家的现代社会应坚决摒弃这种惩罚无辜者的统治痼疾,竭力将这种沉疴根除,即使在司法现实中难以真正根除此种统治陋习。因此,笔者的法哲学立场并不是结果主义论,而是吸纳了结果主义合理思想的"非结果主义的工具主义"。刑法作为工具所达成的一种共识是,没有哪个理性的人认为好的结果一点都不重要。笔者对刑法禁令造成的社会成本、不利后果和损害原则考虑,也是工具主义。

(二)道义论

道义论(deontology)的关注点是道德义务或道德责任,其基于社会普遍通行的理性而产生,如优先维护个人权利、人是目的不是手段等。道义论指导下的刑法规范应充分尊重人的基本权利,把所有人都当成自由、自主的理性行动者,他们有能力进行道德推理和道德思考,重视自身的道德义务或道德责任,有避免实施刑事不法行为的道德义务,主张应做正确或正义的事情,而这种道德义务独立于行为的结果。例如,理性人都会遵守

---

〔1〕 参见杨春然:《刑法的边界研究》,中国人民公安大学2013年版,第132页。

〔2〕 参见陈兴良:《刑法谦抑的价值蕴含》,载《现代法学》1996年第3期。

〔3〕 See Kyron Huigens, "What is and is not Pathological in Criminal Law", *Michigan Law Review* 101, 2002, p. 827.

〔4〕 参见杨春然:《刑法的边界研究》,中国人民公安大学2013年版,第132~133页。

法律，只要国家已经明文出台相应法律规定，公民都有遵守法律的义务，无论这一法律规定是否正当。这是典型的法律道德主义的观点，该观点面临众多的指控与批评。最主要的批评是用法律推行遵守不公正法律的道德义务，在道德价值愈发多元化的社会，推行道德手段越具有暴力镇压性。对此有学者指出，用刑法推行具有多中心推行方式的道德，是渴求理性道义一统天下、代价却十分高昂之举。司法资源有限的政府，不应试图将某种虚假的道义大一统之推行工作，强加在自己身上。[1] 但伦理学上的道义，与刑法中的罪过连一起，犯罪行为必须是不道德的，如果社会中某种群体对某种行为无异议，那么该行为就不是不道德的。[2] 这说明罪责对过罪化问题的解决有一定的限制作用，道义论在过罪化批判语境下具有独特的地位。

（三）美德伦理学说

美德伦理学说（virtue ethics）可追溯至亚里士多德时代，其关注点是作为个体的个人作出决策的品格或性格，如宽容、自制、诚实等。美德伦理学说的核心理念是，只有所有人存在特定的美德和终极的共同目标，人类社会才能繁荣兴盛，美德伦理是为人类社会的社群或整体福利而存在的。在其指导下，以期通过刑法手段提升公民个人的道德品质，使社会中的个体变成拥有美德之人。但哲学理论不可直接用于限制刑法的范围与规模，用之不当反而会不断扩充实体刑法的内容。例如，有学者从社会福利原则的角度，认为社会中所有人，作为公共事务者的参与者，有与他人合作的义务，遵守社会美德，人人为我，我为人人，互惠互利。[3]

上述三种规范伦理学理论的核心观点，相互冲突，我们可能被搅得一团乱麻，感到巨大的不确定性。[4] 但只有在不同的哲学理论中寻找到已达成共识的起点，以明晰自由主义与非自由主义相互交叉重叠的理论为出

---

〔1〕 参见[美]哈伯特·L. 帕克：《刑事制裁的界限》，梁根林等译，法律出版社2008年版，第262页。

〔2〕 See Herbert L. Packer, *The Limits of the Criminal Sanction*, Stanford University Press, 1969, p. 264.

〔3〕 See A. P. simester, Andrew von Hirsh, "Remote Harms and Non – Constitutive Crimes", *Criminal Justice Ethics* 28, 2009, p. 96.

〔4〕 参见[美]彼得·萨伯：《洞穴奇案》，陈福勇、张世泰译，生活·读书·新知三联书店2012年版，第23、71页。

发点以后，现行膨胀的刑法规范体系真正"瘦身"才开始变得有点希望。[1]因而仔细思考上述三种规范伦理学理论，会发现三种相互对照、地位齐平的规范伦理学说正以不同的方式紧密相连。为阻止"过罪化的洪水"，不能指望说服他人接受一元且有争议的哲学前提，只能从不同哲学观点的重叠研究中积累共识。[2] 三种规范伦理学理论的共识是皆赞同平等地保护个人人性尊严（human dignity），皆是为实现真正的公正。而给予某人其应得的公正应得报应惩罚原则，也是旨在维护刑法正义，既符合人性对公正的本能渴求，也能切实地维护人性尊严。进一步地说，以人性尊严为核心的政治哲学立场是坚守自由主义的公正理论（justice theory），而宽泛意义上的公正原则包含了上述三种规范伦理学理论都赞同的实现正义之宏愿。同时，过罪化问题之所以被提出，并被学者长期探讨，是因为国家将某些行为大面积地规定为犯罪，严重干涉了公民自由、自主和自治权利，造成大量不公正惩罚。因此，过罪化研究主要的出发点，是为保护公民个体的自由、自主和自治的权利，实现刑法公正。公正的刑法充分尊重人性尊严，与众不同地维护着人类的平等、正义、自由等基本道德价值。[3] 根据宪法法理，国家应保护公众的自由、自主和自治的权利，以免公民遭受政府的侵扰。公众的自由、自主和自治的权利以人性尊严为核心，虽然有些国家的宪法中未明文列举人性尊严这一项权利，但体现并贯彻人性尊严原则，并不是只有宪法明文规定这单一选项，而是有很多种途径，如很多宪法案件的判决中也常引用公民人性尊严权。而且在宪法中也处处体现着人性尊严原则的基本理念，特别是在现代文明的社会，人性尊严早已深入人心。

当然人性尊严原则除可适用于无被害人犯罪的非犯罪化的问题外，也可适用于其他刑法问题。例如，人性尊严原则也指导死刑问题的废除争论，根据个体人性尊严原则，国家不得对民众再施以残忍且少见的死刑。国家根据自己制定的残暴法律，将民众处死，无论是对被处死者，还是对行

---

〔1〕 See Ekow N. Yankah, "Paradox in Overcriminalization", *New Criminal Law Review* 14, 2011, p. 6.

〔2〕 See Ekow N. Yankah, "Paradox in Overcriminalization", *New Criminal Law Review* 14, 2011, p. 31.

〔3〕 Michal Buchhandler - Raphael, "Drugs, Dignity, and Danger: Human Dignity as a Constitutional Constraint to Limit Overcriminalization", *Tennessee Law Review* 80, 2013, p. 305.

刑者、监刑者，皆极其贬低这类群体的个人尊严；再如，过罪化问题导致监狱及其他关押机关人满为患、过度拥挤的监禁环境，使被关押人员的身体状况不断恶化，也使医疗护理资源雪上加霜，被关押人员破坏监禁秩序的行为也因此增多。被关押人实施破坏监禁秩序的行为后，监管人员又对被监禁人实施其他过度残忍的监禁措施和关押政策。这种监禁环境恶劣、医疗护理匮乏、过于严厉的监管政策等，都极大地贬低了罪犯的人性尊严。因为罪犯服刑，只是被剥夺了宝贵的自由权利，并未剥夺其为人的尊严，罪犯仍是人类中的一分子，是宪法权利受保护的公民。

二、自由、权利和自治的法理价值

诚如前文所述，过罪化的根本危害性在于过罪化严重限制、剥夺公民的自由，同时判断过罪化问题存在的标准主要是以"自治型权利"为基础的公正原则，而公正及其实现主要包括三个核心主题或价值，即自由、权利和自治。因此笔者认为，为解决过罪化问题、实现刑法正义，自由、权利和自治，是公正应得报应惩罚原则的法理价值。实现自由、权利、自治等价值，即实现正义，三者层层递进、不断深入。权利以自由为理论基础，自治以权利为理论基础，三者都是为实现公正而存在。因此，正如前文所述，从政治哲学的角度看，笔者对过罪化问题的批判，是一种反功利主义的道德批判，即为实现刑法正义，站在自由主义立场上对过罪化问题予以批判。而功利主义的过罪化道德批判，主要站在社会总体幸福最大化的角度。从政治哲学学术史来看，功利主义的过罪化批判起源于1897年密尔的《论自由》。众所周知，密尔是著名的功利主义者，他继承、发展、修改了边沁的功利主义，同时对国家应对何种行为进行干涉的问题，提出了举世闻名的损害原则。虽然损害原则从产生之日起一直都对实体刑法范围起着重要作用，但其主要在累计的快乐大于累计的痛苦的主题分析框架内论证限制国家权力，而未专门独特地以自由、权利、自治等为核心分析主题，限制实体刑法范围。〔1〕 而笔者提出的公正应得报应惩罚原则不仅在内容上紧密包含损害原则，且直接以自由、权利、自治的主题关键词来论证，提倡以公正应得报应惩罚的规范性原则来指导立法机关解决过罪化问题。

---

〔1〕 See David A. J. Richards, *Sex, Drugs, Death, and the Law: An Essay on Human Rights and Overcriminalization*, Rowman & Littlefield Publishers, 1986, p. 19.

(一)自由——不受国家或他人的任意干涉

法治的基本假设前提是,人都是自由的。而犯罪化原则本质上是限制公民自由的原则。自由是生活的最高秩序,是其他所有基本权利的基础与必要条件。因此,在法治体系中,应假定自由优先。自由是指自我归属,即个人属于自己,个人的精神灵魂属于自己,个人的肉体凡胎属于自己,由此延伸出通过自己的智力劳动创造的财物属于自己,通过自己的体力劳动创造的物质财物也属于自己。所以个人有权处置、享用、破坏、扩展……自己的自由。例如,自由市场中的财产自由交易、资金自由流通、自由出卖服务、自由体验生活等。同时,自由是一个普遍的价值,适用于所有人,它是人天生固有的。自由无人例外时,是一种平等主义的自由,自由意味着平等。

人类的历史进程表明,公民只会拥有越来越多的自由,这是人类文明发展的趋势。例如,在现代西方民主文明社会,公民权利急剧扩展,也是公民自由范围不断扩充的表征。但在人类争取自由的过程中,困难重重。这是因为传统保守的稳定秩序也极其重要,稳定秩序正是民众争取自由的背景。所以,任何自由都不是绝对的,而是要根据特定的文化传统、社会环境、统治制度缓慢推进。在市场经济和互联网兴盛的如今,公民都专注于自身的提升、发展和进步,一切都是以自身的利益为出发点。越来越多的人信守只要不做坏事,不伤害他人,都可自由地做自己想做的事,并从做自己真正想做的事情中获得快乐,才是最重要的。

虽然具有全球普遍性的自由暂未被所有国家明文采纳,却是客观存在的,并且旨在保护民众不遭受国家不正当的惩罚性干涉。因此,刑法哲学上,自由主要是一种消极的理念,重在确保不被政府任意干涉。这与遏制过罪化的消极犯罪化理论具有同源性。在解决过罪化的相关理论中,自由主要是不受国家和他人的任意干涉。无论行为人实行何种人神共愤的行为,国家在决定将行为人予以限制或剥夺自由时,应事先充分论证、说明国家限制公民自由充分正当的理由。因此,今后在应对过罪化问题的相关改革中,要不断追求自由、扩大公民的自由,并直接以此为导向。立法机关只有在提供充分必要的正当理由时,才能限制公民自由。其中,无论是新型犯罪的刑法规范之制定,还是传统犯罪的刑法规范之改革,都是为追求人类及人类社会的最大化程度的自由。由于过罪化问题主要是在法定犯或行政犯中蔓延,在这些犯罪中应特别注重追求公民最大化的自由。当然,在今后真正犯或自然犯的改革中,也应将自由作为核心的价值予以坚守。例如,在杀人罪的改革中,也是为追求自由的普遍好处,从而阻止过罪化的蔓延。〔1〕

只有对国家权力时刻保持警戒心理,才能保护现代来之不易的自由。〔2〕国家不得任意干涉公民自由,应意图使公民获得最大限度的自由,这是一种消极自由,而不是积极自由。消极自由在抗击过罪化中起绝对主导作用,而积极自由是实现消极自由必不可少的手段。至于刑法中的自由,主要直接关乎公民的基本生存状态,而不是生活质量的维持或提升。公民只有先有基本的生存状态后,才有精力、能力和资源去考虑生活质量。生活质量的维持或提升主要在于公民不断通过增强自身的学习能力、工作能力,正面积极地获得更多的社会资源后,不断修炼自身的精神境界,陶冶自身的生活品位。例如,行为人杀害他人,直接否定、抹杀他人的生存状态,完全消灭公民自由的载体,国家必须介入其中,通过限制行为人的自由,使行为人获得公正应得的报应惩罚。而从被害人被谋害的情形来看,被害人的生活质量根本无从谈起,被害人的后续生活也皆是“无源之水”。例如,在人已死亡后,还谈人死亡后没有肉身载体而无法享受清新的空气、感受蓝天白云、沙滩海鸟、安宁的居住环境等,这是对刑法保护范围的过度不当延伸;再如,行为人在充满正常风险的经济交往活动中,骗取被害人的财物,这对被害人利益最直接的负面影响是断了被害人的财源。财物是公民生存的基本生活资料,这才是骗取被害人财物的行为之所以上升至被国家直接管控的层面的最直接,也是最根本的原因。至于被害人失去该财物后不能通过金钱购买高档可口的食物、质量一流的豪车等生活质量下降的情形,都是行为人遭遇犯罪后内心痛苦的心理活动中的一部分,这不应成为刑法的关注点。

自由价值及其实现也具有局限性,如对自由概念的理解具有无限多样

〔1〕 See Jeremy Horder, *Homicide and the Politics of Law Reform*, Oxford University Press, 2012, p. 229.

〔2〕 See Bernard E. Harcourt, “Mill’s on Liberty and the Modern ‘Harms to Others’ Principle”, in Markus D. Dubber, eds., *Foundational Texts in Modern Criminal Law*, Oxford University Press, 2014, p. 181.

性、自由理论会为自由地作恶提供理论根据，自由会导致无拘无束的无政府状态等。[1] 因为自由不仅指行为人做自己想做的事情的主观现象，而且是一个政治现象。贫富差距不断拉大、监狱人口不断膨胀的所有政治国家，也正在面临如何处理自由的棘手问题。[2] 如今西方政治哲学中的主流学者，如罗尔斯、德沃金、拉兹等都是自由主义者，但也存在诺奇克这样著名的极端自由主义者，相对来说，极端自由主义的思想更容易造成无政府状态，或者说在极端自由主义者看来，无政府状态是被允许的，是可以被人们接受的，这会将作为合法的限制公民自由的极端暴力——刑法连根拔起，导致无刑法状态，即犯罪学上刑法废除论学者所赞成的观点。这是自由和对自由的约束之间没有取得平衡，二者关系处在“崩盘”状态下的结果。

（二）公民一等权利——不被惩罚的权利

公正报应惩罚才是扩充、落实、维护公民权利的有效机制，特别是作为一等权利的公民不被惩罚的权利。[3] 众所周知，在现代文明法治社会，具体权利种类如恒河沙数、俯拾皆是，如消费者的明码标价权、著作权人的署名权、公民个体的肖像权等。国家对众多具体权利之保护，有大致的先后等位顺序。首先，国家应优先保护一等权利，其是一系列消极的公民权利或政治权利，国家不得专断、肆意地干涉这些权利，主要包括生命权、身体完整权、身体健康权、不遭受残酷、不同寻常的刑罚、不遭受专断任意的拘留逮捕等限制自由的权利、迁移自由权、表达自由权、享受无罪推定权、上诉权、公开审判权、沉默权、辩护权……；对这类一等权利的优先保护，直观反映了人类的各大法系统治下各个国家根深蒂固的法治传统，即限制政府权力，限制犯罪化，政府不得积极干涉公民的权利，不得进行无原则、不成比例的不公正犯罪化，这为公民的自由、自主和自治，留下广阔的“施展空

---

〔1〕 See Michael S. Moore, "Liberty's Constraints on What Should be Made Criminal Law", in *Criminalization: The Political Morality of the Criminal Law*, Oxford University Press, 2014, p. 184.

〔2〕 See Dragan Petrovec, "Poverty and Reaction to Crime—Freedom without Responsibility", *European Journal of Crime, Criminal Law and Criminal Justice* 4, 2000, p. 386.

〔3〕 See Andrew Von Hirsch, *Doing Justice: The Choice of Punishment*, Northeastern University Press, 1976, p. 76.

间”。在现代民主、自由、平等的国家,都着重保护这类权利,确保其神圣不可侵犯、不可任意剥夺。同时,这类一等权利尤其依赖于刑事立法和司法自身的谦抑,即国家在制定法律和实施法律时,须依凭公正原则开展公平犯罪化活动,公正实施相应的犯罪化行为,不得在没有充分说服力的情况下进行犯罪化,不能无充分根据、无充足理由地限制,甚至剥夺上述公民权利和政治权利。其次,国家在竭尽全力优先保护公民的一等权利后,努力争取保护公民的二等权利,这是一系列积极的社会权利和经济权利,即国家应主动积极地去构建、完善不同具体社会制度,积极地为民众提供安全的生活、工作、学习和休闲环境,提供质量安全、清洁、卫生的食品,使民众有良好的供水、供暖和供电等住房条件的房屋、获得免费的医疗、教育、娱乐等社会公共福利、具有工作能力的人都有工作等,这是自现代文明国家诞生之日起,即天然承担的重大积极义务与职责。与被国家优先保护的一等权利相比,国家对上述二等权利有着多如牛毛的刑法保护措施,但这些措施所起的作用是间接的、微弱的。虽然在相应经济、社会行政管制行为被大范围、大规模地犯罪化后,这些措施在某种程度上使人们在心理层面上感觉或假想其或多或少会起到威慑作用。但这一点普遍威慑作用与该犯罪化带来的国家侵犯公民的上述一等权利相比,不足一提。最后,只有在上述一等权利和二等权利真正具体实现后,国家才会有十足的能力,充分给予社会少数弱势群体相应的权益及对该权益的持续保障,从而公开、全面、完整地保护这些人与生俱来的应得权利,这类涉及的少数弱势群体的三等权利,具体主要包括儿童权利、妇女权利、残疾人权利、老年人权利、同性恋者的婚姻权、精神病患者的权利、流浪乞讨人员的权利、犯罪被害人的权利、在押犯人的权利、药物成瘾患者的权利等。〔1〕 在当今人性、开明、多元的民主国家,这些权益已真正开始实现。当然并不是只有等到一等权利被充分保障后,国家才能开始着手保障后续的二等权利和三等权利。从刻不容缓、片刻不能缺失的角度视之,一等权利是最重要的,难度也最大,应放在第一位。但如果国家事先成功地实现公民的二等权利和三等权

---

〔1〕 See David S. Law, Mila Versteeg, "The Evolution and Ideology of Global Constitutionalism", *California Law Review* 99, 2011, p. 1163. Michal Buchhandler - Raphael, "Drugs, Dignity, and Danger: Human Dignity as a Constitutional Constraint to Limit Overcriminalization", *Tennessee Law Review* 80, 2013, pp. 327-328。

利,这对具有优先权的一等权利的实现和保障,也具有巨大的推动作用。正是这三类理想权利将会被国家保障得越来越完善的憧憬,使民众对控制、管理社会的政权和政治制度充满希望和信心。而政府权威也来自国家有能力、有可能保障公民的这三大类权利。

过罪化主要侵犯的是公民的一等权利。享受一等权利的主体,既包括遵纪守法、有责任心的市民,也包括犯罪嫌疑人,还包括违法乱纪、漠视他人权利的罪犯,即使保护违法乱纪犯罪公民的权利在政治上不受公众待见。国家应切实保护这类关乎每一位公民基本生存利益的权利,积极主动解决这个不断快速侵蚀公民基本人权的严重问题。当然在特定情况下,国家可为保护二等权利而限制或剥夺一等权利,如为公民提供犯罪活动较少的生活环境和工作环境,或更安全的食品,或更高质量的环境,或运作更高效的经济生产活动,可将实施相关严重社会危害行为的行为人予以刑事拘留,最后施以自由刑或罚金刑。但应确保限制或剥夺公民一等权利可切实有效地保护公民二等权利,且应尽可能少地侵犯一等权利,同时还应确保限制和剥夺一等权利而保护二等权利的措施,应与所产生的结果合比例,最后对二等权利的保护性举措不能是非理性的专断任意行为所致。只有这样,才算是尽最大努力,保护全体公民的权利,减少不公平的司法结果。通过上述对三等权利的论述,可将一等权利归纳为不被犯罪化的权利或不被惩罚的权利。为避免所有普通公民都被刑法规范框住,被迫随时成为刑事法律的直接适用对象,出现不公平的惩罚裁决,导致国家刑法权力过度侵犯无辜市民的基本人权,应确保普通公民都享有不被犯罪化或不被惩罚的权利。这是一个具有争议性的政治观点,因为从政治角度来看,惩罚罪犯是统治者天经地义、义不容辞的职责,罪犯也有义务接受国家的惩罚。[1] 而提倡不被惩罚的权利,感觉像在为罪犯开脱罪责使其逃避国家惩罚提供理论借口。对不被惩罚的权利做如是初步理解,是完全可以理解的。但在仔细分析了该权利的具体特征和内容后,就能更清楚地明白不被惩罚的权利的重大意义和真实所指。

在详细分析公民享有不被惩罚的权利之前,有必要澄清不被惩罚的权

---

〔1〕 See Douglas Husak, *Overcriminalization—The Limits of the Criminal Law*, Oxford University Press, 2008, p. 178.

利（the right not to be punished）与不被犯罪化的权利（the right not to be criminalized）的关系问题。事实上，不被惩罚的权利的完整说法应该是“公民有不被国家施加过度的不公正惩罚的权利，不被犯罪化的权利的完整说法应该是“公民有不被国家予以不公正犯罪化的权利”。诚如前面所说，不公正犯罪化有众多情况，过罪化是其中的一种。凡是在非原则性、无系统性的犯罪化理论指导下出台的刑法规范，都是不公正的，应坚决维护公民不被犯罪化的权利，反对不公正犯罪化。因不公正犯罪化会产生不公正惩罚，也可据此推导、演绎出不被惩罚的权利。由此可见，不被犯罪化的权利是不被惩罚权利的基础和来源。不被犯罪化的权利的很多基本特征和属性，也都属于不被惩罚的权利，所以难以将二者截然分开。但二者最大的区别在于，不被惩罚的权利是专门针对过罪化问题提出来的，不被犯罪化的权利是针对所有的不公正犯罪化提出来的，过罪化是不公正犯罪化的一种，在呼吁解决过罪化问题的同时，也应坚守不被犯罪化的权利。虽然本书主要呼吁的是不被惩罚的权利，但该权利的理论资料源于不被犯罪化的权利，二者在本书中可以互换。

1. 设立公民不被惩罚的权利的必要性

该权利主要是针对国家决定对每个人实施的每个行为采取相应的国家性惩治措施时，公民所具有的对应权利。潜在罪犯、犯罪嫌疑人、被告人或已被定罪的犯罪人，都是公民社会中的一分子，都享受这项权利，这是所有人都可享有的作为法治国家公民的基本福利。国家针对所有行为采取的惩治行动，也应受到此种权利的约束，但主要表现在立法机关的正式犯罪化过程中。立法机关只有在进行犯罪化时，充分尊重公民的这种权利，才能充分尊重公民的自由、权利和自治权，从而逐渐克服“法律与秩序”的社会管理的统治模式，渐渐演变为“法律与自由”的发展社会的统治模式，最终从根本上减缓、进而解决过罪化问题。虽然从客观的现实情况来看，通过主张公民不被惩罚的权利，暂时不会为公民真正争取到多少自由，也无法立即有效地为过罪化问题的解决取得突飞猛进的胜利，但从理论的长期指导意义来看，公民不被惩罚的权利在这方面的潜力不可限量。

2. 公民不被惩罚的权利的显著特征

（1）来源于现行刑法规范以外的权利

不被惩罚的权利不是刑法规范或刑法基本原理中内含的一种权利，而是处于刑法之外，先于、高于刑法规范的一项权利，也是一项核心的宪法人权。我们可以在有关个人自治权、不遭受不合比例性惩罚的国际公约中规定的基本人权条款，以及具有历史影响力的权利保护法案中发现“不被不正当犯罪化的普遍宪法权利”。〔1〕该项权利来源于现行刑法规范以外的权利，应居于整个刑法规范之上，统摄和管辖现行以及将来的所有刑法规范，使刑法规范保护、维持和落实此权利。

(2)人之所以为人的基本道德权利

不被惩罚的权利是道义上的权利，暗含在国家惩罚的行动中，其不是一项结果主义论中的权利，不是出于追求最大化的社会总体利益幸福。〔2〕众所周知，国家惩罚具有强烈、公开、刺激的极端暴力性，但刑事司法不公时有发生，主要表现在国家对被告人施加很多违背民众心目中正义感的无法补偿、不可挽救的不公正惩罚。从尊重人的自由及将其当作一个自由体来看，政府应极其小心谨慎地动用国家惩罚手段，主动告知所有潜在的国家惩罚对象：所有人天生拥有不被不正当的过度惩罚的权利。这可以使所有民众能主动争取或呼吁这项权利，进而在无形中监督国家惩罚权的动用、调用或施用，预防宝贵的国家惩罚手段或资源被过度地滥用、误用或浪费。因此，不被惩罚的权利是一种在犯罪化之前既已存在的权利，不是通过实证法明文规定、由立法机关代表国家赋予的，是人天生具有的一种基本道德权利，是一项根基性的法律权利。即使国家暂未公开承认、大力宣称公民的这一自然道德权利，公民也可自由地追求、维护和巩固这一宝贵的自然权利。

(3)公民的一项重要法律权利

不被惩罚的权利虽然不是基本权利，但是一项很重要的法律权利，其法律地位应和自由表达权、隐私权一样。《美国宪法第一修正案》发展出强有力的权力限制理论，该理论具体是指国家对言论自由、自我表达的行为和结社行为进行犯罪化时，会受到严格的限制。同自由表达权和隐私权一

〔1〕 See Dennis J. Baker, *The Right not to be Criminalized: Demarcating Criminal Law's Authority*, Ashgate Publishing, 2011, p. 97.

〔2〕 See Douglas Husak, "Repaying the Scholar's Compliment", *Jerusalem Review of Legal Studies* 1, 2010, p. 54.

样,不被惩罚的权利是一项保护性权利,[1]但不被惩罚的权利仍依托自由权、人性尊严权、生命和身体完整性、财产权,并由这些基本权利构成。因为这些权利都有一个共同点,即不能被轻易地剥夺,享用这些基本权利的主体不能被轻易地惩罚。

(4)公民不被惩罚的权利的限度

所有权利都有限度,有限度的权利才有有效性,公民不被惩罚的权利也不例外。不被惩罚的权利的宪法有效性依赖于损害原则、罪责性原则和不法性原则适用标准的恰当论述。国家只有在确保能产生公正应得报应惩罚的刑法规范,满足了损害原则、罪责性原则和不法性原则后,公民不被惩罚的权利才可被立法机关限制而不被触犯。因此,公正应得报应的惩罚是合法地触犯或超越公民不被惩罚的权利,而不公正惩罚则是侵犯了公民不被惩罚的权利。不被惩罚的权利只能被制刑权超越或触犯,但制刑权并不能消灭或完全剥夺行为人不被惩罚的权利,意即,即使不被惩罚的权利被国家权力超越,但仍在行为人有生之年一直存在。

对超越不被惩罚的权利的犯罪化,应适用中度审查标准,并将其裁剪至狭窄的范围,以真正促进国家利益。因而,为实现国家利益的一般功利主义,剥夺了公民的这项权利,是低度审查标准,为本书所不采,严格审查标准也同样:立法机关只需实现或促进国家利益,无须真正直接增进全民的公共利益,不能把刑法规范范围裁剪至极端最小化。如果将某种行为纳入刑法管控的标准,是为了真正直接保护极其令人信服的利益,这注定会失败,因为这会呈现出绝大部分的刑事惩罚行为都触犯了公民不被惩罚的权利,从而出现刑法太少,甚至可能出现全面废除刑法规范的另一幅极端画面。所以对触犯不被惩罚的权利的国家行为之审查应适用中等审查标准,予以中等程度的保护。[2] 中等审查标准,可做到目的与手段基本相匹配,对这种标准所有理性的人都能接受。[3] 同时,直接保障、维护公民不

---

〔1〕 See Douglas Husak, *Overcriminalization—The Limits of the Criminal Law*, Oxford University Press, 2008, p. 123.

〔2〕 See Douglas Husak, *Overcriminalization—The Limits of the Criminal Law*, Oxford University Press, 2008, p. 127.

〔3〕 See Douglas Husak, *Overcriminalization—The Limits of the Criminal Law*, Oxford University Press, 2008, p. 144.

被惩罚权利的限制犯罪化原则，仍需发展出具体的实体性内容，这样理性的人才会更易接受立法机关的犯罪化。[1]

只有在为直接促进实质性的、具有充分说服力的国家利益时，公民不被惩罚的权利才能被超越、被限制，这就是中等审查标准。大部分刑法规范都符合这个标准，并不存在过罪化问题，个别反而是犯罪化不足。因而公民不被惩罚的权利被超越、被限制，不能再根据合理正当标准（rational basis），即宽松审查标准出台相应的刑法规范。刑法只是作为合理手段保护某种利益的理由，不再足以调动刑法。当然，不同的犯罪，严重程度不同，审查标准的具体要求有形式差别，难以存在统一的刑事责任判断标准，因此，不同的刑事制裁有不同的具体标准。[2] 但整体上可以直接促进实质性、具有充分说服力的国家利益超越公民不被惩罚的权利的中等审查标准为指导，中等审查标准中又分为不同级别。例如，如果国家剥夺的具体权利相较其他权利更重要，则适用更高审查标准也适合。[3] 在犯罪化时除需考虑犯罪化的不利结果外，还应考虑禁止所有人实施相应行为，将预防风险责任分配给普通民众而全面剥夺全体公民这方面的自由是否公正。

3. 公民不被惩罚的权利被侵犯后的救济

不被惩罚的权利被侵犯后的救济主体一般是立法机关。但有学者认为，在德国、加拿大、以色列，法庭有权基于宪法权利审查禁令是否违宪，宣布禁令无效，这时违宪审查的法庭就是公民不被惩罚的权利的救济主体，该权利本质上是公民按照个人意愿自由行动的权利或人格尊严权，可以取代不被惩罚的权利。[4] 因此，宪法法庭也可以对刑事立法的规范目的进行检视，审查刑法禁令的宪法性是否符合比例性原则检测标准，从而

---

[1] See Douglas Husak, *Overcriminalization—The Limits of the Criminal Law*, Oxford University Press, 2008, p. 177.

[2] See Re'em Segev, "Is the Criminal Law (so) Special? Comments on Douglas Husak's Theory of Criminalization", *Jerusalem Review of Legal Studies* 1, 2010, p. 10.

[3] See Douglas Husak, "Repaying the Scholar's Compliment", *Jerusalem Review of Legal Studies* 1, 2010, p. 51.

[4] See Miriam Gur - Arye, "Comments on Douglas Husak's Overcriminalization", *Jerusalem Review of Legal Studies* 1, 2010, p. 32.

保护公民不被惩罚的权利。[1] 但笔者认为,最好的救济方法应是公民具有真正的集会权、结社权、游行示威权、申诉权等政治权利,支持发达成熟的非官方公民组织自行号召、组织公益自治团体,合理公开表达诉求,让公众不断辩论和探讨。同时,让这些发达成熟的非官方公民组织在立法机关中持续合法地为刑法改革方案提供改革意见,为维护公民不被惩罚的权利,全面展开公开的政治辩论。

4. 公民不被惩罚的权利面临的批判及其反驳

不被惩罚的权利可能难以被人接受,因为国家有惩罚罪犯的职责和权利,罪犯也有被惩罚的义务,而本书提倡的罪犯有不被惩罚的权利,这三者看似相互冲突,难以协调,但实则三者可求同存异。公民不被惩罚的权利,是规范犯罪化理论中的核心议题,主要是针对立法机关,要求立法机关将其运用于新刑事禁令制定之时、出台之前。而国家有惩罚罪犯的职责和权利,是国家惩罚理论中的重要核心论断,这是从国家惩罚的一般目的出发(具体包括报应理论、威慑理论、复归社会理论和无害化处理理论等),针对个案情况和罪犯的个人性格特征,探讨国家是否有权对国家施加惩罚的正当性问题。[2] 而罪犯也有被惩罚的义务,也是从论证国家惩罚具有正当性理论的专门角度出发,依功利主义理论,主张为防止其他公民对被害人实施类似或相同的犯罪造成更大的恶,罪犯有义务保护被害人今后不再遭受其他公民对被害人造成的类似或相同的威胁,这使罪犯可被国家强制性地、操控性地伤害,其具有接受国家惩罚的义务。[3] 因此,国家有惩罚公民的义务、公民有接受国家惩罚的义务,这是国家惩罚理论中的纯惩罚哲学的论断。该惩罚哲学观点的具体载体,主要是针对司法机关,使司法机关对犯罪嫌疑人或罪犯的整个惩处过程和结果,具有权威性、正当性和合法性。同时还可根据此种原理,要求司法机关将其运用于罪犯实施犯行后对罪犯施加的惩罚。而公民不被惩罚的权利,是原则性、系统性的规范

---

〔1〕 See Miriam Gur - Arye, "Comments on Douglas Husak's Overcriminalization", *Jerusalem Review of Legal Studies* 1, 2010, p. 34.

〔2〕 See Gabriel Hallevy, *The Right to Be Punishment: Modern Doctrinal Sentencing*, Springer-Verlag Berlin Heidelberg, 2013, p. 56.

〔3〕 See Victor Tadros, *The Ends of Harm: The Moral Foundation of Criminal Law*, Oxford University Press, 2011, p. 294.

犯罪化理论中的基本前提性观点，是公民权利在刑法中的具体细化、在犯罪化中的直接运用。

有学者主张不被惩罚的权利过于宽泛、极端，应以人格尊严权代替之。因为人格尊严是基本人权，不被惩罚的权利只是一项重要的法律权利。限制人格尊严基本人权的刑法禁令，应接受严格的高标准司法审查，而不是受恭顺的合理根据审查。〔1〕人格尊严权不能取代公民不被惩罚的权利成为立法机关犯罪化的指导性权利。首先，人格尊严权是一般宪法明文规定的基本人权，而后者是暗含在宪法各项权利中的一项重要人权；人格尊严是宏观的治国理念、抽象的社会价值，将其设置为立法犯罪化的指导权利显得格格不入。其次，人格尊严权隐含于所有部门法，也可适用于所有案件类型，而公民不被惩罚的权利只体现在宪法性的国际公约、各国的宪法一般条款和刑事法律中，只适用于刑事案件。最后，人格尊严权比公民不被惩罚的权利更宽泛、多变、复杂，在原则性规范犯罪化理论中，难以掌握，也难以直接运用于立法犯罪化，只能在立法犯罪化之后，根据人格尊严的基本原则审查刑法禁令，以此减轻过罪化问题给司法实践以及全体社会带来的不利影响。

（三）自治——反对过罪化最有力的理论武器

反对过度利用刑法的理论众多，但最重要的是个体自治。〔2〕个体自治既是一个常用的口头概念，也是道德哲学和政治哲学的核心概念，还是刑法正当根据的基本概念之一，其是指每个人都可为自己的行为负责，国家也应这样对待每个人，即是个人决定、个人统治、个人管理、个人主权和个人立法，而不是国家决定、国家统治、国家管理、国家主权和国家立法。〔3〕这意味着个体可过自己想过的生活，刑法也应允许个体过自己想过的生活。〔4〕国家应平等地尊重每位公民的自治权，保护公民有权选择、

---

〔1〕 See Michal Buchhandler-Raphael, "Drugs, Dignity, and Danger: Human Dignity as a Constitutional Constraint to Limit Overcriminalization", *Tennessee Law Review* 80, 2013, pp. 327-328.

〔2〕 See A. P. Simester, J. R. Spence, G. R. Sullivan and G. J. Virgo, *Simester and Sullivan's Criminal Law, Theory and Doctrine* (5th Edition), Hart Publishing, 2013, p. 7.

〔3〕 See Joel Feinberg, *Harms to Self—The Moral Limits of the Criminal Law*, Oxford University Press, 1986, pp. 27-51.

〔4〕 See Jonathan Herring, *Criminal Law* (8th Edition), Palgrave MacMilliam, 2013, p. 12.

决定和控制自己的生活方式和生活样态,不受他人任意干涉,同时还保护公民自己干涉自己的自由。国家只有在行为人干涉他人自治权时,才能干涉、限制或剥夺该个体的自治权。不能因过分限制个体自治、破坏公民自我决定权,而持续扩大刑法的延伸范围。在实体刑法中,根据自治原则的具体内容,自治原则包含事实因素和规范因素。自治原则的事实因素,主要是指理性个体普遍可掌控和主导自身肢体的运动,并且有能力、有足够的自由意志作出有意义的选择;自治原则的规范因素,主要具体指行为人构成犯罪的罪责要件。数个世纪以来,自由意志论一直和决定论相对立,决定论认为,人类个体的行为都是被某种人们无法控制的原因所决定,并不存在自由意志。但罪责要件已在刑法中牢固确立,个体有自由意志已是基本的刑法理念。

1. 自治原则的局限性

在充分利用自治原则廓清限制罪责的适当范围之前,应先弄清自治原则在实体刑法规范中的主要特点,或者说是自治原则的弱点,即自治原则的脆弱性、含糊性和政治限制性。

(1) 自治原则的脆弱性

具有脆弱性的自治原则,使公民容易沦为被害人,而犯罪也极易引发公民的恐惧、焦虑、绝望等各种强烈的负面情绪,消极情绪又会刺激公民呼吁国家启动惩罚机制,这其中因盲目引起的恐惧、无知引起的焦虑、偏见引起的假象情感伤痛等强烈情绪,会大范围地严重影响个体自治。为保护脆弱的个体自治,使民众免于被害恐惧和被害焦虑,预防公民成为犯罪被害人,国家必定要制定并实施相应的刑事法律规范,使那些创造犯罪恐怖气氛、产生社会不安全氛围的罪犯承担相应的刑事责任,以保护个体的自治。但如果国家总认为个体自治很脆弱,极易遭受侵犯,就会继续制定更多新的刑法规范,这对极易遭受公权力侵犯的个体自治的侵入程度、强度和可能性更大,因为国家不断扩张刑法规范体系的范围是完全剥夺或限制了一部分公民的自治权。因此,自治原则的脆弱性,还表现在公民极易遭受来自国家刑法具体适用或操作时给无辜公民带来的伤害。针对自治原则的脆弱性,国家应相信公民皆为理性个体,能自我控制不直接侵犯他人的自治领域,也能对自我利益进行全方面掌控,防止自己的自治权不被他人侵犯,即使被侵犯后,也应有能力自己承担被害的危害和风险。自治原则的脆弱性也要求法律主体意识到何种行为容易侵犯他人的自治权，同时意识到自身的自治权在何种情况下易被他人侵犯，在事发前充分预想到被侵犯后，自己应对自身被害承担何种责任，即被害人的自我答责。[1] 因此个体自治的实现是建立在理性人的自治、自己为自己行为承担责任的基础上。

自治原则的脆弱性还体现在个体容易遭受外在客观因素的影响，包括年龄、精神状态、长期的客观生活环境等，都会严重影响个体的自由意志和自治能力。例如，不满14周岁的未成年人欠缺自由意志的能力；老年人自治能力较年轻人在减弱；常年遭受家庭身体暴力、语言暴力和冷暴力的妇女，其自治状态也处在脆弱的边缘状态；精神病患者无自由意志能力；个体遭受他人暴力、胁迫、欺骗的情况下，也会丧失自治权。因此一个未成年女性自我同意与成年男性进行有偿性交易，这是有缺陷的个体自治，不是真正的个体自治，该成年男性剥夺并利用未成年女性脆弱的自治能力，犯下奸淫儿童的自然罪行，应接受国家有关强奸罪的刑法报应。空巢老人容易成为电信诈骗、保健品诈骗等财产诈骗的被害人，是因为人类逐渐老化后，相应的肢体行动和机敏反应能力都逐渐变得迟缓，自治能力降低，而诈骗犯利用了老年人的自治弱势状态。至于精神病患者之所以不承担或承担较轻的刑事责任，是因为其认识能力、辨别能力和控制能力降低或消失，自治能力已丧失或锐减，其罪责程度较低。

(2) 自治原则的含糊性

个体自治除具有脆弱性外，还具有含糊性，即在具体案件情况下难以明确。例如，在帮助自杀案件中，自杀行为是否真的出于自杀之人的自我意思决定，还是基于情势所迫、被逼无奈，这在坚信人类是感性和理性结合体的社会现实生物的多数人看来，争议性很大。但是在笔者看来，须在法律上把法律主体看做理性人，并认为行为人为自身利益，有能力理性自愿地选择实施某种行为，立法者犯罪化时应假定自由意志优先。如果该选择获得社会的普遍认同、接受，那么选择者就应承担相应的后果，为自己的行为负责。如果不把法律主体假设成理性人，认为公民在法律上是理性和感性的结合体，那么公民的自治行为会如感性一般，变化各异，毫无确定性与稳定性，这是法律作为普遍性、明确性、强制性规则所不能接受的，因而仍

---

[1] 参见冯军：《刑法中的自我答责》，载《中国法学》2006年第3期。

应假使所有人在法律上是理性人，而不是感性人，也不是感性与理性的结合体。虽然自治原则具有含混不清的弱点，但自由国家对公民从事的所有行为的自治权予以充分尊重、接纳和保护，这是个体自治的基础。在这个基础上，国家对个体自由、权利极大地尊重，既可要求行为人对自己的恶果承担惩罚责任，更重要的是也使公民能够自由发挥自治权，保护自身免受国家权力不公正的侵犯。

(3)自治原则的政治限制性

自治原则的脆弱性和模糊性，使自治原则存在很多限制，因而在刑法上只有相对自治，没有绝对自治。虽然立法机关应尊重理性道德行动者的自我立法，即自己为自己的行为负责，因此，自我立法本身是一种刑法的内在美德。但罪犯抛弃这种美德，破坏集体福利和安全时，为了集体的健康与安全，政治上负责的立法机关应创造刑法规范以规制社会中的犯罪活动。[1] 自治原则只有为集体利益留有相应的存在空间后，才能实现最大化的个人自治权。为集体利益和共同福利而惩罚侵犯他人自治权的罪犯，使罪犯遭受刑法上应得报应，这也是充分尊重罪犯，尊重罪犯为自己破坏社会整体福利的行为及其后果承担责任。但对个人自治的政治性限制的难点在于如何在刑法上平衡社会福祉和个体自治二者的关系。有学者认为，由于干预过多会妨碍公民自由，干预太少会缩小公民实现真正意思自治的选择范围，因为个体自由更易被他人侵犯，因此必须在自由和社会福祉之间绘出一条界线。[2] 但是笔者认为，不可能在个体自治和社会福祉之间划出一条各方都认可的清晰界限，在二者中绘出分界线以达至二者的平衡也无多大意义，二者完全可以相互依赖、交叉共存，即应根据具体情势的急迫性、不可避免性、有效性等来选择优先保护那些极易引发不公正诉求的弱势群体的权利或相关公共利益。[3] 因此，应格外认真对待、尊重

---

〔1〕 See William Wilson, *Criminal Law* (5th Edition), Pearson Educational Limited, 2015, p. 38.

〔2〕 See William Wilson, *Central Issues in Criminal Law*, Hart Publishing, 2002, p. 41.

〔3〕 See Andrew Ashworth, Jeremy Horder, *Principles of Criminal Law* (7th Edition), Oxford University Press, 2013, p. 27.

个体自治，除严格的少数极端情形外，它应约束所有情况下的刑罚。[1]

2. 依据自治原理反对家长制犯罪化正当化理论

虽然自治原则具有脆弱性、含糊性和政治限制性等局限性，但其具有强大的理论指导功能。自治是实质性的时代政治公理，根据自治原则，应坚决支持有限政府，而有限政府要求政府必须遵守法治。法治的基本要义主要有：所有法律条文必须是日常通俗易懂的简单文字；法律只能具有前瞻性，不能具有回溯性；立法机关不能产生自相矛盾的法条；立法机关制定的法律规范不能经常变动，须有一定的稳定性；法律规定与法律执行必须具有一致性；等等。据此，应将家长制立法，无论是法律家长制还是道德家长制，完全排除出刑法。法律家长制犯罪化理论，主要是指立法机关通过限制行为人的特定行为选项，意图使行为人从该限制中获益。道德家长制犯罪化理论，主要是指国家以为公民好为出发点和落脚点，以强制手段干预并要求公民实施道德善行，完善公民道德性格，提升公民道德品格，以此促进该公民的康宁或福利，使该公民过更好的生活。在刑法上，家长制可分为强家长制和软家长制。强家长制，即纯粹家长制，主要是指禁止具有个体实质自愿性的个人实施利己主义行为。这是典型的结果主义惩罚观点，主要论据是国家将人们从糟糕的自治中解救出来，即为罪犯好才惩罚罪犯。这种强硬的立法奉行的立法理念是“长痛不如短痛”，认为与其让罪犯自由地自我伤害后遭受终身的心灵创伤、身体疼痛、寿命缩减等健康隐患，还不如在行为人实施自我伤害行为之时或之后，国家在一段时间内限制该公民自由，使公民有时间在被关押或服刑时恢复健康，深刻反省人生，认清个人行为的危害性。很明显，这完全是站在强硬家长立场上一厢情愿的幻想。事实上这种“短痛”，即被国家关押剥夺自由本身，将成为罪犯终身的痛苦、耻辱和污名标签，会使遭受国家惩罚的罪犯在被关押期间找到拥有共同恶习的同伴，互相交换恶习经验，完全进入罪犯大染缸，难以解脱。软家长制禁止个体在非实质自愿性的情况下所实施的个体利己主义行为，如贬低个体尊严的自我戕害行为。另外，家长制主义还可分为直接家长制主义和间接家长制主义。直接家长制主义，主要是指为行为人的

---

〔1〕 参见[英]维克托·塔德洛斯：《刑事责任论》，谭淦译，中国人民大学出版社 2009 年版，第 76 页。

利益,国家通过强制手段禁止行为人伤害或者危及行为人自身。例如,禁止妇女将自己作为物品卖给他人、禁止开车不系安全带、禁止开车玩手机、禁止以娱乐为目的吸食毒品、禁止以美观为目的的人体打孔等;间接家长制主义,主要是指在被害人同意的情形下,国家也禁止第三人伤害或危及行为人的利益。例如,经被害人同意的杀人行为、经被害人同意而斩断被害人双脚的重伤害行为、参与方都同意的性虐待所造成的重伤行为;行为人明确告知被害人自己身患艾滋病,但被害人仍同意与行为人性交造成被害人感染艾滋病的行为。

一方面,应根据自治原则将法律家长主义犯罪化理论排除出刑法规范。懂得充分争取、维护自己权利的理性自由人,有能力选择自我秉承的价值或目标。这些价值和目标都是主观上的东西,须经过行为人的选择后,才能成为对行为人真正有用,或为行为人诚心实意所主动采纳之物。其不能脱离于理性自由人而存在,更不能被政权"善意"把持,国家也不能通过极具煽动性、刺激性的统一宣传材料,挑起人们内心对自我加害行为,或对经被害人同意的自我加害行为的犯罪性的深层恐惧,这会使政权在不充分尊重理性自由人自我选择的情况下,主张政权所管控的司法辖区内,普遍存在一些客观的价值或目标,并以"为行为人好"的名义,以合法暴力手段强制干涉理性人的自由。当然,如果政权真正地关心理性自由公民实质性的切身利益,正面帮扶、资助或提升行为人的康宁或安宁,这是一种正当的合法行为。但如果以限制理性公民自由的强制暴力手段,来提升该公民的生活康宁,这难以令理性自由的公民感到满意。

另一方面,根据自治原则将道德家长主义犯罪化理论排除出刑法规范。除未成年人、精神病人或有其他智力障碍的类似群体,不是法律上理性自由的公民之外,几乎所有人都是理性自由人,即使行为人在现实生活中经常感性行事,但行为人仍一直拥有理性、自由和自主的法律地位和法律身份。确立公民理性、自由的法律身份后,更应客观承认在现实生活中,几乎所有人存有一些道德缺陷,不是通过国家调用刑事强制制裁措施,就能将其真正矫正、克制或修正的。可能短时间内,国家强制制裁措施迫使这些道德缺陷不表现在行动上,不排除外力强制打压的背后暗潜爆发。美好道德性格的塑造重在内修,只有通过自我修炼心性,主动克服自身的人性弱点,才能提升自身的美好道德品格。国家以强制限制自由的方式,来塑造公民的美好道德品格,这当然具有现实可能性和“可欲性”,但是在可行性方面会让立法机关和司法机关陷入道德虚伪的陷阱,使公民对刑法产生不公正的感觉。

从现行刑法规范的内容可见,家长制在刑事立法上的广泛分布,是不言自明的。而反对过度热切的家长制主义立法,可缓解仍在不断恶化的过罪化态势。从现代公民的自治权出发,应充分、全面、广泛、深入地审查现行的家长制立法,客观面对、努力打消根基无比强大的家长制立法冲动,否则,刑法规范的内容将会存在更加广泛的不公正犯罪化。[1] 因此,制定刑法规范时,须充分衡量公民权利和社会利益,争取在二者之间达致平衡。很明显,家长主义从未在二者之间进行衡量。家长主义自以为是地以保护个体利益,直接干涉个体的个人自由,不尊重公民的自治权。同时,家长主义使刑法中的无被害人犯罪和道德犯罪成为刑法中一时半会难以清除的顽疾。不能因为大多数人认为某种行为在日常生活上是不道德的朴素主张,而纵容政府侵犯公民自主、自由和自治权。因为保护公民自主、自由和自治的权利,才是现代自由法治国家的核心价值观,也只有充分尊重、全面维护公民的自主、自由和自治权,过罪化问题才能从根本上开启被缓慢攻克的阶段。因此,从反家长制刑事立法的视角出发,下列四类行为是市民可享受自治权的主导领域,能够真正体现公民的自治权。对于这些行为,国家不应使其处在继续犯罪化状态,将来也不应将其予以犯罪化。[2]

首先,处于道德空白或道德裂缝中的行为,即无所谓道德或不道德的中立行为。在道德层面上,此类行为不是道德论的研究主题,整体统一的社会道德评价对这类行为保持沉默,其具体道德内涵任由社会上所有人自由评述。在国家层面,即使立法者禁止此类行为,立法规范对此类行为也无道德判断,甚至根本谈不上道德判断与否。这种行为主要是有关个人日常生活方式的选择,很难说具有何种重大的道德意义。例如,凌晨两点才睡觉、在家里抽烟、独自或结伴在房间看成人视频、每顿只吃糖不吃饭、单身不结婚、挑选即将就读的大学、星期天还工作。

---

〔1〕 See Heidi M. Hurd, “Paternalism on Pain of Punishment”, *Criminal Justice Ethics* 28, 2009, p. 69.

〔2〕 See Heidi M. Hurd, “Paternalism on Pain of Punishment”, *Criminal Justice Ethics* 28, 2009, pp. 60-69.

其次,立法者能力以外不可避免的立法空白之行为,应为公民保留自由行使该行为的空间。虽然这样的行为有道德或不道德之别,但立法者不能在国家层面将这类行为宣告定性为道德或是不道德的,对该类行为的道德判断问题始终处于怀疑立场,并保持智识上的谦逊态度。这主要是因为这类行为具有高度的特定社会群体性,在社会中长年累月地引发广泛、持续性的争议,而且立法者也没有充分动机、有效理由或足够能力将其予以犯罪化。因此,对相关问题的认识不科学、非理性、不全面的立法者不可避免地目光短浅,其禁止相关行为只是为强化现行政权的地位等,如鸡奸行为、三人以上私下从事性行为、堕胎行为、通奸。

再次,从事某种行为是行为人的道德权利,即道德本身为道德主体提供了进行自我行动和自我选择的实质性自由,但该行为体现行为人德性上的恶的性格特征,所以行为人在道德上应承受民众的指责;又因该行为属于行为人在道义上的权利,所以国家不能将这类行为予以犯罪化,否则,国家就是在利用刑法推行美德、压制民众的天生性格缺陷。如果国家对该类行为予以禁止,会出现越禁止越迷恋的强大民众逆反心理。世俗国家并无职责确保所有公民将其善行最大化、将其恶习彻底清剿,国家也不应梦想追求刑法的德行"洁癖"而进行完美立法。

最后,虽然某类行为在道德上被绝对禁止,但是如果在法律上禁止并惩处该行为,会产生巨大的道德成本,即主要通过国家限制公民自由而强迫公民不作糟糕的合意选择,即使这种自由的行使毫无价值,也仍然是侵犯公民通过试错、积累经验从而提升自治能力的可能性,遂国家不能将这类行为予以犯罪化。因此,从现有法律规范的角度来看,是行为人被容忍从事某种行为,但该行为在道德上是不被容许、绝对禁止的。

三、所有实体刑法理论的刑法指导地位

过罪化的研究重点是今后应如何在规范犯罪化理论中建立新的具体的国家惩治制度。本书提倡的公正应得报应惩罚原则,是一个只针对立法机关,专门用于解决过罪化问题的原则性、系统性和结构性的规范犯罪化理论,是一个实体刑法理论之上的独立原则,是一个应然概念,而不是一个实然概念或必然概念。虽然该原则的基础理论主要来源于一般犯罪化理论,"应得报应"也来自国家惩罚理论。国家惩罚学说虽然为研究解决过罪化问题的理论提供了前提性结论,但是该原则不同于一般犯罪化理论与国家惩罚学说中的基本理论。

(一)过罪化和刑法功能

任何规范犯罪化理论,皆须存在刑法功能和刑法目的的前提性假设,该假设必须在前,这是刑法基本立场的应有逻辑,是国家惩罚理论中的核心议题。刑法功能主要是指刑法具有最强烈、明确、公开、权威的国家极端暴力责难性;刑法目的是以现代报应主义为主的观点,而不是传统的报复主义,秉承的是一种混合的惩罚理论,一种应得报应的惩罚理论,并不是一种单纯的报应主义惩罚理论。但是为了发挥刑法功能、实现刑法目的,源于刑法的国家机关之惩罚极易扩张而侵犯公民不被惩罚或犯罪化的权利,因而论证国家惩罚的正当性困难重重,刑法限制或界限的研究理论也恒久弥新,在刑法中提出专门解决过罪化问题的规范犯罪化理论也至关重要。[1]

(二)过罪化问题与国家惩罚正当性理论

过罪化问题的表现之一是国家总体惩罚量过重、惩罚与犯行不合比例问题突出,最理想化的解决之道是国家积极减少、限制或缩小现有刑法规范的总规模和总体调整范围,主动降低整体的高强度国家惩罚力度。但是这种理想的解决之道,把过罪化问题的解决想得过于简单。从现有国家惩罚理论的学术研究现状来看,刑法学家对相关主题的研究重点,放在如何论证国家惩罚存在的正当性以及"合比例性"的量刑理论。而涉及限制国家惩罚的施加、减少国家惩罚力度或总量的论述很少,相关文献较少。同时,在国家惩罚理论中几乎找不到有关过罪化问题的论述,相反的是,学者在论证国家惩罚正当性问题时,会提倡国家惩罚权,认为国家有权利惩罚罪犯,而此种惩罚罪犯的权利来源于遵纪守法的民众。从具体特定被害人以及也处于被害人地位的社会的角度,可推导出公民和社会有惩罚罪犯的权利,从而自然推导出国家也有惩罚犯罪人的权力。因私力救济被代表被害人及被害社会的国家公权力排他性地占有、独揽,从国家惩罚正当性理论的角度来说,国家具有惩罚罪犯的权利。但是从过罪化理论出发,公民具有不被国家犯罪化、不遭受惩罚之权利。之所以会出现这种表面上相互矛盾、令人迷惑不解的论述,除前述理由外,主要是因为过罪化研究与国家

---

[1] 参见王立峰:《惩罚的哲理》(第2版),清华大学出版社2013年版,第119页。

惩罚理论是两个截然不同的理论研究议题。

国家惩罚正当性理论学说非常复杂、众说纷纭,其主要的意义和目的,不是为变革当今种种缺陷的刑法规范、减少或避免不公正惩罚,也很少专门重点论证国家惩罚的反效果或不足之处,而是从道德哲学或政治哲学的角度,论证国家惩罚的正当性,即旨在维持、保存、巩固和强化现有的国家惩罚制度。因此,要分清两个问题:一是国家是否有权特意惩处公民,正当地对公民施加损害,使公民遭受国家暴力惩治;二是国家依据何种理由、在何种情况下、何时可特意对公民施以惩治。前者是国家惩罚正当性理论,后者是犯罪化理论,不可以将这两个问题合并混合地交互探讨,因为犯罪化理论只是阐明在何种情况下国家惩罚可被容许,但其在为国家惩罚正当性理论提供详尽论述上无能为力。[1] 因此,承认国家有权特意惩治公民是一回事,而国家应如何行使特意惩治公民的权力则是另一回事。[2] 过罪化理论是以一般犯罪化理论为理论资料来源,主要从应对、解决和延缓过罪化问题的角度出发,以具有原则性的规范犯罪化理论为指导,意图限制大量一般犯罪化理论的扩展延伸。换言之,纷繁复杂的一般犯罪化理论确实对刑法有道德限制作用,但是现有的一般犯罪化理论,更多的是通过充分探究道德理由,积极主动地促使现有犯罪规范正当化、合法化或合理化。而限制、缩小刑法的适用范围和总体规模、降低严厉的惩罚总量、减少不成比例的严重惩罚、减少司法不公的过罪化问题的解决,并不是现有犯罪化理论的研究重点。过罪化理论是专门回应刑法规范规模过大,并不断膨胀至日常生活的方方面面,国家惩罚总量不断加大并导致不公正惩罚结果的客观刑法发展现状等问题。过罪化理论是整体犯罪化理论全新的一部分,是对现有犯罪化理论的限制,即对刑法道德限制理论的限制。

国家惩治罪犯的行为在性质上是一种权力、职责,具有排他性、独占性、最强极端暴力性等特性。从被害人有权利要求罪犯必须承受国家惩罚的惩罚基本理论出发,可推演出国家有权利惩罚犯罪行为人。但国家有专属排他性惩罚罪犯的权力、义务或职责只是调查惩罚允许性或正当性问题

---

〔1〕 See John Martin Firscher, "Desert and Justification of punishment", in Thomas A. Nadelhoffer eds., *The Future of Punishment*, Oxford University Press, 2013, p. 18.

〔2〕 See John Martin Firscher, "Desert and Justification of punishment", in Thomas A. Nadelhoffer eds., *The Future of Punishment*, Oxford University Press, 2013, p. 16.

的初步前提性结论，国家在成功论证惩罚的允许性或正当性问题之后，还应考虑惩罚的副作用，不必要的成本，刑法替代措施，惩罚是否与保障人权、维护自由、享有自治相契合，以确保惩罚是对犯罪有比例地回应。[1]所以，在论证国家惩罚正当性或允许性问题的过程中，得出国家有惩罚被告人的权利的观点是正确的。但是，如果在后续规范犯罪化理论中以及在对过罪化应对问题中不断强调该观点，并据此反对规范原则性犯罪化理论中的公民有不被犯罪化的权利，则不具有说服力，因为这明显未区分国家惩罚正当性理论和规范犯罪化理论，从而无法理解“国家有权利惩罚罪犯”与“公民有不被惩罚的权利”二者在字面意思上的相互冲突。

（三）作为前提假设的国家惩罚正当性理论不是单纯的报应主义

纯粹报应或单纯的报应主义，主要是指犯罪行为发生后，国家对实施该犯行的罪犯进行回溯性报应性惩罚。公正应得报应惩罚原则也包含此种意识，但除此之外，该原则更主要的是指假设行为人已违反在该原则指导下的刑法规范，进而设想通过对罪犯施以报应性惩罚，向全社会传达实施某种行为会获得某种惩罚的信息，以此警醒、威慑民众。因此，根据公正应得报应惩罚原则，只有在行为人理解其行为的错误性和危害性之情况下，国家才应强烈谴责、坚决否定此种行为，意即，只有能深切理解、感知犯行之人，才应遭受国家报应性惩罚。预防性惩罚，主要依赖于惩罚的威慑力，单纯利用行为人对惩罚的恐惧，希冀减少犯罪其未全面尊重人类的理性自治能力，将公民视为害怕挨打受罚的动物，或短期应急趋利避害的感性理性混合体。但根据公正应得报应惩罚原则，所有公民应被视为独立、自主、社会化道德主体的理性人，都有能力对周围环境、身边事务和自身行为进行理性反思，采取行动并承担责任，特别对那些具有犯罪性的行为，有能力通过周全的理性思考、透彻的智识推理，获得相应的道德理解、道德感知或道德认可。

---

〔1〕 See Victor Tadros, *The Ends of Harm: The Moral Foundation of Criminal Law*, Oxford University Press, 2011, p. 311.

第二节　公正应得报应惩罚原则的基本含义、基本特征和概念区分

一、"公正"、"惩罚"与"应得报应"的基本含义

刑法之所以具有不同于其他部门法、社会政策或国家制度的独特性,主要在于国家使罪犯遭受应得惩罚。[1] 在适用公正应得报应惩罚原则之前,应首先明确其基本含义。各个限制原则的来源皆为简约主义,其可避免各项原则的混合叠加,造成不必要的困惑。过罪化问题本身是一个亟待解决的实践难题,如果真正决心解决该问题,应从与理想犯罪化理论相对应的现实犯罪化理论出发,研究出真正能够直接指导各方法律参与人员的统一犯罪化理论。但惩罚的道德正当性不是功利主义的威慑预防,而是重建政治社会中被罪犯破坏的平衡正义。应该聚焦于刑法之外的其他公平或公正原则,只有立法者在今后制定刑事规范时,充分遵守刑法之外的各项公平原则后,刑法之内的损害、不法、应得惩罚,便会成为解决过罪化问题的必然结果,而不再是其理论根据,以此可减缓过罪化趋势。

(一)公正应得报应惩罚原则中的"公正"

当一个国家"犯"过罪化"罪行"时,不公正惩罚结果或司法不公就是在所难免的。[2] 这种不公正是整个刑事立法和司法体系直接有意造成的,不公正具体主要表现在新刑法规范的起草工作仍不够慎重,太多人已遭受或正遭受国家惩治,其中包括大量的年轻人、精神病患者、失业者、出生于贫困地区者等,而且法律的歧视性、选择性、专断执法特别严重,惩罚也过于严厉,刑法规范过于模糊,令人困惑不已。[3] 正是因为过罪化问题产生的这些不公正惩罚,才使本书提倡"公正"应得报应惩罚原则统一下的规范犯罪化理论。具体来看,通过适用刑法制定法,会产生两种主要类型

---

〔1〕 See Douglas Husak, "Reservations about Overcriminalization", *New Criminal Law Review* 14,2011,p. 98.

〔2〕 See Douglas Husak, "Reservations about Overcriminalization", *New Criminal Law Review* 14,2011,p. 104.

〔3〕 See Victor Tadros,*The Ends of Harm*:*The Moral Foundation of Criminal Law*,Oxford University Press,2011,p. 17.

的不公正情形:第一种类型是应承担刑事责任的行为人未承担相应的刑事责任。一般来说,只要社会上的犯罪行为不断发生,社会普通大众就会一直觉得惩罚不足,这说明肯定还有很多罪犯逍遥法外,这些就是不公正的表现。但这种不公正是国家在无可奈何的情形下造成的,即国家实际上在适用刑法、打击罪犯上已经用力尽职,但仍然产生这种不公正现象,这并不能直接怪罪于整个刑事司法体系和刑法规范体系,而应怪罪于罪犯或是催生罪犯的不公平社会。因为国家是直接代表被害人个体、群体或整个遭受犯罪折磨的社会,对罪犯施加刑事制裁。国家也早已出台规制范围几乎无所不包的刑法规范,也一直将工作重心放在避免出现这种不公正现象上。但是因为国家在避免这方面的不公正用力过猛,从而造成第二种类型的不公正,即不应遭受国家惩治的行为人,正在、已经、即将遭受国家最具强制性的极端暴力机器的惩处。因为社会大众无条件、机会或能力感知刑法规范的普遍蔓延,并始终认为刑法规范不够细密,刑法规范未得到切实充分的适用,犯罪态势仍然很猖獗,逍遥法外的罪犯实在太多,罪犯未能获得其应得的惩罚,从而将主要注意力集中在第一种不公平类型上。这促使随时掌握民意动态的制定、修订或解释刑法的国家机关不断创制出新的刑法规范。所以,事实上正是因为国家在打击罪犯、维护社会整体治安的事务上,减弱成立犯罪的证明责任,不断扩充刑法规范的适用范围,以及不断加大对罪犯的惩治力度,才造成了如今过罪化问题,这是过罪化问题的具体形成机制。所以对于刑法学者,如今有一个比论证现行刑法规范或刑事惩罚具有正当性、合理性和恰当性更紧急严峻的问题,即在刑事立法出台前,应充分利用规范犯罪化理论,全面论证新犯罪化理论的正当性、恰当性和合理性,避免过罪化问题加重。随着学者对过罪化问题的研究越来越普及,将会有越来越多的公民充分体会、切实感受、透彻理解过罪化问题产生的不公正类型,即第二种不公正类型,而公正应得报应惩罚原则正是致力于减少第二种类型的立法不公正。

(二)公正应得报应惩罚原则中的“惩罚”

对犯罪惩罚的手段、方式、适用范围等之扩张,必然会扩大刑法的边界。[1] 因此,本书提出的专门用于限制刑法界限的公正应得报应惩罚原

---

〔1〕 参见黄晓明:《论刑法边界的坚守——犯罪本位与刑罚本位的思辨》,载戴玉忠、刘明祥主编:《刑罚改革问题研究》,中国人民公安大学出版社2013年版,第9页。

则,须以国家惩罚理论为不可或缺的基本前提,承认现代社会需要国家惩罚制度,该制度具有客观存在的正当性,过罪化语境下的“惩罚”,也应当按照国家惩罚理论中的惩罚来理解,本书主要是基于自由刑来解决过罪化问题。任何具有说服力的惩罚理论皆应具有限制刑法实体内容的作用。例如,道德教育惩罚理论、法律报应主义惩罚理论、象征性刑法的惩罚理论、获取利益或承担好处的惩罚理论和威慑的惩罚理论等,这些理论皆论证国家惩罚的存在具有正当性理由,而且也只有在惩罚具有道德教育、法律报应、传统责难信息等刑法功能时,才能证明国家惩罚具有正当性理由,而这些对实体刑法规范内容都有明确显著的约束作用。本书采纳的是以应得报应为根基的惩罚理论,通过该理论对国家惩罚权的约束,这也是规范犯罪化理论的实质。国家惩罚必须以应得报应为根基,只有这样才能为犯罪直接被害人及相关被害人提供饱满的情感支持,才能表达被公众普遍接受的社会核心价值,才能切实有效地以威慑手段威胁潜在的罪犯。如果最终被告人接受的惩罚都是公正应得的报应,这也会逐渐降低国家整体的惩罚水平,减少刑罚总量,逐渐治愈蔓延于整个刑事司法系统和刑事立法体系中的过罪化问题。本书以现代报应主义惩罚理论为基础,报应主义惩罚以公正为基础,特别看重惩罚的比例性、必要性和有意性。[1] 其中比例性,主要是指惩罚的性质、种类、严重程度等须与行为导致的损害、违法和罪责的性质、严重程度、种类等保持均衡;必要性,是指不惩罚不足以实现刑法正义;有意性,是指惩罚必须是国家在对被惩治对象有惩罚意图的支配下进行的惩罚。在行为人具有身体完整性认同障碍而不断寻求自我残害其身体时,国家将这类人送进医院予以医疗救助,该行为的性质并非惩罚,而是给予福利。

(三)公正应得报应惩罚原则中的“应得报应”

对犯罪人施加的惩罚须是行为人应得的。应得报应是一个基本的日常道德用语,蕴含着丰富的基本道德理念。这既不是公民的私人报应,也不是神圣的宗教或迷信报应,同时也不是政权的暴虐报应。诚然,公正应得报应惩罚原则中的“报应”,确有嗜血、残暴、迷信、复仇冲动等原始浓厚

---

〔1〕 See Barbara MacKinnon, *Ethics: Theory and Contemporary Issues*, Peking University Press, 2003, p. 318.

意味，但是如果按照“应得的责难”来理解，应完全地抹去“报应”一词所蕴含的人类原始、血腥的报复本性，排除敌意、疯狂情绪和歪曲道德的复仇感，以此可有效地限制报应主义的惩罚。[1] 此外，还应对报应予以其他严格限制，在其前面增加限定词，如本书所称的应得的报应，或公正的报应。在私人理念中，应得报应更像是赎罪，即国家根据行为人造成社会损害的严重性、行为人错误的严重程度，以及以此支配行为人行为的罪过邪恶心理，反过来故意对行为人实施合比例、必不可少的国家损害行为，使行为人认罪、知罪，进而通过惩罚进行赎罪。从国家惩罚正当性理论的角度来看，报应主义理论具有很强的说服力，这主要是因为它紧贴公民心目中根深蒂固的朴素正义感。行为人恶意对他人实施严重错误的伤害行为后，是“对社会欠下债”，有承受国家惩罚的道德义务。即使行为人失踪、死亡、变成永久植物人或实施行为时为无刑事责任能力，应得报应责任或被免除，但世俗社会的报应不会消失，相关被害人也可从中获得真正的心理补偿。[2]

更重要的是，在公众对行为人的谴责度与国家所认定的应得惩罚量不同时，国家如何在不受被害人及谴责被告人的社会大众的影响下，公平施加应得惩罚？此问题不解决，报应原则的刑法限制作用也只是空有其名。公正应得报应惩罚原则，以强烈的自由主义同情观和直觉性的天生正义感之人性为论证根基。从伦理学上讲，诉诸惩罚的行为必须是真正的罪有应得，惩罚实现的是报应正义，而不是分配正义，也不是矫正正义。[3] 作为规范犯罪化理论中的应得报应，是保守的反应性思想，是立法机关站在罪行发生前的视角，假设并审视罪行发生后，国家借用刑法施加自由刑，是否可使行为人承受其应得的报应。

原始报应本身是一个负面、消极，饱满痛苦折磨的坏事。即使国家以惩罚的正式形式，使行为人遭受报应，也是不好的，原始报应自身并没有任

---

[1] See Antony Duff, *Punishment*, *Communication and Community*, Oxford University Press, 2003, p. 30.

[2] 参见胡莎：《缓解过度犯罪化问题的公正应得报应理论》，载《宁夏大学学报》（人文社会科学版）2015年第5期。

[3] 参见[古希腊]亚里士多德：《尼各马可伦理学》（注译导读本），邓安庆译，人民出版社2010年版，第174~179页。

何正面和积极的价值。正如刑法虽然是国家代表全体社会，合法伤害民众的暴力型法律规范，但也是一种伤害。〔1〕伤害本身是不好的，无论为伤害赋予多具说服力的理由，伤害本身始终都是恶的。因此，对于这个被政府求助以此伤害民众、管制社会的工具，社会上的情感人、法律上的理性人，皆应对其秉持保守态度，否则在国家刑法权力的过度膨胀后，越来越多的暴力在合法外衣下登堂入室，使民众反受其害。兹事体大，为阻止刑法过度扩张，刑罚正当性理论作为一个陈旧问题，至今仍聚讼不断，其中最重要的惩罚正当性理论，在巩固已有惩罚理论的基础上，常变常新，溢满新刑法智慧，至今一直不断地被深度挖掘、透彻反省。〔2〕在惩罚正当性理论中占主导地位的一直是报应主义理论，而不是预防主义。在资本经济强盛时代，公正的应得报应可以真正地团结民众、凝聚民心。随着当今普通民众的安全意识、秩序意识、预防犯罪意识越来越强，立法者的犯罪预防意识越来越强，使"法律和秩序"成为现代所有国家的治国之要。加上当今犯罪总体形势一直都很严峻，控制犯罪发生、预防犯罪的任务给立法者造成持续不断的"法律与秩序"之压力。刑法作为犯罪控制的最强装备，作为"火药"的严惩犯罪观念不断被添加进刑法装备，以此增加预防犯罪的力度，导致刑法制裁的严重性也不断变相升级，不公正的惩罚俯拾皆是，生成今后几百年内须学者花大量精力去努力解决的过罪化问题。因此，笔者认为，实体刑法学存在的不容辩驳之核心抽象正当理由是为寻求正义、实现正义、稳固正义，从而不断提升更广阔的社会正义，而不是预防犯罪、惩治

---

〔1〕 See Antony Duff, *Punishment, Communication and Community*, Oxford University Press, 2003, pp. 17-18.

〔2〕 惩罚正当性理论的研究已有2000多年的历史，其中主要是报应主义和结果主义之间的论战。坚持报应主义的康德与主张结果主义论的边沁，为该论战的代表人物。如今现代惩罚理论的研究更加繁荣和深入。现代惩罚理论研究的代表作，如Leo Zaibert, *Punishment and Retribution*, Ashgate Publishing Limited, 2006。此书详细研究了思想家们早已提出的各种混合惩罚的正当性理由，充分阐明该议题的复杂性、棘手性、混乱性、脆弱性和重要性，并重点澄清惩罚和报应主义的确切含义；Alan Brudner, *Punishment and Freedom: A Liberal Theory of Penal Justice*, Oxford University Press, 2009。此书主要从法律报应主义角度，以具体的实体刑法理论，论证公民具有不可剥夺的自由选择权。Whitley R. P. Kaufman, *Honor and Revenge: A Theory of Punishment*, Springer, 2012。此书认为已有的惩罚理由，无法为惩罚提供道德性的正当性，而作者提出的报应主义可证明惩罚具有道德正当性，被害人为可以维持自身荣誉，为自身荣誉、尊严和自尊而辩护。

犯罪。当然,刑法在追求正义的过程中,也有或多或少的预防犯罪之效果,但这个不是重点。进一步说,实体刑法本身也无法完全确保能真正有效地控制犯罪、减少犯罪。而犯罪学的存在,才能真正确保预防、控制、减少犯罪。因为犯罪学注重研究犯罪发生的潜在原因、形成机制和预防策略等,只有充分理解犯罪的根本原因后,才能对症下药,寻求相应犯罪的解决之道。总之,实体刑法所带来的国家惩罚,不只是为预防、减少、严厉打击罪犯,而且是使罪犯得到公正的应得报应,使每一个公民不遭受不应得的、非报应性的惩罚。

二、"刑法悭吝主义""简约主义"的基本特征

(一)刑法悭吝主义

某种程度上,公正应得报应惩罚原则奉行的是一种刑法小气主义或刑法悭吝主义(parsimony of criminal law)。刑法悭吝主义,主要是指刑法长期守着巨大无比的合法暴力资源,只能在对待严重伤害以及直接危及公民生命、身体健康完整性或重要私人财产的犯罪行为时展现自身,而在对待日常生活中的冒犯行为、普通公民在理性自治主导下表示同意的行为、远程损害行为、政治犯罪行为等时,刑法应表现得谨慎十足,特别是在是否适用"自由刑"时,更应表现得格外"小气吝啬",而不应表现得慷慨大方。公正应得报应惩罚原则所表现的刑法悭吝主义是一个管理刑事政策原则的思想,也可指导宽严相济的刑事政策。[1] 因此,在专门抗击过罪化语境下,根据公正应得报应惩罚原则,不应提倡模棱两可、似是而非、难以把握的"相济",而是应时刻坚守"该严必严、该宽必宽"。因为需要不断地在两者之间寻找平衡点的系统,常找不到平衡点,时不时全盘崩溃,造成大面积的不公正惩罚,这种不公正的惩罚,是过罪化的直接恶果。这是信守问题导向型的刑法悭吝主义之直观事实基础,而不会在我国刑法中如刑法谦抑性一样沦为单纯的抽象理念和宏大叙事,逐渐被我国相关刑法国家机关、机构、组织或个人搁浅或搁置不用。[2] 我国刑法谦抑性与过罪化语境下的刑法悭吝主义,蕴涵限制刑法的机能、皆赞同应该压缩或紧缩不符合成

---

〔1〕 See Gerry Johnstone, Tony Ward, *Law and Crime*, SAGA Publications Ltd., 2009, p. 155.

〔2〕 参见石聚航:《刑法谦抑性是如何被搁浅的?——基于定罪实践的反思性观察》,载《法制与社会发展》2014年第1期。

本收益分析结果的刑法调整范围、皆认为刑法在法律系统中处于最后保障、补充地位等。我国刑法谦抑性与刑法悭吝主义的区别主要分别是：前者具有补充性、经济性、宽容性，适当控制刑法的处罚范围，而后者直接要求只能将刑法用在保护特定规范目的情形中，全面严格限制刑法的处罚范围；[1]前者是现代刑法值得追求的价值目标，而后者是规范犯罪化理论必须追求的刑法发展状态；[2]前者是在充分承认犯罪化是必然趋势的语境下提出的，这种语境的理论前提假设是积极主张、支持、加速犯罪化进程，因而假设所有的犯罪化都是公正的，只是在这种由一般犯罪化理论所指导的积极犯罪化进程中，才大力提倡刑法的谦抑性，而后者是在过罪化已经演变为一个全球刑法问题的语境下提出的，这种语境的理论前提假设是所有未来犯罪化都会产生不公正的惩罚，因而假设所有"未来犯罪化"皆是不公正的犯罪化，即过罪化，立法机关在"未来犯罪化"中，应遵守蕴涵刑法悭吝主义的公正应得报应惩罚原则，以此规范犯罪化理论为指导，致力于减少不公正犯罪化的制定、出台。总之不应将刑法谦抑性与刑法悭吝主义相混淆。

（二）刑法简约主义风格

公正应得报应惩罚原则提倡一种刑法简约主义风格或最小化原则（minimalist of criminal law, principle of minimalist）。简约主义风格的刑法意味着必须限制刑法的范围和规模，其基本理念主要是：无犯罪即无惩罚；无法律明文规定即无犯罪；无立法绝对必要性即无刑法；无伤害即无立法绝对必要性；无外部行为即无伤害性；无罪责性即无可归责的外部行为。这五个理念在逻辑上环环相扣，缺一不可，最重要的是应对这些理念持严格解读的立场。[3] 刑法作为一种万不得已的极端暴力手段，[4]其保持简

---

[1] 参见张明楷：《论刑法的谦抑性》，载《法商研究》1995 年第 4 期。

[2] 参见陈兴良：《刑法谦抑的价值蕴含》，载《现代法学》1996 年第 3 期。

[3] See Mike C. Materni, "The 100-plus-Year-Old Case for a Minimalist Criminal Law (Sketch of a General Theory of Substantive Criminal Law)", *New Criminal Law Review* 18, 2015, pp. 350-351.

[4] 参见童春荣：《刑法不得已原则之提倡——与刑法谦抑性比较的抉择》，载《湖北社会科学》2015 年第 7 期。

约主义风格是尊重人之所以为人的各项基本权利所必定采纳的观点。[1] 刑法最小化后，直接的好处是更多的普通公民免受刑罚折磨的痛苦。此外，刑法保持该风格，可减少司法机关早已堆积如山的刑事案件、不断膨胀的监狱人口数量、刑法规范中累赘烦琐的法条总量。[2] 由此可见，此种刑法风格值得所有担心自己可能被国家惩罚暴力机器不公正对待的理性社会人支持。当然社会上始终会存在一些违法乱纪者，他们在听闻此种刑法风格后弹冠相庆。但是当今刑法的现实风格是烦琐主义风格，每个公民都是潜在罪犯，都可能某天被送上审判席、送进国家的关押场所。国家对违法乱纪者，一直都保持广泛规制、全面打击、严厉惩治的高调姿态。此种情况“造就”的过罪化问题，本应是违法乱纪者感到岌岌可危，但却变为人人自危。现代社会中，应做理性公民，处处谨言慎行，以免招致不利的国家惩治。但如果刑法能一改烦琐主义风格，奉行简约主义风格，那么过罪化问题会显著减缓。我国刑法学界一直以来都主张的刑法最后手段性或刑法谦抑性，就蕴涵着刑法应保持简约主义风格的元素。但刑法谦抑原则是以保障人权之名，极力维护国家对刑法权力的完全掌控，并非旨在防止国家权力的过度膨胀，而只有坚守在不得已情况下才能动用刑法极端暴力的刑法简约主义，才是直接旨在保障公民权利、实现刑法正义，最后真正地解决过罪化问题。

（三）原则性的规范犯罪化理论

刑法简约主义风格必须在强有力的规范犯罪化原则（normative criminalization theory）的指导下才能实现。[3] 公正应得报应惩罚原则是一个独特的原则性规范犯罪化理论。具体来说，其主要是从实体刑法规范理论的角度，将现有刑法调整范围过宽问题、各项刑法规范内容模糊不明确问题、各种犯罪化原则交叉混合运用问题、各种限制刑法理念随意引用

---

〔1〕 See Mike C. Materni, “The 100-plus-Year-Old Case for a Minimalist Criminal Law (Sketch of a General Theory of Substantive Criminal Law)”, *New Criminal Law Review* 18, 2015, pp. 350-351.

〔2〕 See Jonathan Herring, *Criminal Law: Text, Cases and Materials* (5th Edition), Oxford University Press, 2010, p. 10.

〔3〕 See Jonathan Herring, *Criminal Law: Text, Cases and Materials* (5th Edition), Oxford University Press, 2010, pp. 332-333.

问题等,统一在公正应得报应惩罚原则之下。在约束国家刑法权力、限制刑法调整范围问题上具有极其丰富内涵的公正应得报应惩罚原则,应直接指导实体刑法规范的起草和制定,而不是在实体刑法规范已通过,或生效,或在量刑阶段才考虑。例如,在立法过程中,根据公正应得报应惩罚理论,应严厉驳斥、直接否定公民无能力保护好自己利益的家长制原则(paternalism principle),排斥含有禁止各种日常不道德行为的各种版本的伤害原则(harm principle),反对利用刑法保护经济调控机构、行政管理部门的权威被冒犯之状态的冒犯原则(offence principle)。如果法官在量刑阶段也尊重该原则,便可减少过罪化问题带来的不公正惩罚。只有遵守公正应得报应惩罚原则才可直接对实体刑法规范的规模和调整范围进行原则性限制,从而在根本上务实有效、客观理性地应对现代行政国家所面临的过罪化问题,并逐渐遏制如今过罪化现象的猖狂蔓延。

(四)立法指导原则

公正应得报应惩罚原则属于立法论,而不属于解释论,其主要针对的是立法机关或立法代议机构,而不是司法机关、行政部门机关,或被授权立法的国家机关。一方面,立法机关出于完善、补充刑法立法规范的动机,天然地倾向于颁行更多刑事立法,以此充分利用立法手段的象征效用或说服效用,控制公民的行为,但最后却直接或间接地导致本国过罪化的局面;[1]另一方面,为避免真正适用所有的刑法立法规范,避免刑事司法系统因无力承担适用所有刑法规范而崩溃的恶果,司法机关又默默自觉地限制刑法规定的适用范围,导致实践中无数的刑法禁令难以实施。[2] 可见,立法者只是象征性地、简单宽泛地规定某种行为要承担相应的刑事责任,而实际上是警察、检察机关或法院给犯罪下具体定义,由他们确定何种行为构成犯罪。而且,司法裁判权逐渐从法院转移到警察或检察官手中,赋予了警察和检察机关庞大的自由裁量权,最终演变成如今的过罪化问题。因此,能让过罪化问题获得根本解决的责任主体,自始至终是立法

---

〔1〕 See Jeffrey S. Parker, "Corporate Crime, Overcriminalization, and the Failure of American Public Morality", in F. H. Buckley, eds., *The American Illness: Essays on the Rule of Law*, Yale University Press, 2013, pp. 430-432.

〔2〕 See Cass R. Sunstein, "What did Lawrence Hold of Autonomy, Desuetude, Sexuality and Marriage", *The Supreme Court Review*, 2003, p. 58.

机关。只有负责起草、制定、出台、颁布和通过刑事立法规范的立法机关,才有权决定哪些行为被犯罪化、哪些行为可作为犯罪处理。只有立法机关才能从源头阻止过罪化问题的肆意蔓延,所以公正应得报应惩罚原则的理论研究视角,不是现有刑法规范具体适用于各个行为事实的刑法教义学。至于司法机关在司法实践中具体适用刑法规范的各种刑法解释学理论,也不是公正应得报应惩罚原则研究的主要内容。当然,该原则也不是从国家或政府治理社会的角度来研究过罪化问题。因为国家治理社会是一个极其抽象宽泛的重大问题,只要国家和社会继续存在,国家治理社会必然是人类一直都要面对的宏大挑战,并且其主要是政治学和社会学中的核心研究议题。在实体刑法规范理论的研究中,国家治理社会议题只是必不可少的理论研究背景,其并不具有核心独特的刑法内容。可能有学者从国家、政府的立场,探寻如何解决过罪化问题,结论通常是批判现有国家、政府或行政部门过度依赖刑法手段管理社会,极力呼吁应坚持刑法最后手段性原则,避免出现不必要的刑法反效果。但这种呼吁并未提出切实有效的立法指导原则,只停留在呼吁层面。当然,正如前文所论证的,笔者并非否定司法机关、行政机关对过罪化问题解决的助益,只是认为它们不是专门解决该问题的责任主体。立法机关才是责任主体,正是缺乏成熟民主立法制度的立法机关的不作为,或者说是无意地将立法工作和立法程序简单化,是造成过罪化问题的罪魁祸首。因此,只有立法机关才有能力认识到过罪化问题的严峻现状,并有机会、资格、权力在遵照公正应得报应惩罚原则的基础上,将立法程序民主化、科学化和精致化,从而抵抗、延缓过罪化问题,不制定过罪化的刑法。[1]

(五)以自由刑为论证核心

本书提倡的公正应得报应惩罚原则,作为解决过罪化问题的原则性规范犯罪化理论,主要是以自由刑为论证核心,但其并不是否定罚金刑中也存在过罪化现象。该原则认为,限制或剥夺自由,在今后刑事立法规范中,仍是直接引发公民持续关注的惩罚方式,在普通市民心目中,"坐牢"是对刑法最直观的描述。同时,如果不从自由刑的角度理解我国的刑法与犯

---

[1] See C. Jarrett Dieterle, "Lacey Act: A Case Study in the Mechanics of Overcriminalization", *Georgetown Law Journal* 102, 2014, p. 1306.

罪性,而只是从严重社会危害性角度理解,则会妨碍学者充分意识到过罪化问题的严重性,片面聚焦积极、持续的犯罪化。[1] 至于最能营造肃杀效果的死刑,在"未来犯罪化"中出现的可能性几乎为零,否则便是开历史的倒车。因为涉死刑罪名,早已被刑事立法规定殆尽。对于已废除死刑的国家,可能会再次规定故意杀人处死刑,但这并非死刑被创制,而是回归"杀人偿命"的古老传统。除自由刑、生命刑外,司法判决可能出现单处罚金刑,因为刑法设置的罚金刑也具有污名、谴责、惩处性。本书认为,刑事立法规范也需要罚金刑,但不应存在单处罚金刑的罪行,单处罚金刑不算是"真正的刑事惩罚"。[2] 如果允许刑法规范的罪名设置单处罚金刑,那么,审前侦查羁押、起诉羁押或审判羁押等限制自由的行为,对被告人就是不公平的。国家完全可以通过行政罚款的方式管制法定犯。不能因对被告人最终单处罚款的程序是刑事诉讼,就认为这种单处财产刑的国家惩处措施具有刑法性。因为刑法的特殊性在于其天生具有最强的道德污名和极端暴力惩罚性,而不在于其适用的是刑事诉讼程序,毕竟适用相应刑事诉讼程序是刑法规范通过之后的法定结果。而最具强制力的极端暴力惩治措施,无论在何种法律的名义下、以何种名义适用何种诉讼程序,只要相关法律规定具有极端暴力性,即为实质借用、巧用或盗用刑法的独特手段。至于如今刑法中对单位犯罪只判处罚金刑,的确是无可奈何的应急之举,但应将单位违法行为定性为其他法,而不是刑法。这主要是因为在如今备受过罪化问题侵扰的公司或企业刑法规范中,对公司犯罪或企业犯罪提高刑法罚金数额、对涉事人员增加关押时长,无法真正有效地进一步威慑行为人或行为单位不实施相关的犯罪,无法确保其遵守相关的公司、企业经济或行政管理法规。[3]

(六)适用于所有具体罪名

公正应得报应惩罚原则,可适用于所有罪名。虽然刑法规范内容各异、所涉行为范围广泛,罪名特征形态各异,但仍存在统一的规范犯罪化理

---

〔1〕 参见张明楷:《论刑法的谦抑性》,载《法商研究》1995年第4期。

〔2〕 See Douglas Husak, "Reservations about Overcriminalization", *New Criminal Law Review* 14, 2011, p. 105.

〔3〕 See Lisa H. Nicholson, "Sarbanes - Oxley's Purported Over - Criminalization of Corporate Offenders", *Journal of Business & Technology Law* 2, 2007, pp. 48-55.

论对其予以指导。众所周知,一般的犯罪化理论主要是指损害原则、比例性原则、罪责性原则等,这些原则可适用于刑法规范中的所有罪名,而统摄这些一般犯罪化理论的公正应得报应惩罚原则之规范犯罪化理论,也具有一般性。因此,本书不是以刑法规范中已明文规定的某类特定具体罪名为论述重点,而是论证在整个刑法规范中普遍适用的公正应得报应惩罚原则,同时回答应容许何种应得报应,以此详细阐明当代刑法被过罪化的具体情形与实际认定过程。进一步说,本书提倡的公正应得报应惩罚原则,适用于现有及未来所有的具体罪名,其中重点在未来可能出现的罪名上,也表明该原则主要是从制定实体刑法规范的角度,对国家惩罚权的不断扩张进行限制,而不是通过刑事诉讼程序或正当程序原则,对刑法的具体适用范围进行限制。好的正当程序需要好的实体刑法规则,好的实体刑法规制也需要更好的正当程序保障。根据公正应得报应惩罚原则,实体刑法可以很好地将那些应得惩罚的人,与不应得惩罚的人相区分。至于区分的精确性本身并非本书目的,虽然不断使刑法实体规范本身获得精确性具有重大意义,但是惩罚才是刑法的中心装饰品,惩罚理论越发达的国家,刑法学也就越先进。

三、公正应得报应惩罚原则相关概念的区分

过罪化问题聚焦不公正惩罚,公正应得报应惩罚原则聚焦公正惩罚是罪犯的应得报应。弄清该原则,会面临一个过罪化悖论,同时该原则也容易与犯罪概念、犯罪成立理论、刑法废除论、量刑理论、国家刑法权力等混淆,而本节旨在阐明上述悖论及区分问题。

(一)过罪化悖论

现有过罪化的研究文献,皆展现一幅令人畏惧和压抑的图景。[1] 虽然学者研究过罪化问题已逾半世纪,也提出了各种解决之道,但过罪化问题却愈演愈烈。自由社会中,很难说有方法可改善过罪化局面。即使有人不断批评刑法规模、调整范围显著膨胀,不断呼吁国家解决过罪化问题,但遗憾的是,一次次的立法实践证明批评是无用的,扭转现有过罪化局势实在是困难重重,这是一种过罪化悖论(overcriminalization paradox)。例

---

〔1〕 See Paul Rosenzweig, "Overcriminalization: An Agenda for Change", *American University Law Review* 54,2004,p. 809.

如,从过罪化问题出现的根本原因来看,将“法律与秩序”的政治统治模式转变为“法律与自由”的政治统治模式,是一个巨大无比的法治工程;使立法工作真正实现民主化、理性化、客观化,也极其困难;使每个人切实互相充分尊重他人的自由、自治和自主权,满足他人对公平的渴望,涉及提升全民法治素养的宏大工程,又是一种奢望。同时,各国过罪化现象已到何种普遍严重程度、各国过罪化运动已到何种改革阶段,并无准确定论。该问题尤其需要一系列实证数据予以进一步清晰的说明。因此过罪化问题的解决是一个紧急重大、亟待理论研究的规范任务。

过罪化问题严峻的情势,也说明利用刑法规范管制社会、治理国家的有效性越来越弱。因为一般来说,刑法越有效,刑法规范应越少,当刑法规制完全有效时,刑法规范将会成为稀有之物。〔1〕但现实情况是那些不断支持新犯罪化的民众,始终不承认用刑法规制某些行为完全是无效的,其无法真正充分意识到刑法会产生大量的反效果,也不相信过罪化是一个问题,但他们对犯罪化不足却坚信不疑。因此,立法机关仍根据社会共识、社会舆论和民众意愿等,决定应将何种行为予以犯罪化,从而使不公正的持续犯罪化成为一种趋势。〔2〕可见,抗击过罪化问题是一个艰巨的时代任务,一个学术大难题,刑法学者的力量和作用甚微,但角色认同感使刑法学者应有信心从实体刑法规范学角度,竭尽全力克服过罪化问题,即使该过程会充满无数争议。学者之所以能有这份学术自信,是因克服过罪化问题的理论具有强大的指导作用,特别是理论完善时,立法实践自然会采纳相关理论,进而真实有效地解决过罪化问题。

(二)公正应得报应惩罚原则与犯罪概念

当一门学科原地打转并未尽力去克服其矛盾时,通常是因为作为该门学科基础的概念和研究对象的定义未受到充分的根本批判。〔3〕为了克服

---

〔1〕 See Douglas Husak, “Reservations about Overcriminalization”, *New Criminal Law Review* 14, 2011, p. 99.

〔2〕 See Fernando Molina, “A Comparison Between Continental European and Anglo-American Approaches to Overcriminalization and Some Remarks on How to Deal with It”, *New Criminal Law Review* 14, 2011, p. 129.

〔3〕 参见[英]艾伦·诺里:《刑罚、责任与正义——关联批判》,杨丹译,中国人民大学出版社2009年版,第285~286页。

上述悖论，应将界定犯罪概念的三大主要指导原则，即社会危害性原则、刑事违法性原则和罪责性原则在现有刑法研究中获得的大量批评意见进行汇总，重新审视作为刑法基础概念的"犯罪概念"、作为刑法主要研究对象之一的"犯罪"。这些原则最主要的作用是，可依据这些原则评估现行刑法禁止规范的道德正当性、衡量具体犯罪行为的构成要素、考察对犯罪行为司法解释中存在争议的刑法规范字句。这些作为犯罪概念理论基础的原则，既是犯罪论体系中的核心支柱概念，也是立法犯罪化的刑法限制原则，还暗含在刑法总论中的各种原则或原理中，而且是刑法教义学上解释刑法规范最重要的指导理论。[1] 现有刑法总论主要是从正面积极的角度，论证已有刑法规范存在的正当性问题，这些原理对刑法的司法适用范围也具有限制作用，这属于刑法通识。[2] 但这对刑法立法规范的规模、调整范围的限制只有微弱的附带效果。这里并非认为界定犯罪概念的这些原则完全不具有限制刑法立法规范的作用，而是主张这些原则在解决过罪化问题上的作用微弱。如前所述，专门用于解决过罪化问题的公正应得报应惩罚原则的基础理论，源于现有犯罪化理论，因此，可在公正应得报应惩罚原则指导下，重新建构犯罪化的三个主要原则，吸收界定犯罪概念的理论成果，争取使刑法总论与可能出现在刑法分则中的所有具体罪名，实现无缝对接，只有同时满足这三个硬性条件，立法机关才有可能考虑启用刑法，以此专门回应刑法中存在的严重过罪化问题。

(三)公正应得报应惩罚原则与犯罪成立理论

犯罪成立理论主要从犯罪行为真正发生后的视角，站在办案法官或检察官的立场上，以刑法解释方法在案件事实与刑法规范之间，不断循环往复地探究，将现有刑法规范适用于已实施犯行的犯罪嫌疑人或被告人身上。过罪化理论站在立法机关的立场上，以国家拟将某种行为规定为犯罪的事先视角，根据人类现有的犯罪化数据，设想潜在的新罪名将施加于行为人的自由刑，是否与犯行不合比例，该惩罚是否属行为人应得，是否会产生不公正惩罚，并且全民是否可从该惩罚中理性推导出今后不应实施该行

---

〔1〕 See William Wilson, *Central Issues in Criminal Law*, Hart Publishing, 2002, p. 18.

〔2〕 See Miriam Gur - Arye, "Comments on Douglas Husak's Overcriminalization", *Jerusalem Review of Legal Studies* 1, 2010, p. 22.

为,从而在真实的罪行出现前,或者在该行为被犯罪化前,重新构建、系统阐述刑法中的伤害原则、不法性原则、罪过责任原则,以限制刑法的最初调动。这种研究思维跨越的幅度很大,也是不断循环往复的,但是该犯罪化理论是事前犯罪化,“事前”既指之前,也指立法犯罪化之前。该研究论证的出发点是立法机关的犯罪化出台之前,研究对象是行为人可能遭受的国家惩罚是否是应得的报应。这种公正应得的报应具有回溯性,既可以传达普通民众的某种根深蒂固的道德之声,也能够威慑普通大众不得实施相应的行为。所以报应是国家对全体国民的一种清晰的道德承诺,其既有自身内在的价值,也有沟通和威慑的工具主义功能作支撑。

(四)公正应得报应惩罚原则与刑法废除论

刑法之于公民社会和法治国家具有极其重要的作用。刑法既是保护公民不遭受他人最严重侵害的终极性法律保障,也是公民决定自身恰当社会行为的最低标准。因此,虽然司法机关对公民施加刑事惩罚会限制公民自由、剥夺公民财产,甚至是生命,有时还会严重贬低公民人性、摧毁公民尊严;除此之外,刑事制裁手段也是极其昂贵,还容易出错而酿成司法不公,最严重的是刑法还一直有被滥用的风险,但是刑法自身,特别是公正的刑法制度,在整体上是一个可控制、治理和管治社会强有力的工具,也是一股使社会变得更人性化、文明化的强大力量。因此,过罪化的批判对象不是刑法制度,而是不公正的刑法制度。批评过罪化的学者,并不是排斥刑法,也不是反对国家动用刑法。国家动用刑法本身并没有错,但国家不恰当地滥用刑法制度,则是错误的。所以过罪化问题的研究者与废除刑法的研究者,并不是站在同一个阵营中。解决过罪化的原则性犯罪化理论并不是刑法废除论,也不是反对刑法设立金融犯罪、管制犯等,只是认为刑法的这种规制范围和方式会造成大量连锁反应似的负面效果和不公正状态,不公正地超越或限制了公民不被犯罪化的权利。刑法废除论认为,现存所有的国家惩罚理论都无法证明刑法的存在具有正当性理由,并且质疑所有刑法是否有存在的必要性和正当性,呼吁国家应早日废除整个刑法制度,其不像公正应得报应惩罚原则那样,为立法机关应在何种情况、程度上考虑借用刑法手段进行辩护。过罪化研究也是对刑法制度展开的全方位批评,主要批评刑法立法规范中难以辨明何时该用民事制裁、何时该用刑事制裁的管制犯和辅助犯,这两种犯罪类型程度有别,种类繁多,具体包括环境犯罪、劳工和工作场所犯罪、交通犯罪、贸易犯罪、税收犯罪、保险犯罪、证券犯罪等,涉及的犯罪行为主要是向河水排放废弃物质污染城市水源,生产、销售有毒、有害食品,生产、销售有缺陷的电子产品、汽车等。而立法机关在将这些行为犯罪化时,仍不知如何解决刑民、刑行界分标准问题,更不知应使用何种手段更为合适。例如,我国无法较统一、较清晰地区分合同诈骗罪与违约行为、骗取贷款罪与民事欺诈行为、[1]信用证诈骗罪与信用证欺诈行为等。[2] 另外,犯罪与民事行为、行政行为的界限模糊,与非犯罪行为并不存在明确的边界,这早已是一个客观事实,也是过罪化的一种表现。[3] 但本书并非旨在从现行实体刑法规范的角度解决该问题,而是将该问题置于过罪化现象的语境下,希望能在立法实践中切实延缓过罪化的时代趋势。虽然刑事犯罪只是各种历史或政治因素偶然生成的产物,但有些立法操作规程、原理或原则,如本书提倡的公正应得报应惩罚原则,在立法阶段的历史或政治考察中,仍能起到延缓过罪化程度严重化的重要作用。

(五)公正应得报应惩罚原则与量刑

解决过罪化的基本立场,是竭力减少不公正的刑事立法,减少不公正的惩罚,在司法实践中实现刑法正义,而不是接受不公正的刑事禁令。因此,虽然过罪化问题之解决主要是减少整体犯罪总数和惩罚量,减少不公正的惩罚,量刑的主要目的也是司法机关实现量刑的一致性,追求公正惩罚判决,在司法实践中使罪犯遭受公正应得报应惩罚。[4] 但负责量刑的法定国家主体是法院,适用量刑原理的也是法院,而不是立法机关。法院一般是根据已有刑法规范中的法定刑规定,依据一定的量刑指南或量刑原则,确定最终的判决结果。依照立法机关制定的刑法规范,法官在量刑方面实际上具有巨大的裁量权,但法官的量刑结果经常被民众批评,量刑要么过于宽缓、要么过于严苛,或者同类型案件量刑差距过大,因而法庭在量刑工作中难以做到惩处结果与犯罪行为相均衡、成比例或大致相符。本书

[1] 参见顾肖荣、陈玲:《必须防范金融刑事立法的过度扩张》,载《法学》2011年第6期。

[2] 参见王玉珏:《信用证欺诈案件之刑民界分研究》,法律出版社2012年版,第1~4页。

[3] Clingham v. R. B. Kensington and Chelsen [2002] UKHL 39.

[4] See Alan Norrie, *Crime, Reason and History: A Critical Introduction to Criminal Law* (3th Edition), Cambridge University Press, 2014, pp. 345-346.

认为,为根本解决量刑不公正问题,只有从立法机关最初制定刑法规范的具体内容着手,才能在实现公正量刑的问题上取得实质性进展。如果将解决过罪化问题的重点,放在专门供法官采用比例性原则的量刑原理上,则会放任立法机关不断制定新刑法规范,那么过罪化问题之解决依然会遥遥无期。当然对量刑理论的深入研究,有利于减少法院作出不公正的惩罚判决,直接缓解过罪化在司法实践中造成的不利后果。

(六)公正应得报应惩罚原则与“制刑权”

在自由民主的现代国家对公民个体施加惩罚时,特别需要论证国家惩罚行为的正当性。虽然国家惩罚正当性理论众说纷纭,但根据长期丰富的实践,国家拥有制定刑法或刑罚的权力,简称“制刑权”,惩罚公民既是履行其职责,也是其权利和义务所在,而罪犯作为社会整体的一部分,也应有义务使自己遭受国家的惩处,使自己充分认识到侵犯他人的利益是不法的,国家以此保护社会今后不再遭受类似的侵害。[1] 当然本书不会详细地论证各种复杂的国家惩罚理论,从解决过罪化的角度出发,公正应得报应惩罚本身有其存在的独特意义,这也是本书在国家惩罚理论问题方面的基本预设前提。作为公民的被告人,也有不被惩罚的权利,该权利对抗的正是强大的国家“制刑权”。很明显不被惩罚的权利无法与国家的“制刑权”相抗衡,但公民不被惩罚的权利正是公正应得报应惩罚原则中的重要权利。公正应得报应惩罚原则,是指国家有权力依据刑事诉讼规定的正当程序对被告人施加惩罚,但被告人遭受的惩罚必须是其应得的,国家也必须公平地、体系性地使被告人遭受其应得的报应。这种混合报应主义,既包括“非结果主义”的某些见解,也包括结果主义的某些观点,同时还相信在某种程度上惩罚具有成本收益似的威慑价值。作为解决过罪化问题的基本理论前提,这种公正应得惩罚原则本身也具有传达、沟通的价值。首先,公正应得报应惩罚原则表现的核心价值是保护公民的权利、自主和自由,而非公正的应得报应惩罚侵犯公民的权利、自由和自主,只有公正应得报应的国家惩罚可超越或限制公民享受自由的权利,国家才能剥夺公民的自由。因此,从权利、自主和自由的现代社会基本价值理念出发,证明惩罚

---

〔1〕 See Victor Tadros, *The Ends of Harm: The Moral Foundation of Criminal Law*, Oxford University Press, 2011, pp. 294-295.

是罪犯公正应得的报应的责任应在国家，国家是施加惩罚的主体，本应承担罪犯遭受国家惩罚的证明责任，应提供充分必要的证据证明犯罪化的理由。如果其他手段皆被详尽考虑，皆无法向社会传达刑法正义得以实现的重要信息，那么就可考虑付诸刑法手段；其次，以应得报应为基础的报应主义，聚焦所有人的自由，尊重人之为人的尊严，并从道德责任的角度进行道德呼吁，相信所有人有能力对自己的行为进行道德评价，所有人都是道德上的行动者，都可通过自发的理性道德评价产生相应的悔恨感，从而自觉遵守国家禁令；再次，公正应得报应惩罚原则可以限制犯罪预防策略范围的不断扩张。犯罪预防理论旨在扩大国家的刑法权，通过威慑手段控制犯罪、阻止犯罪、减少犯罪；最后，应得的报应理论的核心目的之一是践行比例性原则，旨在限制国家启用刑法制度，限制国家使用过严的惩罚，据此降低国家总体的惩罚量。

第三节　公正应得报应惩罚原则的核心目的、贯彻标准和遵守前提

明确公正应得报应惩罚原则后，应确定如何适用该原则。本节论证公正应得报应惩罚原则的核心目的是不得惩罚无辜者和不得使行为人遭受不合比例的惩罚，同时提出贯彻公正应得报应惩罚原则的几点标准和实际操作。

一、公正应得报应惩罚原则的核心目的

权力不受限制的国家机关出于管控、治理社会的目的，利用朴素民意，在缺乏充分必要理由的情况下，创用大量新罪行，施以大量不合比例的刑罚，导致出现过罪化问题。公正应得报应惩罚原则为缓和现有刑法规范的膨胀，将应得原则注入消极限制性内涵，提出具有充分必要性的“未来犯罪化”理论。该原则主要包括两个核心目的：反对惩罚无辜者和反对不合比例的惩罚。不得惩罚无辜者和不得使行为人遭受不合比例的惩罚的应得报应惩罚理念，在日常生活中无处不在。这是一种道德现实主义，一种必须接受的道德规范。[1]

---

〔1〕 See Shaun Nichols, “Brute Retributivism”, in Thomas A. Nadelhoffer eds., *The Future of Punishment*, Oxford University Press, 2013, p. 43.

（一）不得惩罚无辜者

任何情况下国家都不得惩罚无辜者，不得操纵无辜者的生命，这应是实现公正应得报应惩罚原则的刑法原则之一。其中“无辜者”，是指未实施严重伤害行为，或未违反刑法，或不具有传统主观罪责性，或实施的伤害行为与主观罪责不一致等行为人。不应认为惩罚无辜者是现代刑事司法系统的正常代价，而是应不断追求现代刑事司法系统不出现惩罚无辜者的情形。如果以后某个新刑法规范，明显会产生惩罚无辜者的情形，就应坚决抵制该法出台。如果在当时救万民于水火的紧急情况下，少数无辜人通过行使自治能力，合法有效地同意遭受国家的惩罚，选择自我牺牲，那么国家对无辜者施加的相关行为可不定性为惩罚，而是国家的紧急避险行为。因此，在民众不知情或被误导的情况下，即使惩罚无辜者可体现刑法的威慑功能和交流功能，在充分保障每个公民个体自由、自主和基本权利的现代文明社会，也仍应毫无保留地弃绝这种不人道、不尊重人基本价值的野蛮做法。在根除过罪化理念的指导下，只有使刑法回归传统的恰当角色，维护公众的人身安全和财产安全，才能确保国家不对无辜者实行拘留、拘押、逮捕或其他限制人身自由的措施。

（二）不得使行为人遭受不合比例的惩罚

比例性原则（proportionality principle）分为两类，即成本收益型平衡的比例性原则和适应型的比例性原则。[1] 立法机关在制定刑法规范时应坚守比例性原则，使刑法规范不会在今后的司法实践中产生明显不合比例的惩罚后果。成本收益型平衡的比例性原则主要是通过一系列实证性的犯罪经验所得，发现具体惩罚行为产生的收益和成本不合比例，这也被称为宽泛的比例性原则。这是被本书所采纳的成本收益分析方法被运用在刑法论证中的表现之一。适应型的比例性原则，主要是指犯罪行为的损害程度、不法程度、罪责程度应与惩罚的手段或严厉程度相适应。这也被称为窄缩的比例性原则，这是本书重点拥护的原则之一。如果罪行的严重程度与惩罚轻重不成比例，则是出现了过罪化问题。例如，对某种行为，行政罚款或吊销相关执业资格证书足以匹配对行为的禁止强度，国家却据此限制

---

〔1〕 See Victor Tadros, *The Ends of Harm: The Moral Foundation of Criminal Law*, Oxford University Press, 2011, p. 333.

公民自由,这就是明显违背比例性原则的情形,因为该情形下,行为人本应承担更轻责任;又如,根据行为人实施的行为,行为人应遭受更加严重的刑事责任,但因新规范的存在,使得行为人有可能遭受更加轻微的刑事责任,这种情形下也会产生不公正惩罚。但犯罪化不足所导致的不公正惩罚不是本书的关注点,故本书的比例性原则主要指导的是产生过重惩罚的问题,具体详细的论证参见本书第五章。

二、公正应得报应惩罚原则的贯彻标准

(一)以多学科知识为支撑的现代刑法立法模式

公正应得报应惩罚原则具有规范性或分析性,可以直接指导立法机关制定或出台刑法规范。该原则强大的分析性体现在可以将所有学科中有关犯罪的知识成果(虽然其中大部分通过实证分析得出)完全融入规范刑法学研究中。事实上所有学科中有关犯罪的学说,皆可被包含进宽泛意义上的犯罪化理论,用于解决过罪化问题。[1] 专门研究过罪化问题的学者,重点关注的问题是不断大量出现的管制犯,管制犯之所以成为首要批评对象,根本原因是管制犯是现代官僚行政立法模式的产物。如今大致主要有两种刑法立法模式,即现代官僚行政的"管控模式"和传统法典的"普通法模式"。[2] 其中"管控模式"是一股强劲的新生力量,其主要特点是:"管控模式"下的刑法规范在特定具体情形或特定行业中适用;"管控模式"下的刑法规范皆有专门的目标人群;可免除或减轻罪过要素的证明标准;因果关系要素具有很大的塑造性或延展性;自然犯与法定犯界限模糊;以公共利益或集体利益为规范目的;规范产生的结果对该规范正当性至关重要;罪行或罪名标签趋于描述性;重在刑法能减少这种行为,从而预防出现危害社会利益的结果,等等。实体刑法规范根深蒂固的"普通法模式",其主要特点是以保护公民个体利益为规范目的;每条规范的适用不局限于某个特定行业、特定群体;主观罪过必不可少且分类较细;罪行或罪名标签富含强烈的道德价值判断,极易引起全体公民的谴责情绪;单单罪名标签就足以论证规范出台的必要性和正当性;重在行为人获得应得报

---

〔1〕 See Nicola Lacey, "Legal Construction of Crime", in Mike Maguire, Rod Morgan and Robert Reiner eds., *The Oxford of Criminology*, Oxford University Press, 2002, pp. 281-283.

〔2〕 See Isaac D. Buck, "Enforcement Overdose, Health Care Fraud Regulation in an Era of Overcriminalization and Overtreatment", *Maryland Law Review* 74, 2015, p. 311.

应,等等。在第一种现代立法模式下,“管控模式”下刑法规范的制定与出台是过罪化问题产生的直接渠道,这使现代刑法的目的变成管理社会,而不是保障人权。虽然这种新立法模式势不可当,但是既然行政官僚政府选择用刑法手段对社会进行管控,那么就仍必须依据传统刑法模式中的既定运作规则来制定新刑法规范。因为传统刑法模式经历了百年发展,经过无数案件的“千锤百炼”后,能留存下来的必定是不可动摇的规则,是最能实现刑法独特正义之传统智慧结晶。传统“普通法模式”以往一直会,且今后还会持续保持主导地位,“管控模式”下的刑法规范必须尽最大可能满足传统普通法规范的制定特点,才能保持刑法的独立品格,实现刑法正义。因此,“管控模式”下刑法规范今后的发展,也要以“普通法模式”下的刑法规范为源头、出发点、根基、借鉴摹本和规范框架,以实现正义的应得报应惩罚为规范目的。对所谓的预防犯罪、减少犯罪,实体刑法规范只有十分微弱的作用,真正起重大实质作用的是犯罪学、社会学、心理学、政治学等多学科对偏离行为和反社会行为的研究与运用。因此,刑法应与上述学科创建固定的对话机制,进行畅通无阻的交流。例如,在医疗事故或医疗诈骗犯罪中,客观的医学知识在立法机关决定将相关行为予以犯罪化时是基础性因素。

(二)对刑法立法工作进行民主管理

政治统治模式和公民在社会中的生存模式很难改变,仅仅是为完善刑事司法管理,确立刑法规范宪法审查制度,对庞大的检察机关自由裁量权进行行政管理和监督,还不足以驱动当权者改变第一种模式。为纠正“法律与秩序”统治模式下普通民众对刑法认知上的偏见,使立法机关将来不再通过被学界普遍认为的极易产生不公正结果的刑法规范,最重要的是应对刑事立法进行改革,使立法过程更民主。更民主的制度必然会催生更科学、更专业化的刑法草案起草、审查、征求意见等独立公正之机构,从而进行真正的民主化行政管理,使民众认清国家所有的社会政策都是用来控制、预防犯罪的,而刑法也只是控制、预防犯罪的众多社会管理手段之一。例如,就业政策、家庭保护政策、教育政策、小区宣传政策,最终都是用来预防破坏力极大、不具有撤回性和补救性的犯罪行为。至于为实体刑法规范的存在提供权力支撑的刑事政策，只是其中一个很小的手段。[1] 例如，美国已有地方州政府在立法机关内部，设立专门的刑法条文审查与废除行政委员会。英国也有一个常设的法律委员会（Law Commission），专门负责起草新刑法规范草案。令人瞩目的是，法律委员会制定的草案征求意见书会全面、细致地提出各种实体刑法规范问题，并阐明非常前沿、专业的现有实体刑法学术的研究情况，以及大量的理论争论点。因而草案一般是一本书，可在网上下载，也可免费索取。同时法律委员会在各大学或研究机构举办公开讲座，所有人可自由参加并提出自己的感受和意见。之所以有这种民主形式，是因为刑事立法制度和刑事司法系统的完美提升和有效运作，来源于公民广泛、直接且真实地参与立法活动的民主实践，来源于强大的民主机构，而不是严厉、纯粹的报应主义民意的反映，也不是在本辖区内严厉打击犯罪的压力。[2] 之所以会有严厉的刑事政策和纯粹的报复心理占上风，主要是因为民众对立法活动的直接、真实参与度不够。[3] 如果民众参与度很高，过罪化的趋势也会随之锐减。例如，美国华盛顿州民众对立法活动的参与度很高，因此监禁率也低于全美的平均数，其过罪化问题与其他司法辖区相比，不是太突出。但总体上，美国很多司法管辖区仍然缺乏制度化的立法民主实践，过罪化问题依然严峻。

在当权者和民众之间建立犯罪与惩罚的广泛辩论对峙平台，这并不是教唆民众与当权者开战，也不是要求立法机关直接采纳民意，而是将本职工作不断专业化的立法者，无论面对何种未来犯罪化的呼吁，皆会主动理性地缓和立法机关与守法者的紧张对峙关系，全力推行立法行政工作的民主化进程。有许多具体做法，如强制要求专门负责实体刑法规范立法的委员会，定期重新评估长期久置不用的刑法规范，并形成一个定期的立法日程。在必要的情况下，直接通过立法，将长期久置不用的刑法规范予以删除。很明显，这是一种新机制，不是一个传统固定的机制。目前之所以未

---

〔1〕 See Darryl K. Brown, "Cost - Benefit Analysis in Criminal Law", *California Law Review* 92, 2004, p. 328.

〔2〕 See Darryl K. Brown, "Prosecutors and Overcriminalization: Thoughts on Political Dynamics and a Doctrinal Response", *Ohio State Journal of Criminal Law* 6, 2009, p. 460.

〔3〕 See Darryl K. Brown, "Prosecutors and Overcriminalization: Thoughts on Political Dynamics and a Doctrinal Response", *Ohio State Journal of Criminal Law* 6, 2009, pp. 458-459.

形成这种固定机制，只因一直以来全社会担心罪犯会以此逃避法律责任，但刑法对同一行为的规制，一般会涉及多个相关刑法罪名，真正的罪犯逃避惩罚的可能性很小。[1] 再如，刑法立法工作的民主化管理制度可规定，实体刑法规范本身具有有效期，经过一定的有效适用期，实体刑法应自动归于无效，也可强制要求立法机关主动考虑修改、完善已有的刑法规范。[2] 在这种机制下，不再需要学者呼吁在某些情况下不得适用此条款，也不再需要司法机关以不适用该法条暗示立法机关应尽快完善该法条。

本着立法工作须全民参与的信念，立法者应在正式立法报告中详细论证刑法规范的目的和正当性根据。专门的法律改革委员会也须提前公布专门详尽的犯罪化提案书面论证报告，充分论证为何出台新罪名、为何修改扩大某个罪名的范围、为何增强某项犯罪行为的惩罚力度等，而且在该报告中应重点论述新规范要解决的问题，详细列出主要存在哪些具体问题和学术争议点，以及多项可能的解决办法，已有法条为何无法解决该问题，新罪名如何具体适用，典型案件解说和立法的动机意图等。正式的立法报告书，应像法官判决书详细论证判决理由一样，也应极其详细地阐明立法机关的立法方案，只有如此详尽地开展犯罪化知识公开的宣传，才是对公民具有理性自治能力的尊重，才能让公民在法律上真正地理性起来。

（三）立法机关应运用科学、客观和理性的刑事立法方法

立法者应构建详细具体的刑事立法方法，利用理性、科学和专业化的立法知识，竭尽全力抵抗各种启用刑法权力的强大诱惑，不能再过度热情地利用刑法管制社会。如果立法机关保持理性、科学、专业、人性化，民众对待犯罪行为也如此，民众也会主动尽量克制自己对罪犯的不理智的强烈负面感性情绪，从理性客观的角度，呼吁国家只能在公正应得报应惩罚能实现刑法的正义时，才可启动刑法。例如，立法机关应全面收集、整理新罪名的适用次数、适用频率、适用对象的基本情况和特征、适用成本、适用经济实效和威慑效果等具体数据，定期出台新刑事罪名具体实施根本成效的

---

[1] See Darryl K. Brown, "Criminal Law Unfortunate Triumph over Administrative Law", *Journal of Law, Economics & Policy* 7, 2011, p. 677.

[2] See Darryl K. Brown, "Criminal Law Unfortunate Triumph over Administrative Law", *Journal of Law, Economics & Policy* 7, 2011, p. 678.

详细情况报告,总结民众真正关心的具体犯罪率上升或下降问题。[1] 该报告的核心重点是新罪名对解决犯罪问题的根本效果评估,即立法者必须获知或掌握刑法的真实效果,而不是重点强调侦查率、起诉率、定罪率或监禁率等,因为这种司法自然产出类的统计数据,无法清楚地说明真实的犯罪问题、刑法适用的实际效果和最终结果,也无法得知具体的犯罪率处于上升还是下降趋势,更无法得知刑法对该犯罪问题的解决是否真的有效。立法机关应强制性地要求各个司法机关定期公布这类客观正式的数据报告。

立法者需要大量的实证数据或其他经验事实来证明新刑法规定可能出现的所有相关的反效果,并提供相应的规范措施以避免刑法出现反效果。而不应从功利主义的角度出发,预测出动用刑法的好处、收获或益处,即认为这样的刑法规范具有充足的必要性、合理性和正当性,而应重点考虑刑法的反效果。例如,当国家全面禁止某种行为时,会使这种行为被迫在地下或黑暗中进行,这种缺乏国家公开监管和保护、遭到国家打压的行为,就会变得更加有利可图。[2] 有利可图的领域总是会吸引大量逐利之徒,使一直都存在的行为在暗地里更加猖獗地进行,国家从而失去对这一行为的掌控,也不可能对被禁止行为导致的社会问题进行有效的解决。面对这种无法有效治理的社会问题,读者可能会认为:如果刑法不对这种行为予以规制,这种行为会更加猖狂。但笔者认为,无论刑法对一些行为是否予以规制,在整个社会制度大环境不变的情况下,这种行为肯定会猖狂不绝。而且可以肯定的是,如果刑法对某类物质或服务进行全面禁止、严格管控,必定会使该类物质或服务变成稀缺资源,致使价格飞涨,成为非法的暴利行业,招致大量逐臭之人,形成专业分工化的组织,并使某种行为更加猖獗。但是,如果国家对某种行为不动用刑法手段,而是利用其他强制性社会管理手段,并无实证数据证明会导致该种行为会更加猖獗。例如,2012 年美国科罗拉多州和华盛顿州对持有一盎司,即大约 28.35 克的

---

[1] See Paul Rosenzweig, "Overcriminalization: An Agenda for Change", *American University Law Review* 54, 2004, pp. 812-813.

[2] John Gardner, Douglas Husak, "Overcriminalization: The Limits of the Criminal Law", *Notre Dame Philosophy Reviews*, http://ndpr.nd.edu/news/23674-overcriminalization-the-limits-of-the-criminal-law/.

大麻,供21岁及以上的成年人使用的行为予以合法化,并未导致毒品犯罪更加猖狂。

公正应得报应惩罚原则主要是指导未来犯罪化,即新罪名的制定和刑罚量的增加。其中新罪名主要是白领犯罪、公司犯罪、知识产权犯罪或环境污染犯罪等管控犯。对于这些危害行为,只有在直接产生严重恶果的情况下才能对行为人追究刑事责任。因为对于这些非传统的新型犯罪行为,必须特别考虑其具体适用的社会成本和社会收益,使将这些行为规定为犯罪的成本与其所产生的经济成效、社会成效处在均衡的适度状态中。在二者处于失衡状态时,随即会出现立法机关运用刑法过度威慑某种行为的"不理性"立法。例如,如果刑法禁令会抹杀能创造更多经济发展机会的商业行为,从长远看,这将使社会招致实质性的损失。具体来看,实力雄厚的大型企业,为寻求更宽松的法律环境,会到其他国家的资本市场上开展重大的商事活动,使本国的经济利益受损。

三、公正应得报应惩罚原则的遵守前提

刑法具有独特、普遍、广泛和强烈的负面信息传达功能,这是其他法或其他法外手段所无法比拟的。拥有刑法权力的国家当然会充分利用刑法的这种强大功能。但有刑法权力,就有刑法权力的滥用,就有过罪化问题。因此刑法学者必须提出成熟的系统性规范犯罪化理论和实际操作指南,指导立法机关限制刑法的数量、尺度、规模和调整范围。公正应得报应惩罚原则是从立法机关的角度解决过罪化问题,以刑法规范学为根基,重在立法前调查论证犯罪化问题,而不是在立法后进行犯罪化的正当性判断,从而在刑法上限制国家行使犯罪化权力。除战争外,刑事制裁作为破坏力最大的正当国家行动,其正当行使的理由之证明要求更加严格。对于将某种行为不予犯罪化会产生的危害后果,应有详细客观的科学实证数据作为明证。

(一)充分利用犯罪学的实证数据营造公正犯罪化氛围

对于特定类型犯罪行为方式的研究,不能只限于刑法学,因为刑法学对犯罪行为本质的见解可能是错误的,或理解太狭隘,或过于法律规范主义,而与犯罪行为性质渐行渐远。[1] 因此,制定刑法规范用于专门规制犯

---

[1] See Leon Radzinowicz, "The Criminal Law Explosion—Can It be Control?", *Columbia Journal of Law and Social Problem* 9, 1972, p. 122.

罪行为的刑事立法机关,应对犯罪行为有更专业、理性、客观的认识,而不能被朴素、直白、浅显、容易煽动和操控民意的犯罪观念所误导。当然,犯罪观念无法替代刑法规范学理论规制立法机关的犯罪化活动,但能极大地丰富、完善立法机关的犯罪化体系,使该体系更科学、理性、严谨。

立法机关应强制命令所有司法部门负责收集本单位刑法反效果的专门数据,供其对立法成本予以评估,成本主要包括刑法之外的成本,被隐藏遮蔽的成本,被众多因素分散的成本,被告人承受的成本,特别是一时难以觉察的长远成本。但评估存在阻碍:刑法负面效果的具体数据和事实,对司法机关而言皆为负面信息,公布刑法负面效果的客观事实,可能有损公众信赖司法机关严惩罪犯、彰显正义的声誉及地位。即使立法机关有勇气和魄力强制要求所有的司法机关定期主动上报刑法负面效果的实证数据,但各级司法机关为了避免对刑法负面效果承担责任,还是可能会对相关实证数据予以隐瞒和遮掩。但是立法机关强制收集刑法负面效果数据的管理规定,至少会让司法机关充分关注和留心观察刑法负面效果,从而无形中促使各司法部门充分利用其信息优势,更小心谨慎地动用刑法公正地处理案件。除了立法机关在未来犯罪化中需要犯罪学的实证数据外,公民社会中代表各种弱势少数群体的公益团体或非政府的自愿组织,也需要刑法负面效果的客观数据。因为这些组织可以利用该数据,直接监督、影响刑事立法。如果大量公民自治团体,不断要求司法机关收集、整理、分析并公布刑法负面效果的数据,以供所有公民方便获取该信息,那么司法机关迫于民众压力,会认真对待刑法负面效果,而不只是将目光聚焦于刑法形成的良好效果,这有利于建立一种"民主犯罪化"文化与理性犯罪化氛围,从而逐渐解决旧的过罪化问题。

延缓过罪化问题是一项复杂的公共事务,其与所有道德主体的利益息息相关,需要所有公民的参与,这才能确保未来犯罪化能回应所有公民的道德呼吁,并与所有公民产生高度的道德共鸣。在创造民主犯罪化氛围时,应谨防犯罪学的实证数据调查异化为简单的民意调查,不能只是宽泛地反映某个问题的社会共识,不应被集体偏见所左右。可以进行大规模的街头调查,定位真实的公民直觉,寻找所有人一致公开认同的理念。对于未获所有公民一致公开认同的行为,不得予以犯罪化。例如,1970 年《美国管控物质法》规定,大麻和海洛因、迷幻药等是同一级别的管控物品,因此大麻在全美被全面禁止使用，甚至不能作为药用。1979 年罗伯特·兰德尔起诉美国食品药品管理局，要求容许大麻作为药用，从而容许他吸食大麻香烟以治疗他的青光眼。罗伯特·兰德胜诉后，接连有 30 多名诉求相似者也获得胜诉。1996 年美国加利福尼亚州通过法律规定，病人在拥有有效医生推荐信的情况下，容许病人为个人使用而种植或持有大麻，之后美国接连有 16 个州通过了类似的法律。很明显，在美国，有效医生推荐信比较容易弄到手，因此事实上大麻的使用已趋于非犯罪化，但美国法律总体上仍处于过罪化状态。〔1〕 由此可见，大麻在美国处于事实上的非犯罪化，并非民意突然开始在日常生活中接受使用大麻的，美国大部分民众还是反对使用大麻的。主要是因为一些公民自发的非营利非官方组织，基于真实的公民共同意志，在民主体制下寻找到每个个体一致认同的理念，即大麻具有普通民众不可或缺的药用价值，然后通过合法诉讼途径，主动争取得来的。

（二）未来犯罪化应以犯罪实证数据为主要判决依据

犯罪实证数据可在工具主义层面排除只具有轻微犯罪性的行为。某种行为的犯罪性，必须能够接受所有道德主体的主观交叉审查，并鼓励所有道德主体不断质疑初步看来具有道德正当性的犯罪规范。只有充分强大的犯罪实证数据支撑的未来犯罪化提案，才能更好地区分合理限制和一律禁止，犯罪化提案才能经得起客观理性公民的审查和时代变迁的长期考验。因此犯罪实证数据只是一个不可或缺的分析工具，分析的终极目的是为确保获得经得起长期历史检验的、能实现公正应得报应的判决惩罚结果。例如，对特定刑法规范设置公开固定的有效期限后，对国家机关运用民事制裁、行政制裁等非国家惩罚性替代措施规制某种行为，须有专门的管制性跟踪记录。如果犯罪实证数据的跟踪记录显示，刑法替代措施无法有效解决某行为引发的社会问题，那么即使规制此种行为的刑法规范仍有效，也应认定其提前过期。

犯罪实证数据作为主观交叉审查的工具，包含大量的具体内容，全面获取、收集、整理实证数据也是一个巨大的工程。因为需要调查很多不同

---

〔1〕 See Ekow N. Yankah, "Paradox in Overcriminalization", *New Criminal Law Review* 14, 2011, p. 6.

的具体犯罪数据，如犯罪率上升、下降或持平等完整的官方或民间的权威数据，以及对该犯罪数据有权威、有说服力的解读。此外，还有各个区域、年月的案件起诉率等；警察接收的所有报案记录数据；网民在网络上实名举报的真实案件数量；有关犯罪危害情况的各种数据；等等。在没有大量实证犯罪数据支撑的情况下，面对充满犯罪与失序的社会，全体社会成员对犯罪代代相传的"道德恐慌"和"安危焦虑"的影响，使统治者所采取的预防犯罪、减少犯罪等应对犯罪的手段，很容易造成在没有合理根据情况下对犯罪的过度反应。

解决过罪化问题，首当其冲的是减少立法机关在未来犯罪化中将更多的违反行政管理规则的行为定性为犯罪行为。刑法中行政"管控犯"之所以大量存在，并且处于不断膨胀状态，必定有其客观原因和必然性。例如，民事管制本身力量太薄弱，经常显示无效；或者民事治理措施本身有不可避免的缺陷；国家缺乏强大的社会管制能力和有效的社会治理手段等，这些都导致对相关行政违法行为或民事行为施以国家惩罚，这至今依然是一项长期的固定政治诉求。因此，如果立法机关不着手解决过罪化问题，那么未来犯罪化的问题将会继续出现。因为"管制犯"存在的主要目的是希望通过刑法手段，预防行为人实施违反行政法规的行为。随着社会的发展，社会活动更加复杂，行政管理规定也随之更加繁杂。为不断获得行政犯累积性预防效果，又会提高整体刑法制裁量，从而放纵立法机关的不公正犯罪化活动，放任过罪化"猖狂"下去。[1] 但是，在一个获得真正进步的社会，其社会整体惩罚总量应该是不断降低的，而不是保持趋严态势。由此可见，刑法并不适合出演预防行为人实施违反行政规范行为的角色，立法机关的未来犯罪化，必须致力于减少行政"管控犯"的犯罪化。

立法机关进行未来犯罪化时，可充分利用实证数据进行成本收益分析，合理预测犯罪化将造成的刑法正义之外的不利后果，当发现成本大于收益时，应确保该未来犯罪化不会造成不公正的惩罚，也不违反公正应得报应惩罚原则中成本收益型的比例性原则。需强调的是，提倡进行成本收益分析，并非认为应以成本收益为论证核心鉴别是否存在过罪化问题，而是主张从成本收益分析的角度，为相关新的犯罪化提案提供客观、真实、可

---

〔1〕 See Andreas von Hirsch, *Censure and Sanctions*, Oxford, Clarendon Press, 1993, p. 42.

靠的事实基础，因为这种分析方式得出的惩罚会产生高昂成本的客观事实，可能对最终刑法制度改革具有重大的决策意义。虽然很多学者从成本和收益的经济学角度分析刑法的实效，但从目前来看，国家在制定刑事政策和刑罚政策时，对这种分析结果和方式重视不够。毕竟，“新罪”不会立即产生明显的、国家无法承受的成本，国民不得不生活在“膨胀的刑法”中。[1] 本书对犯罪化的成本收益分析，是在体现客观、理性和民主的公正应得报应原则性的规范犯罪化理论指导下进行的分析，旨在专门解决过罪化问题。例如，根据刑法最后手段性对各种替代措施进行成本收益分析。当然从实际情况来看，目前贯彻立法机关提前考虑犯罪化后的预期代价和不利后果的难度极大。即使在发达国家，如在英国，作为立法者的国会也未能做到在颁布新行政管制禁止规范时，对各种替代措施进行预期代价、不利后果的详细考究。[2] 其中预期后果主要是刑法的严重污名功能给罪犯的家属造成的损害，刑满释放后的就业歧视、住房歧视，不断被政府部门查询犯罪记录、犯罪经历使个人发展机会遭受严重损害等无形惩罚后果。实际上，立法机关在立法时难以仔细考虑这些具体的不利后果，这也说明克服过罪化问题之路非常艰难。[3] 即便如此，立法机关仍必须依靠实证数据，在进行犯罪化时尽可能地全面考虑所有犯罪化因素。例如，应先实证调查新刑法规范出台后，切实遵守该刑法规范的人群在总人口中占多大比例，如果大部分的理性人都对此种刑法禁令不以为然，即不应求助于刑法。因为出台新刑法规范后，看似是在完善发展刑法规范，但如果实际上只有少数民众遵守该刑法规范，这与法治精神严重不相契合，这种犯罪化即为不公正的犯罪化。

立法机关应通过实证数据，努力计算出将某种行为规定为犯罪行为后，将会有多大比例的无辜者会掉入严厉的刑事法网，导致无辜者随时可能遭受国家机关合法但不公正的限制自由之制裁。如果发现所牵连的无

---

[1] See Nils Jareborg, “Criminalization as Last Resort”, *Ohio State Journal of Criminal Law* 2, 2004, p. 524.

[2] See Andrew Ashworth, Jeremy Horder, *Principles of Criminal Law*, 7th Edition, Oxford University Press, 2013, p. 35.

[3] See April Frazier - Camara, “Overcriminalization of Redemption: Fixing a Broken System, Not Broken People”, *Criminal Justice* 28, 2013, pp. 21-23.

辜者人数过多,应将宝贵的立法资源放在其他方面。在该问题上最突出的是利用刑法进行宗教迫害,将一些只具有外在犯罪性的宗教组织,定义为邪教、异教,大肆逮捕信仰该宗教的异己人士。事实上,即使该宗教组织确实从事了传统的核心犯罪行为,现有刑法规范早已提供了充分的权威依据,完全可将罪犯绳之以法,而无必要再进行重复立法、重叠立法,将宗教成员这种身份规定为犯罪。而且古老的刑法历史一再证明,刑法介入宗教自由、言论自由时,应持保留态度,否则会挑起触及精神灵魂的深层永久仇恨。因此应充分尊重每一个公民享有的宗教自由和言论自由,其他非刑法替代措施必须充分保障每一个公民的宗教自由和言论自由。同时国家不能在刑事立法时,根据社会突发情状,极具政治偶然性或随意性地创设不公正的刑法规范。

(三)应得报应规范志向与客观实证分析的结合

解决过罪化问题所坚持的公正应得报应惩罚原则的理论基础是权利、自由和自治,因而可直接指导司法实践的是完全契合自由或自治权的公正应得报应惩罚原则。该原则可直接指导刑法规范的制定,是一个具有务实性、实践可操作性很强的、拥有一个解决过罪化问题志向的规范理论。该原则之所以具有务实性,是因为存在过罪化问题是对客观事实的判断,其是根据客观刑法规范的实际规模、调整范围、监狱在押人员、普遍盛行的道德直觉、日常生活正常感知等进行的判断。根据公正应得报应惩罚原则,国家在制定刑法规范之前,必须根据实证调查数据,充分全面论证国家超越行为人不被惩罚的权利的原因。可能有学者认为对刑法立法工作设置如此沉重的负担,不符合公民呼吁国家不断严密刑事法网的道德直觉,但如前所述,本书所持的是保护公民不遭受国家过多干涉的自由主义立场,遂以此立场,要求立法机关在刑事立法时承担繁重的数据分析任务,并未违反公民的道德直觉。而其中所谓的道德直觉是一种极其重要的社会情感,它是政治哲学上道德义务的根源,在其驱使下,人们愿意把别人的幸福和自己的幸福看得同等重要,[1]愿意把罪犯、潜在罪犯、犯罪嫌疑人等的幸福看得与自己的幸福同等重要。

一般来说,现代立法机关进行刑法立法活动时,主要考虑的是犯罪预

---

〔1〕 参见姚大志:《当代西方政治哲学》,北京大学出版社 2011 年版,第 46 页。

防收益，而不是刑法规范的负面效果。但事实上犯罪预防收益的判断很复杂，不同犯罪化的收益和成本皆不同，[1]而且有一系列不同的犯罪预防策略任由立法机关“选择”，如有情景式犯罪预防、发展式犯罪预防、免费家庭事务咨询预防等。在通过制定刑法获取犯罪预防收益时，还会出现如果国家对某种犯罪的惩罚提升后，社会中顽固的违法犯罪分子会选择从事惩罚较轻的其他犯罪的情形，这样在总体上并未真正地预防犯罪。可见，选择启用刑法制度、出台刑法规范只是获得犯罪预防收益的选项之一，有时甚至是错误选项，一个资源配置错误、政策方向错误的选项。总之，必须客观地承认真正能确保社会安全、健康、有秩序发展的并不是刑法，刑法在预防犯罪、控制犯罪方面，始终只是次级手段、有时甚至会产生负面效果。[2]立法机关在进行犯罪化时，必须根据以下数据指标判断被告人是否会获得公正应得的刑法报应：行为类型、实施该行为的行为人、是否可能使行为人充分意识到刑法禁令的存在、是否可能使行为人充分感知禁令的具体制裁情形、刑事制裁须具有相对严厉性而非绝对严厉性等。

（四）犯罪实证数据的不足及其克服

犯罪实证数据在政治因素及其他因素影响下，存在不可靠、不准确、不充分、不全面等令全体公民不满意的缺点，具体是指收集数据资料可能有不全面之处；立法机关受政党集体影响产生倾向性或舆论导向性；相较于其他学科，犯罪学是一门年轻的学科，其处理的现象也异常复杂；同时根据个体的“三观”、偏见或误解，所有人对犯罪问题皆有看法，专业化研究结果会众口难调等。这些缺点并不是利用犯罪实证数据分析刑法规范制度所独有的，而是犯罪实证数据运用的一个普遍挑战。与其他学理论述相比，犯罪数据至少是反映犯罪现状最精确的指标。所以在犯罪数据的收集、汇总、整理、分析和保存等事务上，要充分考虑社会变化的方方面面。例如，报案记录数量或见诸报端的犯罪的增多，并不代表犯罪率真的上升。犯罪率的显著上升，又可能是因为民众对警察办案执法能力或效率更有信心，更愿意报案；也有可能是因为警察执法工作效率变得更高，警察执法力

---

[1] See Stuart P. Green, “Is There Too Much Criminal Law?”, *Ohio State Journal of Criminal Law* 6, 2009, p. 744.

[2] See Darryl K. Brown, “Cost – Benefit Analysis in Criminal Law”, *California Law Review* 92, 2004, p. 352.

量越来越强,从而令公民认为犯罪率越来越高;还可能是因为随着人们生活质量和生活水平的不断提升,民众维护自身生命权、身体完整性的权利、自主性等基本人权的意识逐渐增强,当权利受到侵犯时,容忍度越来越低,更倾向于报案。

因为犯罪数据直接关系到国民的安全感,这在有些国家属于国家秘密,不予公开。但从政务公开、阳光执政的角度看,公民对犯罪数据有知情权。由于人们总是倾向于栩栩如生地描绘,并高估可见度较高的风险,而低估可见度较弱的风险,为避免普通民众被"高企的"犯罪"数字"惊吓到,国家应告知民众,数字只是反映犯罪发生情况、犯罪执法情况等,并不表明犯罪变得更多,只是我们知道得更多。公开犯罪数据后,再进行大规模理性的公开辩论,普通公民就更能理解、赞同国家的立法犯罪化工作。

第五章　英美公正应得报应惩罚原则的具体运用

所有研究实体刑法规范问题、构建刑法理论的学者，都应参考或提及作为刑法理论研究基底的犯罪化原则。[1] 本书构建的规范犯罪化原则，即公正应得报应惩罚原则，也是以一般犯罪化原理为基础的。但本书的公正应得报应惩罚原则以权利，特别是个体自主权为核心概念，以公民不被惩罚的权利为论证中心，而不是以损害原则为论证中心。因为公民有不被惩罚的权利，故规范犯罪化理论的关键是立法机关在何种情况下可以限制、超越、触犯或剥夺公民不被惩罚的权利。[2] 过罪化问题的严重性体现在被过罪化的刑法规范产生大量的不公正惩罚。只有以使罪犯获得公正应得报应惩罚为根本指导原则，将现有犯罪化理论重构，限制实体刑法中作为犯罪化理论支柱的损害原则、不法性原则和罪责性原则，充分找寻刑法可替代措施才能解决过罪化问题。其中，对重要程度被降得越来越低的罪责性原则，本书将予以重点重构。同时，本书

---

〔1〕 See A. P. Simester, A. T. H Smith, "Criminalization and the Role of Theory, Harm and Culpability", in A. P. Simester and A. T. H Smith, eds., *Harm and Culpability*, Oxford, Clarendon Press, 1996, p. 17.

〔2〕 See Douglas Husak, "Reservations about Overcriminalization", *New Criminal Law Review* 14, 2011, p. 102.

在对损害原则、不法性原则和罪责性原则的规范论述中，排除其他会扩充刑法规模的各种边缘性原则。在公正应得报应惩罚原则的指导下，损害原则、不法性原则和罪责性原则是层层递进、逐渐深入、不断细化的关系。只有行为造成的损害性及程度、不法性及程度、罪责性及程度与国家惩罚的种类、程度等成比例时，才符合致力于解决过罪化问题的公正应得报应惩罚原则。[1] 但因从深层次的角度看，这三个内部限制条件事实上高度重叠，无本质根源性差别，只是分别有很多细枝末节的具体显著内容，因此，公正应得惩罚原则完全可将这些一般犯罪化原则融合在一起，形成一个总原则，只有全部满足这些具体原则时，公民不被惩罚的权利才能被国家所限制、超越、触犯或剥夺，国家才能将某种行为规定为可适用自由刑的犯罪行为。只有遵守公正应得惩罚原则，立法机关才能抵抗得住政治家华丽巧妙的实质不公正犯罪化提案，从而成功地给国家刑法权力"系上缰绳"，理性克制地驾驭国家刑法权力"这匹烈马"。该原则在司法实践适用中，也可公平地传达国家对这种行为的强烈斥责、谴责或责难，避免最终出现定罪不恰当、量刑不均衡和惩罚不公正的情形，进而尽量避免司法不公，从而逐渐延缓过罪化问题。[2]

第一节 批评、解析和重构损害原则

刑法中的损害原则（harm principle），是犯罪本质、一般犯罪化理论和刑法解释原理等议题探讨的传统经典起点，在刑法中意义极其重大。从刑法本质的层面出发，国家惩罚本质上是一种恶、一种损害，且是一种有意、权威、具有责难性的损害。正是因为国家惩罚是对民众的一种严重损害，才会有无数学者花费终身精力去论证为何要容许国家惩罚权的存在。国家惩罚具有正当性正是本书的最大预设前提，但本书对犯罪本质，持公正应得报应责难性惩罚观点。但深入探究公正应得报应责难性惩罚，仍会不可避免地涉及损害问题。至于司法解释原理中的"法益保护"与规范目

[1] 参见胡莎：《缓解过度犯罪化问题的公正应得报应理论》，载《宁夏大学学报》（人文社会科学版）2015年第5期。

[2] 参见胡莎：《缓解过度犯罪化问题的公正应得报应理论》，载《宁夏大学学报》（人文社会科学版）2015年第5期。

的解释方法,如果追本溯源的话,也是在探讨损害原则。本书中的损害原则,是从刑法中作为核心问题的原则性规范犯罪化理论出发,论证公民造成何种损害,才能被国家贴上比例性的公平犯罪化标签,这也是很多刑法学者经年累月都在思考和研究的理论课题。损害原则在所有的犯罪化问题中,公开扮演着最为重要和关键性的角色,但对于损害原则的解读却有很多不同的版本。对各种不同的、相互竞争的损害原则进行比较,可以看到损害原则是刑法规范内容体现出的一种必不可少的道德维度。但损害原则作为犯罪化正当根据理论,需要额外的规范成分来填充其反过罪化的道德内容,这种规范成分来自关乎善与恶的道德原则和对与错的哲学理论。〔1〕 刑法规范并不是中性的,而是蕴含着明显的道德判断和基本的社会核心价值,无论何种社会中的刑法,无一例外,都是如此。明显的道德判断和基本的社会核心价值,是所有刑法必不可少的组成部分,也是刑法区别于其他民事法律的显著特征之一。至于同样可深入贯通整个刑法的人性尊严原则,在实体规范分析中也只能是损害原则的补充原则,而无法替代损害原则在犯罪化理论中的作用。根据损害原则,公民有不遭受他人伤害的权利,而根据人性尊严原则,个体有行使自由的权利。通过融合这两种理论,自然催生出公民不被惩罚的权利。但只有在行为人对他人未造成损害的情况下,才能尊重个体自治。因此实体刑法规范中的过罪化研究,须以损害原则为基础内容。

一、批评损害原则

学习和研究刑法,就是学习和研究刑法的限制理论,这皆是无形地旨在避免、解决或减少过罪化问题。〔2〕 但如今刑法限制问题的讨论都被禁锢于损害原则,主要研究损害的界定、损害的本质、损害的等级、损害的程序、损害的类型、损害原则的适用范围、损害原则是否存在其他补充原则、损害原则与其他补充原则是什么关系等。在刑法不断膨胀的时代背景下,即从过罪化问题的角度,论证原则性规范犯罪化理论,就会发现损害原则在具体的过罪化问题上,即各种类型的未完成形态犯罪、刑民混合措施、

〔1〕 See Michal Buchhandler-Raphael, "Drugs, Dignity, and Danger: Human Dignity as a Constitutional Constraint to Limit Overcriminalization", *Tennessee Law Review* 80, 2013, p. 304.

〔2〕 See Joel Samaha, *Criminal Law* (8th Edition), Thomson Wadsworth, 2005, p. 6.

风险预防犯等问题上,都力不从心。损害原则要宽可宽,要严可严,在整个刑法理论中适用性"极强"。如果为解决过罪化问题,而将注意力始终集中在损害原则上,定将毫无进展。

(一)限制国家权力变为积极限制公民自由

作为犯罪化原则之一的损害原则,其基本内涵,是指国家将对他人造成损害或对他人制造损害风险的行为,规定为犯罪行为,使行为人遭受相应的国家惩处,具有正当性。损害原则可分为积极损害原则和消极损害原则。积极损害原则,是指行为人实施对他人造成损害的行为,国家应启动刑法,将该行为规定为犯罪,以此限制该行为人的自由;消极损害原则,是指行为人未对他人造成损害的行为,国家权力不应介入干涉,不应该使用刑法予以犯罪化。自从密尔提出损害原则后,无数刑法学者不断对其展开进一步丰富深入的研究。但密尔的损害原则,不是专门针对刑法制度,而是针对国家对公民自由采取干涉措施的所有制度。国家有无数种措施可强制干涉公民的自由,刑法只是其中的一小部分,其有一个突出特点,即它属于国家最具强制力的极端暴力手段。抛开死刑不论,刑法是唯一可合法地、长时间持续不断地剥夺公民自由的国家强制制度,依此强制制度,国家可以对罪犯以及相应"犯行",长时间持续不断地公开予以责难、谴责、否定以及恐吓。这是一股破坏力极强的力量(power),这股力量可以轻而易举地毁掉一个公民。正因如此,损害原则才被密尔创造出来。所以,本质上损害原则是一个消极原则,一个限制国家强制力的原则,这也是损害原则设立的初衷要旨。但不知从何时开始,损害原则演变成一个论证国家限制公民自由正当性的积极原则。特别是范伯格,其集大成地将损害原则彻底地变成了一个积极的犯罪化原则,即积极地限制公民自由的原则,所以刑法实践中范伯格的损害原则理论,对减少、避免不公正犯罪化无影响,对过罪化问题的解决也毫无助益,反而是雪上加霜。[1] 只有根据消极意义上的损害原则,刑法才会不介入对他人无害的行为和日常不道德的行为,才能实现公正的应得报应惩罚,从而极有针对性地解决过罪化问题。但密尔的限制国家强制力、保护公民自由的理论,主要是反对国家对私人道德的

---

〔1〕 See Dennis J. Baker, *The Right not to be Criminalized: Demarcating Criminal Law's Authority*, Farnham, Ashgate Publishing, 2011, p. 30.

行为启用国家最具强迫性的强制力，无法适用于社会管控犯，反而为管控犯的大量存在提供了正当依据。因此起初作为消极原则的损害原则理论，也无能力应对如今的过罪化问题。

（二）损害原本明确的含义早已被“榨光”

损害是一个非常宽泛的概念，正是因为相关研究已经十分丰富，所以才出现损害原本明确的含义被“榨光”而崩溃的情形，这直接导致原本简单的损害原则被解体，“伤害他人”不再是一个限制性原则。[1] 刑法中的损害，有众多的不同解读，普通民众对损害也有自己的粗略理解，这种民粹主义的损害范围极其广泛，凡是不好的结果或状态，无论严重程度如何，皆可称为损害。民粹主义的损害，主要是大多数人对某种行为、状态或情势进行的一厢情愿的主观猜测和片面臆想，相关主张和论述基本上是抒发情感、空洞无用、想象丰富、无限延伸。在对某种行为、状态或情势有深入专业研究的真正理性的公民看来，民粹主义的损害论述，几乎皆是陈词滥调、泛泛而谈。但损害原则作为一般犯罪化理论中的霸王原则，仍值得且需要不断深入地大量探讨。损害毕竟在本质上始终是一个真实且事实上能被明晰的概念，其对限制公民自由的不公正惩罚制度的制定和出台仍具有阻挡作用。在无充分翔实的客观实证数据的支撑下，国家通过颁布刑法典，总是错误地假设刑法典中规定的所有行为都具有危害性。为实现损害原则专门抗击过罪化问题的作用，应以客观实证数据为依据，对损害原则予客观、理性、全面的探究。只有这样，立法机关在审议刑法规范草案时，才能经得起各方的质疑。

（三）将冒犯行为解释成损害原则中的损害

冒犯行为是指令他人产生厌恶、恐惧、焦虑、担忧、羞耻、恶心、憎恶等心理负面感受的行为。其主要发生在多人的公开场所，不会特别针对某个特定的被害人，只是挑起部分公众不愉快的心理感受，不具有犯罪意义上的损害性。但刑法学者有意或无意地主张冒犯是一种损害，使得损害原则的理论内涵承载力不断被拉升，从而出现损害过度宽泛、损害原则面临崩溃的情形。因而，笔者认为冒犯行为不应被解释成损害行为。

---

[1] See Bernard E. Harcourt, “The Collapse of the Harm Principle”, *Journal Criminal Law & Criminology* 90, 1999, p. 109.

二、解析损害原则

一般来讲,从个人自治理念和公民自由的角度出发,论证损害原则的核心概念会不同,对损害的理解也不同,其中主要有四种:以权利为定位的伤害、以坏结果为核心的损害、以各种利益类型组成的损害、以人性尊严为要义的损害。为延缓过罪化这一严峻问题,无论是以权利、坏结果、利益还是人性尊严来论证损害的具体内容,皆须重点关注损害的严重性。

1. 以权利为定位的损害原则

该损害原则中的权利主要是指生命权、私人财产权、公共财产权、性自主权、身体完整权、身体健康权等。公民有行使或不行使这些权利的自由,而且可选择具体实行何种权利的自由,公民在享有这些权利时,不遭受他人对这些权利的无理伤害。如果行为人侵犯被害人的这些权利,对被害人造成损害,行为人的行为即初步满足了构罪的核心理由。以法律权利为论证核心的损害,可为刑法中大量的义务犯提供一定的正当化根据。

2. 以坏结果为核心的损害原则

该损害原则中"损害"一词本身承载着强烈的道德暗示,作为坏结果的损害,也相当精准地反映了损害这一特征。根据坏结果型的损害原则,为预防、减少和消除坏结果,立法机关可考虑求助于刑事制裁措施,将某种行为予以犯罪化。通过坏结果理解损害,简单明了,也符合民众对某个对象的评价。但坏结果本身既包含众多短期损害、中期损害和长期损害等,也包含各种消极影响、负面效果等,这些损害的范围极其广泛,仍需限缩。范伯格的四卷《刑法的道德限制》第一次真正地对损害原则予以全面的阐明,但范伯格的伤害原则和冒犯犯罪,过于注重结果,过于看重被害人遭遇的犯罪之痛,过于自然主义,有以坏结果代替损害之嫌。

3. 以各种利益类型组成的损害原则

如今利益型的损害原则在各种版本的损害原则中最受欢迎。例如范伯格认为,损害主要是指"利益的受挫",这种观点获得很多学者的认同和追随。在我国,判断犯罪化的标准是法益,"法益"有时与社会危害性混用,二者难以取舍。[1] 其中"法益"是指法律所保护的利益,"利益"主要是指与公民休戚相关的各种福利、福祉、康宁、好处或安乐。例如,生命本

---

〔1〕 参见孙战国:《犯罪化基本问题研究》,中国法制出版社2013年版,第142~144页。

身是一种绝对利益,无论国家的法律是否将其规定为一项权利,都应得到并且值得国家对其予以高度重视和绝对保护。又如,动物虽然不是法律中的主体,不具有生命权利,但是动物和人一样,同样作为一个生命体,承载着神圣的生命,国家也应对其予以保护。再如,公民生来即具有身体完整性,动用刑法时不必花大力气去论证其正当性,因为公民天生就有保持身体完整性的这种利益。身体完整性不是一项权利,权利可以自我放弃,但身体完整性利益是不能放弃的,它作为一种客观存在的重要利益状态,应当获得国家保护。同理,即使被害人对犯罪行为的发生完全不知情,如果第三人不告知被害人遭遇过犯罪,虽然客观存在的犯罪行为事实上对被害人毫无影响,但是被害人的客观福利仍可获得国家保护。例如,在女性彻底沉睡或完全昏迷状态下,或该女性在被"为教主献身以表其虔诚信仰"或"进行正常的医学生殖检查"思想洗脑的状态下,某男性采取相应的性安全措施后,在私下对女性实行交媾行为,事后该女性对此客观事实完全不知情,行为对该女性并未出现利益受损的情形,该女性也没感觉自己在性方面被全面侵害了。即使这样,该男性仍应构成强奸罪,因为行为人侵害了被害人客观存在的性自主利益,即使被害人不知情,即使被害人并不觉得自己的性自主权被粗暴任意地侵害了。所以,如果刚好有监控录像录下当时发生的一切,警察获悉后须将行为人绳之以法,使其遭受公正的惩罚报应。因此,以利益为论证核心的损害原则,事实上将损害原则无形中变成了福利原则。所谓福利,是经过社群中所有主体的各种思想交锋和深思熟虑后,形成的一种符合主体间性、人人皆有的深层次合意。〔1〕 该福利也符合各项潜在的社会规则和社会化观念,真正有利于促进人类繁荣、解决冲突。正是基于各种利益类型的福利性对损害的理解,有学者认为应从影响被害人生活质量、降低被害人生活质量、损害被害人获得某种生活质量的手段或能力的利益角度来认定损害。生活质量,既包括经济利益,也包括非经济利益,而利益则包括直接利益和间接利益、个人利益和私人利益。〔2〕 但生活质量高于基本生存利益,刑法哲学中确保公民基本生存利

〔1〕 See Dennis J. Baker, *The Right not to be Criminalized: Demarcating Criminal Law's Authority*, Farnham, Ashgate Publishing, 2011, p. 255.

〔2〕 See Andrew Von Hirsch, N. Jareborg, "Gauging Criminal Harm: a Living Standard Analysis", *Oxford Journal of Legal Studies* 11, 1991, pp. 35-37.

益的观点已充满争议性，故保护生活质量的难度更大。至于利益，从积极维系特定政体的角度来说，对利益的理解具有视情况而定的特点，视情况而定是损害的古老客观特性，即利益具体内容的界定与特定司法管辖区的社会、道德、文化和政治息息相关，因为在社会实践层面，谈及利益，须先弄清利益主体，二者如成熟的连体人，分离即双亡。例如，在全球过罪化背景下，有些行为在某个国家只是不道德的行为，但在其他国家却是犯罪行为；某些行为在某个国家只会配置短期自由刑，但在其他国家刑罚配置的是最高刑死刑。由人类组成的不同国家或社会，共性始终大于个性，最重要的是，人类对公正应得报应惩罚的核心理解是一致的，因此利益主体必须是全体所有公民，而不能仅仅是大多数、少数社会精英或极少数特定司法管辖区的当权者。

4. 以人性尊严为要义的损害原则

人性尊严主要是把人当人看，充分尊重人性。最重要的是，人性尊严不可以自我放弃。例如，人不可放弃自己的生命和身体健康。显而易见的是，人性尊严是一个极其宏大的哲学概念，在刑法范围内很难测量不尊重人性尊严的严重程度，也难以评价损害的严重性。例如，对于管制犯中的累犯，实质损害的严重性表现在明知多次违反同一个行政法规。〔1〕这种损害原则与人性尊严的直接关联度很难建立，但是人性尊严理念确实可以指导损害原则的重构。

三、重构损害原则——定位真正严重的实质性损害

之所以需要对现有损害原则不断重新检验并加以重构，确立公正应得报应惩罚原则指导下的损害原则，主要是立法机关在损害原则的指导下，为每个公民都准备了各种犯罪标签，将每个行为都定性为犯罪，利用刑法全面管理控制社会，只等行为人在特殊时间、特殊地点和特殊情景下，映入司法机关的"眼帘"，司法机关立即会对其动用强大的刑法权。强大的刑法权造成很多不利的犯罪化负面效果，产生令人无法忍受的不公正惩罚，生成令人嗤之以鼻的过罪化。当然，过罪化事实上是全体公众在不断呼吁使罪犯遭受国家公正应得报应惩处的善意中形成的。如今在普通民

---

〔1〕 See Ronald L. Gainer, "Creeping Criminalization and Its Social Costs", *Legal Backgrounder*, *Washington Legal Foundation*, 1998, pp. 2-6.

众追求模糊的公正应得报应惩罚过程中，客观上仍有很多行为正在“等待”立法机关将其犯罪化。其中对于无直接损害，甚至明显无害的远程损害行为是否应予以犯罪化，在何种情况下或多大程度上应予以犯罪化，是当今实体刑法理论的争论热点。如果将损害认定为一种公正的宪法比例性标准，可以预先阻止国家将无害的行为予以犯罪化，并且将不正当犯罪化剔除出刑法。[1] 因此不应废除和抛弃持功利主义立场的密尔率先提出的损害原则，通过重构该损害原则，其仍可作为批评过罪化的有力理据。[2] 因此，只有在明晰的公正应得报应惩罚原则指导下，重新审查、重构刑法中的损害，克服过罪化问题才会有希望。

(一)以规范目的代替法律所保护的利益

如前所述，利益型的损害原则在所有损害原则中占主导地位。本书认为，应该是规范目的在所有损害原则的具体类型中占主导地位，应把“法益”从实体刑法规范研究的神坛中拉下来，将规范目的放在实体刑法规范研究的“神塔塔尖”。从概念的基本理解来看，法益，即法律保护的利益。研究“法益”会发现，事实上法律保护的利益，皆为规范目的，规范目的更贴近研究实体刑法规范的本质要核。“利益型”损害原则的视角主要是出于保护国家利益，因此事实上“法益”无所不包，甚至是过度地无所不包，任何事情都可以被解释成符合“法益”受损后果。国家为保护某种利益，可以积极地将危及或损害这种利益的行为规定为犯罪，以此确定国家干涉公民自由的边界。但是，从解决过罪化问题的限制国家权力，保障公民自由、权利和自治的视角来看，国家不应积极地启用作为一种极端暴力工具的刑法，不应主动寻找专门面向罪犯的各种看似合理的理由，积极地论证国家限制罪犯自由具有正当性，而应专门面向所有公民(而不是面向罪犯，因为罪犯只是少数群体)，消极地论证行为人是否有错，错在哪里，为何有错。只有这三个问题的答案使全体公民都心服口服时，国家权力才能被迫出动。这才是刑法宣称保障人权的应有姿态和立场。将损害原则的核心重点放在规范目的上，符合本书限制国家权力、保障人权、实现公正应得报应

[1] See Dennis J. Baker, *The Right not to be Criminalized: Demarcating Criminal Law's Authority*, Farnham, Ashgate Publishing, 2011, p. 254.

[2] See David A. J. Richards, *Sex, Drugs, Death and the Law: An Essay on Human Rights and Overcriminalization*, Rowman & Littlefield Publishers, 1986, pp. 18-19.

惩罚的消极犯罪化立场。

规范目的是比法益更深层次的概念,规范目的也必定包含利益,规范目的之中的利益关乎的是真正的集体利益,而不是"公共秩序""公共道德""公共安宁"等模糊的公共利益。为实现公正应得报应惩罚,还必须通过深入研究规范目的,将真正的集体利益的轮廓雕琢得更狭小、更精致。[1] 虽然规范目的包含了利益型的损害,但规范目的并不是以利益为基础,而是必须以自然资格或权利为基础。因为以自然权利为基础的规范目的,最具有透明性,也最能切实体现公正应得报应惩罚,这是民主立法制度的应有之义。例如,在美国有个关于过罪化的典型案例,警察登船检查被告人的船只,发现被告人捕获72条尺寸不够大的鱼,这违背了美国联邦管理法规,于是警察命令被告人将这些鱼放进装货箱中以供复查,但被告人将其中的3条鱼放回大海。之后检察院根据规范目的为防止金融公司销毁公司记录的《萨班斯—奥克斯利法案》(Sarbanes-Oxley Act),起诉被告人成立摧毁有形物品罪,被告人被一审法院判决成立该罪。[2] 被告人上诉,美国最高法院最后推翻了一审判决,认为虽然被告人的行为具有危害性,但对被告人适用摧毁有形物罪,不符合该罪的规范目的,并直接批判这是过罪化,同时承认美国如今存在过罪化问题。该案说明:机械适用刑法,忽略规范目的,错误地认为所有行为都具有危害性,容易导致过罪化。[3]

以规范目的来解读损害原则,也可以解释国家利用刑法保护野生动物的正当理由。因为野生动物是一种生命形式,刑法规范目的应保护生命利益,但更深层次的原因是残忍杀害野生动物、抹杀野生动物在大自然的生存资格,这必然会遭到全体国民公开吁求的自然公正报应。因此保护野生动物的自然生存资格也属于刑法的规范目的。在国家层面上,对直接造成实质性损害程度极其严重的恶行的捕杀者、走私者以及组织者施加刑事制裁,表明刑法制度为实现公开的公正应得报应惩罚而存在,符合公正应得

---

〔1〕 See Tatjana Hörnle, "Theories of Criminalization, Criminal Law and Philosophy", Springer, http://link.springer.com/article/10.1007%2Fs11572-014-9307-4, 11 April, 2014.

〔2〕 United States v. Yates, 733 F. 3d 1059(11th Cir. 2013).

〔3〕 参见王林:《美国刑事司法过度犯罪化——成因、后果及其对策分析》,载《理论界》2015年第4期。

报应惩罚的规范犯罪化原则。但是如果行为人只是食用野生动物的熟肉，野生动物的自然生存资格早已被他人剥夺，食客未剥夺野生动物的自然生存资格，所以从规范目的上看，食用野生动物的行为不应被定性为犯罪。

（二）准确定位行为最终会造成的真正严重的实质性损害

未来，立法机关在开展犯罪化工作时，应首先准确查找、定位、确定欲被禁止行为最终将会产生的真正实质性损害。新的刑法禁令的规范目的或立法意图只能是为了直接减少甚至消除最终、真正、实质性损害的发生，而不仅是损害。"实质性损害"的判断根据主要是行为性质、行为种类、行为之于人类的重要性、行为严重性、发生最终损害的可能性大小等，这种实质性损害会严重侵蚀公民个体性和个体的自我发展，是对公民自由、自治和自由权利最具压迫性的限制，而不是关于社会问题千篇一律的、社会危害性一般化的概括论述，也不应包括遥远损害和无形损害。[1] 只有真实、直接的实质性损害才能与国家的惩罚权相平衡、合比例，才能满足动用刑法的紧迫性，最终才会获得公正的应得报应惩罚。[2] 如果造成远程损害的行为本身未造成任何损害后果，也不会直接造成最终的真正实质性损害的发生，那么即使该行为间接产生后续蝴蝶效应似的、连锁的严重社会危害，也不能予以犯罪化。为减轻远程损害型过罪化问题对少数弱势群体之自由潜在剥夺的压力，今后刑事立法规范应拒绝将可能产生远程损害的行为纳入其中。

一方面，远程损害行为离最终实质犯罪的完成过于遥远，不符合"危险临近原理"。因为最初行为与最终远程损害之间，还需要行为人进一步的其他行为，或出现他人新的干预行为，最初行为与最终远程损害之间公平的归因和归责关系早已断裂。例如，持有恐怖主义资料属于最初无害的行为，直观地看，放在柜台上的恐怖主义资料，对人畜无害，但最终的远程损害是真正的恐怖行为造成重大的财产毁坏或人员伤亡。很明显，对实施最

---

〔1〕 See Bernard E. Harcourt, "Mill's on Liberty and the Modern 'Harms to Others' Principle", in Markus D. Dubber, ed., *Foundational Texts in Modern Criminal Law*, Oxford University Press, 2014, p. 164.

〔2〕 参见童春荣：《刑法不得已原则之提倡——与刑法谦抑性比较的抉择》，载《湖北社会科学》2015年第7期。

初无害行为之人施加国家惩罚,不是该行为人应得的,对真正实施恐怖行为的行为人施加国家惩罚,才是行为人应得的报应。实施后续新的独立介入行为,造成严重损害结果以及直接危险的行为人,才应是承担刑事责任的真正唯一主体,不能无限回溯至最初持有人,否则将违背自由社会中责任自负的基本底线。需要进一步补充的是,刑法中的"危险临近原理",即行为与最终刑法上的损害必须具有近因性或急迫性,与犯罪学上的"破窗理论"(broken window)所引出的刑法必须提前介入预防理论处于对峙状态。"破窗理论"不是限制国家权力干预的原则,而是奉行损害决定论,将损害无限扩大化,用损害原则指导所有的犯罪化工作,我们应该反对将这种犯罪学理论以及其他类似理论融入实体刑法规范中。[1] 根据"破窗理论",某社区有破损窗户年久失修,暗示该社区衰败、颓废,常有破坏者、妓女、流浪汉等出没,说明该社区对其周围秩序和自身环境疏于管理,于是遵纪守法者会搬出该社区,或本想居住该社区的守法居民,也会主动避开定居于此。而违法者却看重该社区的管理滞后、松懈,会聚集在该区域,使得该区域变成治安很差的违法者聚集地,导致发生更加严重的犯罪,使得该地区成为整体社会治安危机的难治顽疾。因此为避免出现这种情况,国家应对那些破坏完好生存环境、捣乱社会良好干净完整秩序的行为,予以提前介入,进行严格管制,减少社会中的"破窗"。

另一方面,远程损害行为对于最终造成真正实质损害的行为,只具有边缘参与性,不符合"实质性参与"原理,行为人无鼓励、帮助、支持或实施实质犯罪的意图,对最终损害行为并不是实质性参与,行为人的最初行为只是可能对最终损害的出现有影响,完全是边缘参与性行为。[2] 边缘参与性行为只是对某个损害结果有影响,不是帮助、鼓励或支持最终损害结果的出现,该行为并不能成为国家利用刑法全面禁止某类行为的充分理由。将"影响"与具有犯罪性的"帮助""鼓励""支持"等行为等同,会为滥用刑法规范打开很大缺口。例如,暴力血腥杀人类型的恐怖电影,对行为

---

〔1〕 See Bernard E. Harcourt, "Mill's On Liberty and the Modern 'Harms to Others' Principle", in Markus D. Dubber, ed., *Foundational Texts in Modern Criminal Law*, Oxford University Press, 2014, p. 181.

〔2〕 See Andrew Ashworth, Jeremy Horder, *Principles of Criminal Law* (7th Edition), Oxford University Press, 2013, p. 39.

人最终实施残暴的杀人行为有影响，但国家并不能全面直接禁止这类电影，因为电影制造者、传播者或放映者的意图或目的是为观众提供新鲜刺激的视觉、听觉等感官体验，而且电影存在的主要目的是娱乐大众，而不是鼓励或支持他人实施电影中的杀人行为。又如，租客在出租屋内实施制造毒品的犯罪行为，房东从租客在房间摆设的器皿、原材料等物件上，怀疑行为人可能会制造毒品，但因二人只是承租关系，房东无法确定租客是否在出租屋内制毒，也根本不想知道、不愿确定租客在承租屋内从事何种事情，其只是为房客提供住所而已。房东客观上确实为实施制造毒品犯罪的罪犯提供了制造场所，这对该制毒犯罪行为的实施有明显的影响，但是国家不能仅以此将房东提供出租屋的行为定义为犯罪。因为房东出租房屋是在实行收益权，其意图或目的是为租客提供居住的场所和空间，其并无支持或鼓励房客在房屋中实施犯罪行为的意图或目的。当然，将所有的远程损害剔除出刑法，或阻止今后的立法者规制其他造成远程损害的行为或中立的帮助行为，确实不太现实，而且“看上去很愚蠢”，民主、文明、人性和自由的理想刑法，也必定不会用故意限制公民自由的残暴刑法，过度提前预防遥远的损害结果，但这只是理想，该理想值得所有刑法学者为之奋斗。[1]

（三）立法机关通过实证数据证明规范目的或意图

立法机关通过丰富的实证数据调查，获得客观、理性、真实的行为危害程度、行为被犯罪化后的刑法附带效果、社会成本、执法成本等结论，明确规制达到严重损害的程度、种类、性质等行为的规范目的后，应确保在新刑法规范出台时，立法目的或意图明确包含在刑法规范之中。更重要的是，立法机关应提供实证数据，证明制定、颁行、出台该刑法规范，能切实实现该规范目的或意图，而不只是要求立法者有意图实现该规范目的。因为立法者在立法前阐明规范意图或目的很容易，但这不是重点，重点应是立法者真正实现该规范目的。立法机关在开展犯罪化工作时，应根据实在的经验主义证据，而不是根据未经实证数据证实的主观推测，猜想出相关刑

---

〔1〕 See Andrew Ashworth, Jeremy Horder, *Principles of Criminal Law* (7th Edition), Oxford University Press, 2013, p. 39.

法规范目的。[1] 规范目的应是从自治、理性、平等的公民的角度出发，在充分尊重他人权利、尊严的情况下被确立起来，以此代替“法益损害”。同时，规范目的不能由大多数人的好恶、歧视和偏见决定。此外，立法机关还应确立刑法规范适用的特定语境，限制用词的适用范围，以此限制司法机关的司法解释权，避免不公正的惩罚。限制刑法规范的适用范围，应考虑行为实施主体的多人性、团伙组织性的比例及程度、实际真实的危害性、行为被实施的次数的可能性，以及由此附带的对被害人的真正危害性与切实的损害效果。[2]

第二节　界定、解析和重构不法原则

不能主要根据损害原则去判断哪些行为应该被予以犯罪化，因为损害原则只是行为是否构成犯罪的测试标准或基本原则之一，而不是统一各个规范犯罪化原则的原则。统一各个规范犯罪化原则的原则，只能是本书力倡的公正应得报应惩罚原则。[3] 而不法原则(wrongfulness principle)也只是规范犯罪化理论中极其重要的测试标准或基本原则之一。一直以来，实体刑法规范理论研究界对损害和不法的理解予以混淆，呈现众多不同说辞，特别是对于无害的不法与正当的损害之不同理解，使得损害原则直接变成不法原则。实际上，不法原则有独立于损害原则的特性，在公正应得报应惩罚原则中有其专属内容，应明晰专门用于解决过罪化问题的不法原则。[4]

一、界定不法原则

刑法中的损害与不法紧密相连，二者相互定义，难以分离。如范伯格认为，对他人的损害主要是指，使他人进入利益受挫的状态，利益受挫的状

---

〔1〕 See Douglas Husak, “Overcriminalization”, in Dennis Patterson, ed., *A Companion to Philosophy of Law and Legal Theory*, Malden, MA: Wiley-Blackwell, 2011, p. 630.

〔2〕 See Stephen F. Smith, “Yates v. United Stated: A Case Study in Overcriminalization”, *University of Pennsylvania Review Online* 163, 2014, p. 153.

〔3〕 See Jonathan Herring, *Great Debates in Criminal Law*, Palgrave Macmillan, 2012, p. 12.

〔4〕 See Michael S. Moore, *Placing Blame: A Theory of the Criminal Law*, Oxford University Press, 2010, p. 225.

态即为不法,不法即为利益受挫的状态。[1] 在这种限制刑法范围的论述中,损害原则中的损害主要是狭义上的损害,损害原则的范围主要是利益受阻碍和不法行为,二者为损害原则提供了实质性内容。但不法原则的相关理论,依然晦涩难懂,无准确的定义和统一的核心内涵,其具体适用在学者间仍未达成普遍共识。但是可以肯定的是,不法原则具有限制立法机关制定出台具有扩大刑事责任的刑法规范的作用。本质上,不法与刑法中的损害一样,在公正应得报应惩罚原则指导下,皆是遏制刑法持续过度膨胀的限制原则。行为人是刑法谴责性回应的潜在客体,被司法机关施以相对较长时间的关押,是刑法具有谴责回应性的具体表现。因此"刑事不法性"关注实施行为的行为人,特别是行为人的"恶"。而损害原则中的规范目的理论,关注行为人实施的行为造成的负面状态,主要是行为的"坏"。为方便理解,可以认为事实上的不法性是指错误性,即某种行为之所以被立法者规定为犯罪,是因为行为人做出该行为是错误的。每当行为人被国家施加惩罚时,国家首先要回答行为人以下问题:我做错了什么?我错在哪里?凭什么以限制自由如此严厉的方式惩治我?这也是不法性作为犯罪成立要件之一的根本原因。如果犯罪行为不符合不法原则,那么就会模糊刑法的道德声音,侵蚀刑法的道德权威,滥用刑法的道德资源,放纵过罪化问题持续恶化。[2]

"不法性"从字面来看,是指不符合某个法律规定,"不法"作为某个特定部门法的法律概念,局限于特定的法律系统,但其实际上还未发展出任何固化不变的深层次意义。为避免不法性概念在刑法规范分析中的空泛性,须击碎不法性涉及的法律框架,从不法性在法律上的深层来源,以"错误性"代替不法性,来探求行为人实施何种错误行为时,国家才可以将其定性为犯罪行为,以此对相应犯错的行为人公平地实施"合比例性"的自由刑。"错误性"更加通俗易懂,与公正应得报应有异曲同工之妙,也更易将不法性与应得性相融合,因此本书中"不法性"和"错误性"是通用的。当然犯罪化理论中行为的"错误性",并非日常理解中的错误,也不是实体刑

---

〔1〕 See Joel Feinberg, *Harms to others—The Moral Limits of the Criminal Law*, Oxford University Press, 1986, p. 31.

〔2〕 See A. P. Simester, Andreas Von Hirsch, *Crimes, Harms and Wrongs, On the Principles of Criminalisation*, Hart Publishing, 2011, p. 20.

法理论中所理解的行为人的主观认识发生错误，而是在刑法上泛称行为人实施的行为是严重错误的。由于事实上行为的“不法性”，在司法实践中并不存在显著争议，而在理论上，不法性涉及实体刑法规范研究中的各种争论，但这些争论都不是从专门解决过罪化问题的视角着手，所以对过罪化问题的实际解决毫无作用，有时反而会使过罪化问题不断加速恶化。本书将会赋予“错误性”独特的克服过罪化问题的内涵，从而最终约束并清楚地明晰“刑事错误性”，或“刑法不法性”的应有内容。对于不法原则典型的理论争论主要有不法性的范围、“公共不法”和“私人不法”的关系、是否存在无害的不法行为、无害的不法行为与有害的合法行为在刑法规范理论中如何定性等。这些理论争论中蕴含着解决过罪化问题的有用思想，因此可将不法原则纳入过罪化的语境中。

二、解析不法原则

根据现有不法理论，“不法性”主要分为四种类型，分别是日常不道德的错误行为、造成损害的错误行为、违反法律规定的错误行为，以及罪过状态下造成损害的错误行为。

（一）日常不道德的错误行为

“不法性”的判断以道德判断为基础，“不法性”判断首先是道德判断，之后才转为刑法判断，其中的“道德”，是指真正的道德，而不是指传统大众有关错误的道德信念。[1] 因此，大量现有刑法规范的不法性道德基础，可追溯至日常不道德行为，例如不信守诺言、作弊、冒犯对方让对方心里不舒服等。[2] 虽然这些行为在道德上明显错误，但根据刑法中公正应得报应惩罚原则，不能将实施该行为的人施以自由刑的严厉惩罚，因为这种惩罚是不公正、不合比例的，也不能将这些行为上升至刑事不法。不应动用刑法，还因为在世俗生活中，普通人频繁实施日常不道德行为，假如这些行为被刑法禁止，由于这些禁令肯定经常被违反，刑法将成为日常笑柄。当然，满足刑事不法性的行为必须在道德上是错误的，这是基本前提条

---

〔1〕 See Michael S. Moore, “Liberty's Constraints on What Should be Made Criminal Law”, in R. A. Duff, Lindsay Farmer, S. E. Marshall, eds., *Criminalization: The Political Morality of the Criminal Law*, Oxford University Press, 2014, p. 194.

〔2〕 See Stuart P. Green, *Lying, Cheating and Stealing: A Moral Theory of White-Collar Crime*, Oxford University Press, 2006, p. 194.

件，此外还要满足其他条件。

（二）造成损害的错误行为

“对他人造成损害”这一判断，对是否遵循不法原则的认定，是充分的，但不是必要的。〔1〕其充分性体现在以损害结果为基础的道德不法性判断标准，在详细解说行为错误性之前，先阐述行为人的行为造成的损害，这符合人们的直觉。例如，被告人被司法机关判定成立故意杀人罪判处无期徒刑后，公民私下寻思司法机关为何做出如此判决时，第一直觉反应是被告人杀了人，其行为之所以是错误的，行为人之所以获得这种应得的刑法报应，是因为他杀了人，首先有人死了，即满足损害原则，然后被害人是他杀死的，即满足不法原则。因此行为人的错误性源于他造成了损害。这种以损害原则为基础的不法原则无特殊面相，不同情形下的损害，有不同的不法性。因此这种类型的不法原则之认定，全面依赖损害原则，但为发挥其限制犯罪化之范围的功能，其研究重点必定会放在损害原则上，要求损害应该指真实的损害，是对可利用的资源真实显著的耗损，从而造成标准性的不良影响。〔2〕这等于直接否定不法原则在规范犯罪化理论中独立于损害原则的刑法立法理论地位。即便如此，此种类型的不法原则最终依然发挥着限制刑法的功能。

（三）违反法律规定的错误行为

按照“不法性即是违反刑法规定”来解读不法原则，只要行为人实施了刑法禁止的行为即符合不法原则。如果国家向公众宣告某种行为违反刑法，则行为人实施该种行为在刑法上便是错误的。但这种情况下，国家要求公民遵守法律，是基于违抗权威命令的基本原理，而不是基于应得报应的基本原则。这是把人当动物，不服从命令即受罚。根据法治原则，法律必须得到遵守，法治原则还要求获得遵守的法律必须是公正的。因此，行为人因违反“作为前置法的行政法规”而触犯刑法，根据“法律必须得到遵守”原则，行为满足了刑事不法性要件。但如果作为保障法的刑法规范不正当，那么极具主观能动性的行为人违反该规范，在刑法上便不应认定行

---

〔1〕 See Michael S. Moore, *Placing Blame: A Theory of the Criminal Law*, Oxford University Press, 2010, pp. 334-335.

〔2〕 See A. P. Simester, Andreas von Hirsch, *Crimes, Harms and Wrongs, On the Principles of Criminalisation*, Hart Publishing, 2011, p. 120.

为人的行为是错误的。因此行为人必须违反了公正刑法规范，才满足刑事不法性的条件。不法性分为民事不法、行政不法、刑事不法，但前两者与刑事不法的界限严重模糊，这种模糊又淡化了刑法作为一项独特的制度所具有的强有力之道德权威，降低了其本应如雷贯耳的道德最强音之地位。但在当今过罪化问题严重的背景下，对刑事不法、民事不法进行根本的原则性区分几乎不可能。如果不从专门应对过罪化问题的角度，解决民事不法性与刑事不法性的区分问题，以及行政不法性与刑事不法性的区分问题，结果注定只是众多复杂、混乱的理论在“争奇斗艳”而已。

（四）罪过状态下造成损害的错误行为

实施刑事不法之行为人，有机会、有能力避免实施该行为而未避免，这违反了深层次的公民公同遵守之社会规则，藐视了社群义务，具有可谴责性、责难性。因此刑事不法性，只与人类有关，对其的判断依赖行为人的主观罪过。在自然界或动物界中，无所谓错误与否的价值判断。例如，狮子吃了鹿，无错误性可言；猫捕杀或玩弄鸟或老鼠，也无所谓错误性，狮和猫的行为都是中性的。这种类型的不法原则与罪责性不同，前者认定重点在行为人主观方面有机会、有能力避免损害后果而未避免，后者重点在行为人主观上意图或明知相应行为会直接产生相应的实质性损害，而追求、希望或放任损害后果的发生。

三、重构不法原则——公共不法性与社会宽容性

上述对“刑事不法性”四种不同的理解，都有可能对刑事立法规范不断扩张、刑法规模和调整范围持续过度宽泛化进行事先限制，因此，专门用于解决过罪化问题的“刑事不法性”，必须同时满足上述四种情况：行为人实施的行为在道德上是错误的、产生了损害、违反了公正的刑法规范和在人类的罪过状态支配下实施，此外，还应满足公共不法性和社会宽容性两个要件。这六个要件都是事前积极应对、抵抗立法机关未来继续过罪化所必不可少的。只有同时满足这六项条件，才属于需要刑法规制的严重的不法行为，这六点条件就是“严重”所包含的内容，构成了一个整体的客观判断标准。

（一）犯罪化标准之一的不法性必须具有公共不法性

被禁止的行为必须具有公共不法性，而不是私人不法性，“公共性”是刑事不法性的要素。行为人实施具有刑事不法性的行为，其行为的实质对

象是整个社会,即整个社会是被害对象。当然这里并不是说犯罪行为真正地伤害了社会本身,导致社会分崩离析,而是指此行为关涉全体社会成员,全体社会成员出于对公平应得报应的渴求,都要求国家对此种行为采取刑法行动。这其中涉及的全体公民公共直觉机制是:基于全体公民的共同信念和对公共事务的评价能力,作为非直接被害人的公民听闻某种犯罪行为时,会立即自动联想自己某天也会遭遇此类不义行为,内心立即对此不义行为产生强烈的反抗排斥心理。因此某种行为只有在社会公共领域或社会公共话题中让全社会都担忧时,才能被犯罪化。

在理解公共不法性时,最重要的是要将其与私下不法性相区分。二者不能按照实际发生空间或地点来区分,在公共场所犯的错误,不一定都具有公共不法性或刑事错误性。例如,行为人在公共场所违约、情侣吵架随口辱骂对方、泼妇骂街、在公开场所的讲座上撒谎等,都不可能构成犯罪。有些行为虽然发生在非公共场所的私密空间内,但如果行为本质具有犯罪性,也应构成犯罪,行为人必须接受国家应得的报应惩罚。因此,在居民家庭中私下实施的一些行为,仍然可能具有公共不法性。例如,在极具私密性的家中,丈夫违背妻子真实意志,强行与其发生性关系,这种行为虽然是丈夫在私人空间中犯下的错误,但被害女性被强行交媾,在公共领域的话题探讨中,理性自由人都会认为应强烈谴责男性强行与女性进行性交的行为,无论是否有婚恋关系、是否职位高低、是否有年龄阻隔等。女性被强行交媾,这极大地侵犯了女性的性自治权,特别是女性在心理、精神上会遭受终身无法磨灭的沉重折磨。同时无论是无丈夫的女性,还是有丈夫的女性,性器官私密部位对她们而言,属于有专属特权的私家领土,女性对其具有无条件不受剥夺、不受压榨、不受侵犯的主导权力。

因而家庭作为一个整体社会结构的组成部分,也具有公共性。不能将家庭成员之间在家庭中发生的事情全部囊括在独立于社会的家庭中,并以家庭私事为理由,阻挡国家的重大干预。但家庭私事的论断,的确会涉及国家侵犯公民隐私权的问题。隐私权,主要是指人们有权决定自己的哪些个人信息情况或个人事务被他人知晓,或被他人揭露,或以什么方式、时间、地点等被揭露等。在公民自治的领域限度内,这是公民无形的宝贵心灵财产。但是在过罪化时代背景下,公民的自治领域正被国家"正当地"大肆侵占。例如,在重视保护隐私权法律文化的国家,将令人讨厌、或骚扰他人的情爱跟踪行为予以专门详细的犯罪化。[1] 但这种行为在公民自治范围内,不应将其犯罪化,只有在家庭领域中出现杀人、肢体暴力、性虐待、强奸等行为时,由于这些行为早已超越公民自治的领域,直接侵犯了公民的基本生存利益,而公民的基本生存利益的重要性远远超越公民的隐私权,国家才应充分、全面地保护个体的基本生存利益,打通家庭与社会的无形空间阻隔,将严重的私下错误性行为或私人不法性行为规定在刑法之内,厘清家庭领域中出现的公共不法行为,切实保护个体在家庭生活中的基本生存利益。[2]

(二)犯罪化标准之一的不法性必须符合社会宽容理念

刑事不法性直接关乎人性,具有刑事不法性的行为直接摧毁或贬低人性。例如,人对活下去的强烈渴望,对保持身体健康完整的强烈渴望,对自由支配自己财物、时间的强烈渴望等都是人性固有的,对生命、身体、个人财产的毁灭都是直接毁灭人性的表现。实施刑法上错误行为之人,正是摧毁公民对这些状态的追求。同时国家也以类似的方式,合法地摧毁该人对这些状态的追求和渴望。因此,国家惩罚也直接关乎人性,直接摧毁和贬低人性。为避免本质上摧毁和贬低人性的国家报应惩罚出现过度泛滥、不公正和不应得的惩罚,立法机关在犯罪化过程中认定刑事不法性时,必须信守社会宽容理念。宽容是现代民主自由社会中的一个重要的价值理念。犯罪是指行为人以其他全体社会成员所不能容忍的手段满足个人所需的行为,全体社会成员不能容忍此种行为,所以需要刑法的介入。[3] 根据不法原则中的社会宽容理念,刑法不应全面禁止那些具有社会价值的行为,因为这些行为对社会形成丰富多彩、多元包容、兼收并蓄氛围的塑造必不可少。但是在承认社会宽容理念的重要价值后,不应走入另一极端,用限制自由的国家惩罚手段宣扬、提倡或强化社会宽容价值。例如,美国刑

---

〔1〕 See Paul Roberts, "Privacy, Autonomy and Criminal Justice Rights: Philosophical Preliminaries", in Peter Alldridge and Chrisje Brants, eds., *Personal Autonomy and Private Sphere and the Criminal Law: A Comparative Study*, Hart Pulishing, 2001, pp. 75-78.

〔2〕 参见周安平:《性别与法律:性别平等的法律进路》,法律出版社 2007 年版,第 8~10 页。

〔3〕 参见周国文:《刑罚的界限——Joel Feinberg 的"道德界限"与超越》,中国检察出版社 2008 年版,第 160 页。

法中的仇恨犯罪(hate crime),即借助刑法,提升全社会对同性恋等性少数群体、非白人等少数种族、拥有不同宗教信仰的群体等的包容或宽容度,进而希望通过刑法去巩固来之不易的黑人反歧视运动和同性恋平权运动成果。但事实上,刑法根本无法直接改变社会对特定行为的已有态度,也无法直接提升社会的宽容程度,用刑法手段深化、强化社会宽容信念本身就是一种过罪化的表现。承认社会宽容理念,也不是说对所有的犯罪行为都要表示宽容,因为根据公正应得报应惩罚理论,对真正的核心犯罪(core crime),必须实行"零容忍"政策。

第三节　界定、解析和重构罪责原则

立法机关在开展犯罪化工作时,严重弱化甚至抛弃犯罪意图要件,这是过罪化"疾病"的典型症状之一。解决过罪化问题的犯罪化是"理性犯罪化",而"理性犯罪化"须与罪过驱动的应得报应相协调。罪责原则(culpability principle)是实施公正应得报应惩罚时,决定惩罚类型、数量和程度的主要决定因素。[1] 例如,对故意实施不法行为的不法行为人之惩罚比过失行为人的惩罚应当更重。因为相比而言,过失实施的不法行为一般对他人造成损害的可能性更小;过失形成的犯罪动机更短暂、更易消失,而故意形成的犯罪动机更加深刻、更持久;国家惩罚更难以震慑过失犯,因为"我又不是故意的"这类普遍盛行的借口,反映了人们存在的一种普遍心理:疏忽或轻率地实施某种行为不算是真正地伤害他人。[2]

一、界定罪责原则

罪责原则是指实施被犯罪化行为的责任主体,必须是有主观罪之人,必须是可以被责难的理性道德主体。假设公民在刑法上是理性道德主体,这是罪责原则的前提条件,在规范道德上应承认个体自治权,并认为所有人都是具有道德自主性的行动者,应相信公民有能力理解国家的犯罪化理据,从而理性、客观地不实施该行为,并且在实施该行为后应为自己的行

〔1〕 See Malcolm Davies, *Davies, Croall & Tyrer's Criminal Justice*, 5th Edition, Pearson Education Limits, 2015, p. 458.

〔2〕 See Victor Tadros, *The Ends of Harm: The Moral Foundation of Criminal Law*, Oxford University Press, 2011, p. 176.

为负责。据此,行为人承受应得的负面评价、愤怒、仇恨等激烈情绪反应时,才具有实际意义。行为人也应充分认识某种行为的错误性、违法性、有害性,进而主动理性地抵制该行为,并自觉地遵守相关刑法规范,这是以应得报应为基础的惩罚责难功能之反映。以传统功利主义角度出发的以得失计算为基础的预防性惩罚,将行为人当作需要被国家严格控制的危险敌人或动物,单纯一味地通过恐吓、威胁或强制手段,使公民出于恐惧心理而被动地遵守相应的刑法规范。[1] 本书并不否认刑法的这种预防功能,因为在以责难功能为核心根基的现代应得报应主义中,预防功能对责难功能具有补充、辅助作用。但是,预防功能必须在通过罪责发挥作用的强制报应责难功能的框架下,依赖性地运行,脱离责难功能的刑法预防功能,只是纯粹的国家强制胁迫力,其既无法阻止具有实施犯罪强烈动机的行为人实施犯罪,也无法得到民众真正发自肺腑的容忍和接受。上述是行为人具有主观罪责的基本假设前提,如果无该条件,刑事责任的承担主体将不复存在。只有具有道德自主性的行动者、能为自己的自由选择负责的个体才是承担刑事责任的主体,罪责之人才是刑法合适、恰当的目标。过罪化问题最大的担忧是企业犯罪的过罪化,对企业犯罪犯意的认定或所产生的企业刑事责任,是过罪化的典型表现之一。[2] 企业法人终究是不同于自然人的存在体,不能与自然人一样具有传统的罪过心理。立法机关在犯罪化时,应结合多学科客观、理性的知识,有说服力地充分构建企业犯罪的罪过心理,这种罪过心理必须与传统的人类罪过心理具有等值性,假如企业中无任何的合规计划,反而还存在客观的犯罪文化,那么这种企业犯罪文化与人类罪过心理就具有等值性。

二、解析罪责原则

相较于行为人的客观行为,刑法应更重视行为人的心理状态。[3] 过罪化现象也在不断强调该观点,该观点具体是指:具有主观犯罪意图的行为人,明知行为违法,还意图实施犯罪行为,才应构成犯罪。刑法上的人具

---

[1] See Andreas von Hirsch, *Censure and Sanctions*, Clarendon Press, 1993, p. 14.

[2] See Carlos Gomes-Jara Diez, "Corporate Culpability as a Limit to the Overcriminalization of Corporate Criminal Liability: the Interplay Between Self - regulation, Corporate Compliance, and Corporate Citizenship", *New Criminal Law Review* 14, 2011, p. 79.

[3] 参见杨春然:《刑法的边界研究》,中国人民公安大学 2013 年版,第 179 页。

有最高智能，都是具有道德反省、推理思考能力的理性主体。而罪责正是直指行为人的思维活动、心理过程，甚至关涉行为人的各种起心动念。在罪过头脑的控制下，行为人才能认识、理解或掌握行为的结果严重性或公共不法性。立法机关只有要求行为人具有犯罪构成要素中的主观认识或明确意图，才能使行为人实施国家禁止的行为后，有产生悔意的可能性，才能够使行为人充分意识到自己的罪过，深刻认识到自己行为的犯罪本质，从而强化正确的国家道德判断，欣赏并吸收刑法的道德评价，恢复被罪犯破坏的道德平衡。所以应得报应不是单纯象征性的报复惩罚，而是使行为人通过理性的道德推理，理解国家对其制裁是迫不得已却公正合理的"下策"。这虽然不能培养、固化或提升所有人的美德水平，但是可以让所有人正式承认，刑法的存在是为了获得对罪犯施加公正应得报应的惩罚，从而可间接弘扬现代美德。

因此过罪化时代，在法律上假设公民事实上都应知法懂法，这是一种不公正的道德义务，不知法律，特别是法定犯、行政犯以外关于法律和相关刑法规定，[1]应当成为一种必要的宽恕事由，或者善意地相信自己的行为合法应是一种辩护事由，这符合刑法正义，也可避免不公正的惩罚。毕竟公民应知法懂法，并不能推论出公民事实上知法懂法，如果公民事实上并不知法懂法，国家还对其施加责难意味极其强烈的惩罚，即为不公正。

三、重构罪责原则——融合损害性与主观不法性

公正应得报应惩罚与罪责及其性质、程度的关系密切，如我国刑法中的情节因素，凸显了行为人的主观罪责性，使得行为人值得遭受强烈的谴责和责难。因为行为人是有罪者、抑或无辜者或者要承受多大的罪责等，都直接与行为人的主观罪责相联系。但现有一般犯罪化的判断标准中，判断的中心放在损害原则上，对罪责原则相对不够重视。例如，有学者认为，犯罪行为与侵权行为只有损害（社会危害性）程度上的区别，而完全忽视行为人的主观罪责在不同部门法中的差异。[2] 但现代危险犯的大面积出现，使得损害原则中的损害内容被无限虚构和拉伸，这给损害原则施

---

〔1〕 See Timothy Lynch, "In the name of Justice: Leading Experts Reexamine the Classic Article", in Timothy Lynch, ed., *The Aims of The Criminal Law*, Cato Institution, 2009.

〔2〕 参见陈兴良：《刑法谦抑的价值蕴含》，载《现代法学》1996年第3期。

加了巨大的压力。[1] 因而本书以解决过罪化为出发点，认为立法机关犯罪化原则取向，应从行为的损害结果，转移到以主观罪过为取向，规范犯罪化理论的中心点，应是行为人的主观罪责，具体包括罪责的性质、程度、种类等。行为人的罪责也可被解释成包含于不法性中，成为主观不法性，是行为人不法性的核心。某种行为要能够构成犯罪，必须是行为人意图造成最终的、真正的严重损害，而不是只对行为有损害危险有认识。例如，破坏生产经营罪的主观意图要求是“由于泄愤报复或者其他个人目的”，对于其中的“其他”，应是意图达成不正当利益的目的，造成最终、真正的严重损害，但如果是意图实现正当利益，例如，被告人为提高销售业绩、实现个人升职，在最低价以下出售公司产品，则不应构成破坏生产经营罪；又如，被告人为解决个人居住环境中的噪声问题，不要补偿款，但是阻拦施工车辆施工发出噪声，也不应构成破坏生产经营罪，[2] 因为被告人是意图减少居住环境的噪声，实现正当利益。

第四节　过罪化的替代措施

物质史无前例充裕的当今社会，充斥着各种巨大的物质利益诱惑，这为遵纪守法者抵制各种犯罪诱惑增加了难度。大量公民也正在通过实施犯罪行为，充分展现他们适应社会制度的“异常能力”。只有对各种具体的社会制度进行实质改革，使各项制度更人性化，才能极大地减少、避免守法者沦为违法犯罪分子的机会和可能性，如行政税收制度、社工制度、证券管理制度、宣传制度、自由市场制度、完善的法制、劝人行善的宗教制度等。毕竟国家惩罚始终不是一个富有成效、性价比高的控制犯罪、管理社会的措施。如果能够找到恰当的可替代措施，国家就不应对那些“时代悲惨灵魂”施加极具“污名化”的国家极端暴力。所以立法机关在扩充实体刑法规范内容之前，应充分考虑刑法的替代性措施，使刑法具有实质的最后手段性，而不是现实的最先手段性。本节主要论述一些直接预防、减少、控制犯

---

[1] See Hyman Gross, *Crime and Punishment: A Concise Moral Critique*, Oxford University Press, 2012, p. 98.

[2] 参见崔志伟：《破坏生产经营罪的口袋化倾向与司法消解》，载《法律适用》2018 年第 7 期。

罪的相关基础设施制度,并主张应使目前来看还很薄弱的相关基础设施制度,在将来逐渐成熟、发达和完善。

一、刑法外的制度

刑法外的制度具体包括很多制度,如奖惩制度、经济措施、行政管理措施、非刑法的其他法律措施等,只有刑法外的制度才能真正有效地将犯罪直接消灭在萌芽状态。一般来说,最常用的手段是奖惩制度,比如,国家可通过充分利用奖惩制度来打击犯罪,即长期定期对英勇同罪犯作斗争的公民予以大规模、大面积的奖励;经济措施,主要是指充分利用市场无形的力量,形成自控、自理的合法市场规则,培养共同遵守合法市场规则的市场舆论力量,对于违反该市场规则的公民,该自治市场应该有独特的治理手段。同时政府也应运用强有力的经济手段规制公民的行为,具体主要是税收制度、政府定价制度、政府财政拨款资助制度、企业自我管理、自我侦查制度等。例如,市场上售卖的甜食让很多市民换上严重的肥胖症,政府欲对甜食进行管控,使民众尽可能少地接触到甜食,政府可以对市场上所有添加糖成分的食品增加特定糖税,从而增加甜食的价格,使甜食类产品的价格高于类似商品的价格,这样可以使对甜食具有灵活消费习惯的市民尽可能少地购买甜食;又如,人数逐年增加的在押人员,在物质金钱、身体精神或教育文化程度上基本上处于贫乏状态,在大力发展自由市场经济的同时,政府应充分利用财政拨款制度,直接精准扶贫,对在押人员投入大量的财政拨款或援助,而不是在打击新型经济犯罪方面不断投入大量稀缺且宝贵的刑法资源。[1] 此外,政府还可在承认存在过罪化问题的基础上,显著提升行政执法部门的独立执法权,使其威慑力等同于检察机关的起诉裁量权。[2] 具体的举措还包括对违法的经济交易行为,施以高额惩罚性行政罚款,还可充分利用行政执照、特许经营、从业人员定期检查、场所定期检查、限制流通商品购买许可证等管理制度,管理公民的非罪行为,只容许不

---

〔1〕 See Dragan Petrovec, "Poverty and Reaction to Crime—Freedom without Responsibility", *European Journal of Crime, Criminal Law and Criminal Justice* 4, 2000, p. 389.

〔2〕 See Daniel Richman, "Overcriminalization for Lack of Better Options: A Celebration of Bill Stuntz", in *The Political Heart of Criminal Procedure: Essays on Themes of William J. Stuntz*, edited by Michael Klarman, David Skeel, Carol Steiker, New York: Cambridge University Press, 2012, p. 85.

道德行为在特定区域、特定时间、特定方式等合法地进行，据此可形成合理的行政管理框架，这种管理制度的完善不是以公民的自由为代价，而是通过行政管理制度，更加充分地尊重公民的自我决定权，使公民合理、恰当、安全地实施某种行为。[1] 同时因不涉及剥夺公民自由，也免去了限制司法专断暴虐的相关司法程序，能够极大地节约司法成本。除此之外，对无法实现公正应得报应的违法行为，不应使行为人承担刑事责任，可使其承担相应的民事责任或侵权责任，如赔偿责任、补偿责任等。民法制度中，还可采纳真正旨在为困苦公民提供物质帮助的强制性民事拘禁(Compulsory civil Commitment)，当然，为防止这项制度被滥用，也应严格确立其适用标准。在笔者看来，利用刑法规制那些本应由刑法之外的法律制度予以规制的行为或状态，为过罪化。[2] 例如用"自由刑""管控"现代企业不诚实的联合行为，即卡特尔行为，是为一种过罪化，因为国家对其管控的体制应该是以行政机关限制、剥夺卡特尔从业资格为先；以对企业施以惩罚性的巨额行政罚款为主；以其他各种非刑法措施为补充。[3]

二、公民的自力救济

从现代刑法的根源来看，刑法脱胎于私人权利，是公民救济无助时的一种替代措施。[4] 当民众自己的生命、身体、财产或其他天然应享有的资源，受到他人直接威胁和赤裸挑衅时，国家无法期待公民坐以待毙。公民天生有权为维护自己的生存利益而斗争，任何人的利益都是平等的，不能以对方客观资源数量和能力的多少，来恒定行为人是否有权采取自助行为，进而否定他人的自我救助的权利。虽然面对他人的侵犯行为，从不应伤害他人的高尚道德角度来看行为人奋起反抗，是错误的。但"私力救助"使他人获得自然应得报应，这一行为应获得全社会的理解和支持。有史以

[1] See Jeffrey S. Parker, "Developing Consensus Solutions to Overcriminalization Problems: The Way Ahead", *Journal of Law, Economics & Policy* 7, 2011, pp. 730-733.

[2] See Carlos Gomes - Jara Diez, "Corporate Culpability as a Limit to the Overcriminalization of Corporate Criminal Liability: The Interplay Between Self - regulation, Corporate Compliance, and Corporate Citizenship", *New Criminal Law Review* 14, 2011, pp. 90-91.

[3] 参见胡莎：《论卡特尔行为的过度犯罪化》，载《中国刑事法杂志》2015 年第 5 期。

[4] 参见童春荣：《论刑民界限的公众认同》，载《中南大学学报》(社会科学版) 2014 年第 2 期。

来自助行为一直都是被容许的，只是立法机关从未充分重视过这个客观问题。虽然这种自助行为从本质上说，是动物世界残酷生存法则的直观演绎，这在人类文明社会中是反道德直觉的。但是人类文明社会中的生存法则也同样残酷，这种残酷体现在生于特定司法管辖区下的公民，必须被附上为集体利益牺牲的重大道德义务和道德负担。例如，为保护多数人的生命，而要求他人牺牲自己的生命；为创造更多的经济财富，要求他人直接牺牲自己的美好空气资源；等等。正是为了满足大多数人对良好秩序、社会稳定的诉求，国家才据此牺牲少数群体的利益，以维护大一统的集体利益。但人有自我救助的本性，有实现自己心中正义的本能，利益被侵犯或强烈地感受到被不公正对待的少数人，会进行自我救助，其认为与其遵守人类文明社会的残酷生存法则，还不如遵守动物自然世界的残酷生存法则，在不浪费国家刑事司法资源的情况下，解决社会公共生活中不可避免的冲突和矛盾。

从刑法被国家垄断的角度来看，公民作为社会成员的一分子，根据其必须承担的合作、协调和团结的重大道德义务，公民所有的自助行为都是错误的，但在刑法立法理论上该行为应是被容许的。国家惩罚权最初在立法阶段就不应介入公民的自助行为中，自助行为也不应纳入刑事规范的制定、审议过程中，也不应对其从已被犯罪化的正当性角度积极论证该行为可被犯罪化，更不应纳入犯罪论体系中探讨自助行为的“违法阻却性”或“罪过阻却性”。虽然立法机关不应求助于限制自由的惩罚手段控制公民的自救行为，但可在特定条件下，付诸其他非限制自由的社会管控手段。例如，面对无责任能力者的致命攻击，行为人为消除无责任能力者带来的生命威胁，可当场杀害无责任能力者，这在刑法上是允许的。面对这种自助行为，立法机关必须明确规定，刑法自始至终不应介入。

三、全民的道德压力

强大而典型的非正式替代机制是全民的道德力量，俗称“人言可畏”。社会中总会存在全体公民一致公开认同的基本道德，公民对美德、品格、情操都有一个大致的统一理解。当周围绝大部分人时常明确地给行为人传达不得实施某种行为的日常信息时，行为人对实施此种行为会充满耻辱感、羞愧感和厌恶感。在这种同伴压力、从众心理、恐惧被社会边缘化的主流道德压力下，行为人在大多数情况下会用理智去克制不实施不道德的行为。同时,人类天生具有极强的模仿能力,特别是对周围同伴或亲友的模仿痕迹更加明显,并且这种模仿大多数时候都是无意识的。当周围的同伴无人实施该行为时,行为人也一般会模仿周围人,也不实施此种行为。即使行为人在特定情境下失去理智实施此种备受社会唾骂的行为,行为人也将会遭受周围群众的白眼、脸色、流言、打小报告等,有的甚至在网络上受到网友们无尽的谩骂,在街上遭受亲朋好友的羞辱,其个人名誉将丧失殆尽,这种世俗的惩罚方式比国家惩罚更深远,对个人生活更具有毁灭性。

结　语

刑法全球化时代，过罪化问题是一个全球性的刑法问题。事实上，我国的刑法学者，都或多或少地关注过罪化问题，这是一个痕迹随处可见的研究领域。例如，我国的刑法调整范围、刑法处罚范围、刑法惩罚程度、治安行为的犯罪性、刑法谦抑性等形似研究过罪化问题的议题，终极目的都是用于解决我国的过罪化问题，只是这些议题都不是旨在直接解决问题过罪化的专门理论，只是从理论到理论，从未真正落实到直接用于解决过罪化问题。本书提出的公正应得报应惩罚理论，是一个实践操作性极强、专门解决过罪化问题的理论，真正做到了从解决我国的实际问题——过罪化问题——出发，论证出专门解决该问题的理论——公正应得报应惩罚理论，再直接为立法机关提出如何在"未来犯罪化"中运用该理论，据此，本书基本实现了导言中的研究目的。但在研究意义方面，由于过罪化研究议题与"我国犯罪化是趋势的通行论断"看上去不和谐，虽然作者在导言中极力说明本书的研究范围是专门研究过罪化，而不是犯罪化，同时本书在第二章详细论证过罪化与犯罪化的区别与联系，并极力主张过罪化研究议题与"我国犯罪化是趋势的通行论断"并不矛盾，但须承认，作者对这方面的论述总体上稍有欠缺，未设专章全面论证我国的过罪化问题，只是在全书的论证过程中，直接将我国面临的过罪化问题融入英美过罪化理论的论证中,并解读我国刑法研究中遇到的相关具体问题。之所以如此,主要是因为我国专门研究过罪化问题的学术资料本身很少,如果硬将我国现有形似研究过罪化问题的“本土资源”融进本书,显得勉强而怪异,并有明显的离题嫌疑。毋庸置疑,过罪化议题包含极其丰富的学说、原理、思想等刑法学术资源,这其中也包括我国现存的有助于间接无形解决我国过罪化问题的本土资源,因而我国学者可以在本书的研究基础上,进一步深入研究过罪化问题与这些本土资源的关系,从而将过罪化的专门研究持续深入下去。

我国刑法中存在过罪化问题并不可怕,可怕的是不客观承认本国存在该问题、无法意识到该问题的严重性、不敢明确地专门提出该问题、狭隘地钟情于单一应急解决之道。本书主张应该进入专门研究过罪化的语境中,一一克服专门研究过罪化理论所产生的思维狭隘性与局限性,以实体刑法规范学视角,专门针对立法机关,提出抗击过罪化问题的规范化原则——公正应得报应惩罚原则,主张民主、自由、法治社会中拥有理性自治能力的所有公民,应以成熟的民主渠道真正参与立法机关未来犯罪化工作,将规范犯罪化理论的相关知识民主化、实证化或普及化等,从而最终激励立法机关在未来犯罪化中遵循本书提出的规范犯罪化原则,减少不公正犯罪化。因此,本书比较明确地阐明、论证上述观点,并详细解析了本书序言中所提出的各种疑惑。至于理论资源极其丰富的过罪化理论中所蕴含的其他理论及其具体运用,仍亟待进一步研究。其中的“其他理论”,主要是指刑法简约主义风格、刑法悭吝主义、公民不被惩罚或犯罪化的权利、不公正犯罪化的立法假设、行为本不应被犯罪化的立法假设等;具体运用,主要是指洗钱行为的过罪化、恐怖主义的过罪化、治安行为的过罪化、企业经济社会诈骗行为的过罪化等。所以作者只是在过罪化研究的殿堂中,尽全力仔细研究过罪化的整体样貌、本质属性以及其蕴含的理论思想精华,使过罪化研究议题与我国现有的相关刑法研究成果完美无缝对接,从而将起源于英美国家的过罪化理论完全中国本土化、特色化和内在化,这将是作者今后的理论研究志向,也是穷其一生的研究任务。

简要回顾完本书论证的“过罪化议题”之下的具体议题后,展望未来,极易发现抗击、克服或缓解过罪化问题,是一个重大艰深的时代难题,本书提出的层层限制、逐级缩小、由抽象到具体的公正应得报应惩罚原则,是以实体刑法规范学为学术武器攻克时代难题,也只是解决过罪化问题的道路之一。例如,我国现在盛行的刑法教义学从终极目的角度来看,也是旨在减少我国过罪化问题所产生的不利后果;我国现有立法论中的各种理论,也是旨在真正实现民主犯罪化、理性犯罪化和适度犯罪化,竭力遏制我国的过罪化问题。当然,除了可依凭刑法中的司法、立法知识解决该问题外,一直处在非刑法嬗变过程中的其他部门法之充分发展和完善,也是解决过罪化问题的丰富理论资源。此外,还可以采纳人文社会学科知识解决过罪化问题。例如,在欧美发达国家的现有过罪化研究中,已有专门研究文化考古学的学者主张,以创造过罪化问题新文化禁忌来解决过罪化问题。[1] 总之,对过罪化的研究依然未完待续。

最后,基于英语国家今后过罪化研究的文献资料,本书的一些观点可能被修正、补充,作者今后愿意对此予以完善。最重要的是,虽然过罪化问题无国界,但各个国家的过罪化问题会各有特点,相应的具体解决办法也会有差异,因此随着我国专门研究过罪化的学术成果渐丰,我国存在过罪化问题的观点将更加明晰,学者也会集中"学术火力",抗击我国的过罪化问题。

---

〔1〕 See Brennan T. Hughes, "Strictly Taboo: Cultural Anthropology's Insights into Mass Incarceration and Victimless Crime", *New English Journal on Criminal & Civil Confinement* 41, 2015, pp. 82-83.

参考文献

一、中文著作及译著

1. 陈忠林:《刑法散得集》(Ⅱ),重庆大学出版社2012年版。

2. 何荣功:《自由秩序与自由刑法理论》,北京大学出版社2013年版。

3. 胡水君:《内圣外王:法治的人文道路》,华东师范大学出版社2013年版。

4. 贾学胜:《非犯罪化研究》,法律出版社2011年版。

5. 青峰:《犯罪本质研究——罪与非罪界说新论》,中国人民公安大学出版社1994年版。

6. 孙战国:《犯罪化基本问题研究》,中国法制出版社2013年版。

7. 王立峰:《惩罚的哲理》(第2版),清华大学出版社2013年版。

8. 汪明亮:《道德恐慌与过剩犯罪化》,复旦大学出版社2014年版。

9. 王玉珏:《信用证欺诈案件之刑民界分研究》,法律出版社2012年版。

10. 杨春然:《刑法的边界研究》,中国人民公安大学出版社2013年版。

11. 姚大志:《当代西方政治哲学》,北京大学出版社2011年版。

12. 周国文:《刑罚的界限——Joel Feinberg 的“道德界限”与超越》,中国检察出版社 2008 年版。

13. 周安平:《性别与法律:性别平等的法律进路》,法律出版社 2007 年版。

14. 朱文奇:《现代国际刑法》,商务印书馆 2015 年版。

15. [英]威廉姆·威尔逊:《刑法理论中的核心问题》,谢望原等译,中国人民大学出版社 2015 年版。

16. [英]《英国刑事制定法精要》,谢望原等译,中国人民公安大学出版社 2003 年版。

17. [美]道格拉斯·N. 胡萨克:《刑法哲学》,谢望原等译,中国人民公安大学出版社 2004 年版。

18. [美]道格拉斯·N. 胡萨克:《过罪化及刑法的限制》,姜敏译,中国法制出版社 2015 年版。

19. [日]大谷实:《刑事政策学》(新版),黎宏译,中国人民大学出版社 2009 年版。

20. [英]艾伦·诺里:《刑罚、责任与正义——关联批判》,杨丹译,中国人民大学出版社 2009 年版。

21. [英]维克托·塔德洛斯:《刑事责任论》,谭淦译,中国人民大学出版社 2009 年版。

22. [美]哈伯特·L. 帕克:《刑事制裁的界限》,梁根林等译,法律出版社 2008 年版。

23. [德]埃里克·希尔根多夫:《德国刑法学——从传统到现代》,江溯、黄笑岩等译,北京大学出版社 2015 年版。

24. [美]彼得·萨伯:《洞穴奇案》,陈福勇、张世泰译,生活·读书·新知三联书店 2012 年版。

25. [古希腊]亚里士多德:《尼各马可伦理学》(注译导读本),邓安庆译,人民出版社 2010 年版。

二、中文期刊

1. 陈兴良:《刑法谦抑的价值蕴含》,载《现代法学》1996 年第 3 期。

2. 方泉:《犯罪化的正当性原则——兼评乔尔·范伯格的限制自由原则》,载《法学》2012 年第 8 期。

3. 冯军:《犯罪化的思考》,载《法学研究》2008 年第 3 期。

4. 冯军:《刑法中的自我答责》,载《中国法学》2006 年第 3 期。

5. 高铭暄、孙道萃:《预防性刑法观及其教义学思考》,载《中国法学》2018 年第 1 期。

6. 顾肖荣、陈玲:《必须防范金融刑事立法的过度扩张》,载《法学》2011 年第 6 期。

7. 何荣功:《经济自由与刑法理性:经济刑法的范围界定》,载《法律科学》(西北政法大学学报)2014 年第 3 期。

8. 何荣功:《社会治理"过度刑法化"的法哲学批判》,载《中外法学》2015 年第 2 期。

9. 何荣功:《预防刑法的扩张及其限度》,载《法学研究》2017 年第 4 期。

10. 胡莎:《缓解过度犯罪化问题的公正应得报应理论》,载《宁夏大学学报》(人文社会科学版)2015 年第 5 期。

11. 胡莎:《论卡特尔行为的过度犯罪化》,载《中国刑事法杂志》2015 年第 5 期。

12. 胡莎:《论刑法规范的久置不用原理》,载《中国石油大学学报》(社会科学版)2015 年第 6 期。

13. 黄晓明:《论刑法边界的坚守——犯罪本位与刑罚本位的思辨》,载戴玉忠、刘明祥主编:《刑罚改革问题研究》,中国人民公安大学出版社 2013 年版。

14. 姜顶、蒋文玉:《著作权侵权行为过度犯罪化成本与效益分析》,载《湖南科技学院学报》2014 年第 6 期。

15. 姜涛:《追寻理性的罪刑模式:把比例原则植入刑法理论》,载《法律科学》(西北政法大学学报)2013 年第 1 期。

16. 朗胜:《在构建和谐社会的语境下谈我国刑事立法的积极与谨慎》,载《法学家》2007 年第 3 期。

17. 劳东燕:《危害性原则的当代命运》,载《中外法学》2008 年第 3 期。

18. 黎宏:《情景犯罪学与预防刑法观》,载《法学评论》2018 年第 6 期。

19. 梁根林:《犯罪化及其限制》,载《中外法学》1998 年第 3 期。

20. 刘艳红:《我国应该停止犯罪化的刑事立法》,载《法学》2011 年第

11 期。

21. 欧阳本祺:《对非法经营罪兜底性规定的实证分析》,载《法学》2012 年第 7 期。

22. 石聚航:《刑法谦抑性是如何被搁浅的?——基于定罪实践的反思性观察》,载《法制与社会发展》2014 年第 1 期。

23. 时延安:《犯罪化与惩罚体系的完善》,载《中国社会科学》2018 年第 10 期。

24. 童春荣:《刑法不得已原则之提倡——与刑法谦抑性比较的抉择》,载《湖北社会科学》2015 年第 7 期。

25. 童春荣:《论刑民界限的公众认同》,载《中南大学学报》(社会科学版)2014 年第 2 期。

26. 王林:《美国刑事司法过度犯罪化——成因、后果及其对策分析》,载《理论界》2015 年第 4 期。

27. 谢望原:《实然的刑罚目的与应然的选择》,载《浙江社会科学》2000 年第 5 期。

28. 谢望原:《论道格拉斯 · N. 胡萨克的刑法思想——兼评〈刑法哲学〉》,载《山东大学学报》(哲学社会科学版)1994 年第 1 期。

29. 徐洋洋:《从刑法泛化现象反思刑事立法的正当性根据》,载《湘江青年法学》2015 年第 1 期。

30. 杨春然:《冒犯型犯罪的根据:伤害原则对法益保护原则的一次超越——兼论犯罪的本质》,载《中国刑事法杂志》2010 年第 2 期。

31. 郑玉双:《法理学贡献于刑法学的方式:以刑法观为例》,载《中国法律评论》2018 年第 3 期。

32. 郑玉双:《为犯罪化寻找道德根基——评范伯格的〈刑法的道德界限〉》,载《政法论坛》2016 年第 2 期。

33. 张明楷:《论刑法的谦抑性》,载《法商研究》1995 年第 4 期。

34. 张明楷:《司法上的犯罪化与非犯罪化》,载《法学家》2008 年第 4 期。

35. 张明楷:《刑事立法的发展方向》,载《中国法学》2006 年第 4 期。

36. 张明楷:《简评近年来的刑事司法解释》,载《清华法学》2014 年第 1 期。

37. 张绍谦:《从刑罚特性看犯罪圈的界限》,载《河南省政法管理干部学院学报》2007 年第 5 期。

38. 张远煌:《论刑法调控与犯罪生成》,载《法学》2004 年第 6 期。

三、中译论文

1. [美]安东尼·杜夫文:《基于刑法哲学的犯罪化理论》,谢望原译,载谢望原、张小虎主编:《中国刑事政策报告》(第 1 辑),中国法制出版社 2007 年版。

2. [英]安德鲁·冯·赫尔希文:《法益概念与"损害原则"》,樊文译,载陈兴良主编:《刑事法评论》(第 24 卷),北京大学出版社 2009 年版。

3. [美]马库斯·德克·达博文:《积极的一般预防与法益理论——一个美国人眼中的德国刑法学的两个重要成就》,杨萌译,载陈兴良主编:《刑事法评论》(第 21 卷),北京大学出版社 2008 年版。

四、英文著作及编著

1. Alan Norrie, *Crime, Reason and History: A Critical Introduction to Criminal Law* (3rd Edition), Cambridge University Press, 2014.

2. Antony Duff, *Punishment, Communication and Community*, Oxford University Press, 2003.

3. Antony Duff, Lindsay Farmer, S. E. Marshall, Massimo Renzo and Victor Tardros, *The constitution of Criminal Law*, Oxford University Press, 2013.

4. Andrew Ashworth, Jeremy Horder, *Principles of Criminal Law* (7th Edition), Oxford University Press, 2013.

5. Andreas von Hirsch, *Censure and Sanctions*, Oxford: Clarendon Press, 1993.

6. Andrew von Hirsch, *Doing Justice: The Choice of Punishment*, Northeastern University Press, 1976.

7. A. P. Simester, Andrew von Hirsch, *Crimes, Harms and Wrongs: On the Principles of Criminalization*, Oxford: Hart Publishing, 2011.

8. A. P. Simester, J. R. Spence, G. R. Sullivan, G. J. Virgo, *Simester and Sullivan's Criminal Law, Theory and Doctrine* (5th Edition), Oxford and Portland, Oregon: Hart Publishing, 2013.

9. Barbara MacKinnon, *Ethics: Theory and Contemporary Issues*, Peking University Press, 2003.

10. Carl Constantin Lauterwein, *The Limits of Criminal Law: A Comparative Analysis of Approaches to Legal Theorizing*, Ashgate Publishing Limited, 2010.

11. David A. J. Richards, *Sex, Drugs, Death, and the Law: An Essay on Human Rights and Overcriminalization*, Rowman & Littlefield Publishers, 1986.

12. Dennis J. Baker, *The Right not to be Criminalized: Demarcating Criminal Law's Authority*, Ashgate Publishing, 2011.

13. Douglas Husak, *Overcriminalization—The Limits of the Criminal Law*, New York: Oxford University Press, 2008.

14. Gabriel Hallevy, *The Right to Be Punishment: Modern Doctrinal Sentencing*, Springer-Verlag Berlin Heidelberg, 2013.

15. Gerry Johnstone, Tony Ward, *Law and Crime*, SAGA Publications Ltd., 2009.

16. Herbert L. Packer, *The limits of The Criminal Sanction*, Stanford University Press, 1969.

17. Hyman Gross, *Crime and Punishment: A Concise Moral Critique*, Oxford University Press, 2012.

18. Jeremy Horder, *Homicide and the Politics of Law Reform*, Oxford University Press, 2012.

19. Joel Feinberg, *Offense to Others—The Moral Limits of the Criminal Law*, Oxford University Press, 1985.

20. Joel Feinberg, *Harms to Others—The Moral Limits of the Criminal Law*, Oxford University Press, 1986.

21. Joel Feinberg, *Harms to Self—The Moral Limits of the Criminal Law*, Oxford University Press, 1986.

22. Joel Samaha, *Criminal Law* (8th Edition), Thomson Wadsworth, 2005.

23. Jonathan Herring, *Criminal Law* (8th Edition), Palgrave MacMilliam, 2013.

24. Jonathan Herring, *Criminal Law: Text, Cases and Materials* (5th Edition), Oxford University Press, 2010.

25. Jonathan Herring, *Great Debates in Criminal Law*, Palgrave Macmillan, 2012.

26. Jonathan Simon, *Governing Through Crime: How the War on Crime Transferred American Democracy and Created a Culture of Fear*, Oxford University Press, 2007.

27. Malcolm Davies, *Davies, Croall & Tyrer's Criminal Justice* (5th Edition), Pearson Education Limits, 2015.

28. Michael S. Moore, *Placing Blame: A Theory of the Criminal Law*, Oxford University Press, 2010.

29. Nicola Padfield, *Criminal Law* (8th Edition), Oxford University Press, 2012.

30. Stuart P. Green, Lying, *Cheating and Stealing: A Moral Theory of White-Collar Crime*, Oxford University Press, 2007.

31. Susan Easton, *Prison's Rights: Principles and Practice*, Routledge, 2011.

32. Victor Tadros, *The Ends of Harm: The Moral Foundation of Criminal Law*, Oxford University Press, 2011.

33. William Wilson, *Criminal Law: Doctrine and Theory*, London: Pearson Educational Limited, 2014.

34. William Wilson, *Central Issues in Criminal Law*, Hart Publishing, 2002.

五、英文期刊、文集

1. Andrew Ashworth, "Is the Criminal Law a Lost Cause?", *Law Quarterly Review* 116, 2000, pp. 225-256.

2. Andrew Ashworth, "Symposium in Honor of Sanford H. Kadish: Conceptions of Overcriminalization", *Ohio State Journal of Criminal Law* 5, 2008, pp. 407-424.

3. Andrew von Hirsch, N. Jareborg, "Gauging Criminal Harm: A Living standard Analysis", *Oxford Journal of Legal Studies* 11, 1991, pp. 1-38.

4. Andrew von Hirsch, "The Politics of 'Just Deserts', *Canadian Journal of Criminology* 32, 1990, pp. 397- 413.

5. April Frazier - Camara, " Overcriminalization of Redemption: Fixing a Broken System, Not Broken People", *Criminal Justice* 28, 2013, pp. 19-62.

6. A. P. Simester, Andrew von Hirsh, " Remote Harms and Non - Constitutive Crimes", *Criminal Justice Ethics* 28, 2009, pp. 89-107.

7. A. P. Simester, A. T. H. Smith, " Criminalization and the Role of Theory, Harm and Culpability", in A. P. Simester and A. T. H. Smith, eds., *Harm and Culpability*, Clarendon Press, 1996, pp. 1-17.

8. Arthur Sherry, " The Honest Politician's Guide to Crime Control - Norval Morris& Gordon Hawkins", *Criminology* 6, 1970, pp. 122-124.

9. Alvaro Santos, " International Law and Its Discontents, Critical Reflections on the War on Drugs or the Role of Law in Creating Complexity", *American Society of International Law Proceedings* 106, 2013, pp. 172-176.

10. Arval A. Morris, " Overcriminalization and Washington's Revised Criminal Code", *Washington Law Review* 48, 1972, pp. 5-56.

11. Benjamin L. Liebman, " Leniency in Chinese Criminal Law? Everyday Justice in Henan", *Berkeley Journal of International Law* 33, 2015, pp. 153-222.

12. Bernard E. Harcourt, " Mill's on Liberty and the Modern ' Harms to Others' Principle", in Markus D. Dubber, ed., *Foundational Texts in Modern Criminal Law*, Oxford University Press, 2014, pp. 162-188.

13. Bernard E. Harcourt, "The Collapse of the Harm Principle", *Journal Criminal Law & Criminology* 90, 1999, pp. 109-194.

14. Brennan T. Hughes, " Strictly Taboo: Cultural Anthropology's Insights into Mass Incarceration and Victimless Crime", *New English Journal on Criminal & Civil Confinement* 41, 2015, pp. 49-84.

15. Carlos Gomes - Jara Diez, " Corporate Culpability as a Limit to the Overcriminalization of Corporate Criminal Liability: The Interplay Between Self - regulation, Corporate Compliance, and Corporate Citizenship", *New*

Criminal Law Review 14,2011,pp. 78–96.

16. Cass R. Sunstein, "What did Lawrence Hold of Autonomy, Desuetude, Sexuality and Marriage", *The Supreme Court Review*, 2003, pp. 27–74.

17. C. Jarrett Dieterle, "Lacey Act: A Case Study in the Mechanics of Overcriminalization", *Georgetown Law Journal* 102, 2014, pp. 1279–1306.

18. Daniel Richman, "Overcriminalization for Lack of Better Options: A Celebration of Bill Stuntz", in *The Political Heart of Criminal Procedure: Essays on Themes of William J. Stuntz*, edited by Michael Klarman, David Skeel, Carol Steiker, New York: Cambridge University Press, 2012, 64–86.

19. Darryl K. Brown, "Cost – Benefit Analysis in Criminal Law", *California Law Review* 92, 2004, pp. 323–372.

20. Darryl K. Brown, "Criminal Law Unfortunate Triumph Over Administrative Law, Journal of Law", *Economics & Policy* 7, 2011, pp. 657–683.

21. Darryl K. Brown, "Prosecutors and Overcriminalization: Thoughts on Political Dynamics and a Doctrinal Response", *Ohio State Journal of Criminal Law* 6, 2009, pp. 453–466.

22. David Dailey, "Searching for Culpability, Punishing the Guilty, and Protecting the Innocent: Should Congress Look to the Model Penal Code to Stem the Tide of Federal Overcriminalization?", *Catholic University Law Review* 63, 2014, pp. 997–1020.

23. David S. Law, Mila Versteeg, "The Evolution and Ideology of Global Constitutionalism", *California Law Review* 99, 2011, pp. 1163–1258.

24. Dick Thornburgh, "The Dangers of Over – Criminalization and the need for Real Reform: The Dilemma of Artificial Entities of Crimes", *American Criminal Law Review* 44, 2007, pp. 1279–1286.

25. Douglas Husak, *Malum Prohibitum and Retributivism, in Antony Duff, Stuart P. Green, eds., Philosophical Foundations of Criminal Law*, Oxford University Press, 2005.

26. Douglas Husak, "Overcriminalization", in Dennis Patterson, ed., *A*

Companion to Philosophy of Law and Legal Theory, Malden, MA: Wiley-Blackwell, 2011, p. 630.

27. Douglas Husak, "Repaying the Scholar's Compliment", *Jerusalem Review of Legal Studies* 1, 2010, pp. 48-70.

28. Douglas Husak, "Reservations about Overcriminalization", *New Criminal Law Review* 14, 2011, pp. 97-107.

29. Donald A. Dripps, "Overcriminalization, Discretion, Waiver: A Survey of Possible Exit Strategies", *Pennsylvania State Law Review* 109, 2005, pp. 1155-1179.

30. Donald A. Dripps, "The Iiberal Critique of the Harm Principle", *Criminal Justice Ethics* 17, 1998, pp. 3-18.

31. Edwin MeeseIII, Paul J. Larkin, Jr., "Reconsidering the Mistake of Law Defense", *Journal Criminal Law & Criminology* 102, 2012, pp. 725-784.

32. Ekow N. Yankah, "Paradox in Overcriminalization", *New Criminal Law Review* 14, 2011, pp. 1-34.

33. Ellen S. Podgor, "Overcriminalization: New Approaches to A Growing Problem", *Journal of Criminal Law, Criminology and Police Science* 102, 2012, pp. 529-536.

34. Ellen S. Podgor, "Overcriminalization: The Politics of Crime", *American University Law Review* 54, 2005, pp. 541-544.

35. Eric Blumenson, Eva Nilsen, "Liberty Lost: The Moral Case for Marijuana Law Reform", *Indiana Law Journal* 85, 2010, pp. 279-300.

36. Erik Luna, "The Overcriminalization Phenomenon," *American University Law Review* 54, 2005, pp. 703-746.

37. Fernando Molina, "A Comparison Between Continental European and Anglo-American Approaches to Overcriminalization and Some Remarks on How to Deal With it", *New Criminal Law Review* 14, 2011, pp. 123-138.

38. George J. Terwilliger Ⅲ, "Under-Breaded Shrimp and Other High Crimes: Addressing the Over-Criminalization of Commercial Regulation", *American Criminal Law Review* 44, 2007, pp. 1417-1434.

39. Geraldine Szott Moohr, "Defining Overcriminalization through Cost-

benefit Analysis: The Example of Criminal Copyright Laws", *American University Law Review* 54,2004,pp. 783-808.

40. Gideon Yaffe, "Harmfulness, Wrongfulness, Lesser Evils and Risk-creation: A Comment on Douglas Husak's Overcriminalization", *Jerusalem Review of Legal Studies* 1,2010,pp. 35-47.

41. Heidi M. Hurd, "Paternalism on Pain of Punishment", *Criminal Justice Ethics* 28,2009,pp. 49-73.

42. Inkeri Anttila, Helsinki, "Trends in Criminal Law", in *Criminal Law In action: An Overview of Current Issues in Western Societies*, edited by Jan Van Dijk, Charles Haffmans, Frits Ruter, Julian Schutte, Simon Stolwijk, Kluwer Law and Taxation Publishers, 1988.

43. Isabel Grant, "The Over-Criminalization of Persons with HIV", *University of Toronto Law Journal* 33,2013,pp. 475-484.

44. Isaac D. Buck, "Enforcement Overdose, Health Care Fraud Regulation in An Era of Overcriminalization and Overtreatment", *Maryland Law Review* 74,2015,pp. 259-314.

45. James Chalmers, Fiona Leverick, Alasdair Shaw, "Is Formal Criminalization Really on the Rise? Evidence From the 1950s", *Criminal Law Review* 3,2015,pp. 177-191.

46. James E. Felman, Cynthia E. Hujar Orr, "ABA, Section to Jointly Address Overcriminalization", *Criminal Justice* 29,2014,pp. 1-35.

47. Jeff Welty, "Overcriminalization in North Carolina", *North Carolina Law Review* 92,2014,pp. 1935-2026.

48. Jeffrey S. Parker, "Developing Consensus Solutions to Overcriminalization Problems: The Way Ahead", *Journal of Law, Economics & Policy* 7,2011,pp. 725-744.

49. Jeffrey S. Parker, "Corporate Crime, Overcriminalization, and the Failure of American Public Morality", in F. H. Buckley, eds., *The American Illness: Essays on the Rule of Law*, Yale University Press, 2013.

50. Jeffrey Standen, "Plea Bargaining in the Shadow of the Guidelines", *California Law Review* 81,1993,pp. 1471-1540.

51. Jennifer Chacon, "Overcriminalizing Immigration", *Journal of Criminal Law, Criminology and Police Science* 2, 2012, pp. 613-652.

52. Jerome H. Skolnick, "Criminalization and Criminogenesis: A Reply to Professor Junker", *UCLA Law Review* 19, 1971, pp. 697-714.

53. John C. Coffee, Jr., "Does 'Unlawful' Mean 'Criminal'?: Reflections on The Disappearing Tort/Crime Distinction in American Law", *Boston University Law Review* 71, 1991, pp. 193-246.

54. John C. Coffee, Jr., "Hush: The Criminal Status of Confidential Information After McNally and Carpenter and the Enduring Problem of Overcrimininalization", American Criminal Law Review 26, 1988, pp. 121-154.

55. John C. Coffee, Jr., "Making the Punishment Fit the Corporation: The Problems of Finding an Optimal Corporation Criminal Sanction", *Northern Illinois University Law Review* 1, 1980, pp. 3-35.

56. John C. Coffee, Jr., "Modern Mail Fraud: The Restoration of The Public/Private Distinction", *American Criminal Review* 35, 1998, pp. 427-465.

57. John C. Coffee, Jr., "Paradigms Lost: The Blurring of the Criminal and Civil Law Models-And What Can Be done about It", *Yale Law Journal* 101, 1992, pp. 1875-1893.

58. John M. Junker, "Criminalization and Criminogenesis", *UCLA Law Review* 19, 1971, pp. 697-714.

59. John Martin Firscher, "Desert and Justification of punishment", in Thomas A. Nadelhoffer eds., *The Future of Punishment*, Oxford University Press, 2013.

60. John S. Baker, "State Police Powers and the Federalization of Local Crime", *Temple Law Review* 72, 1999, pp. 673-712.

61. John S. Baker, Jr., "Measuring the Explosive Federal Crime Legislation", *The Federalist Society for Law and Public Studies* 3, 2004.

62. Joshua Styles, "What Can We Learn from Britt v. State: How Overcriminalization is Eroding a Fundamental Right", *Journal on Firearms & Public Policy* 23, 2011, pp. 130-161.

63. Juliene James, Lauren - Brooke Eisen, Ram Subramanian, " A View from the States: Evidence - Based Public Safety Legislation", *Journal of Criminal Law, Criminology and Police Science* 102, 2012, pp. 821-850.

64. Kenneth Mann, " Punitive Civil Sanctions: The Middle Ground Between Criminal and Civil Law", *Yale Law Journal* 101, 1992, pp. 1795-1873.

65. Kristin Westerhorstmann, " The Computer Fraud and Abuse Act: Protecting the United Stated from Cyber - Attacks, Fake Dating Profiles, and Employees Who Check Facebook at Work", *University of Miami National Security Armed Conflict Law Review* 5, 2015, pp. 145-174.

66. Larry D. Thompson, "The Reality of Overcriminalization", *Journal of Law, Economic & Policy* 7, 2011, pp. 577-586.

67. Leon Radzinowicz, " The Criminal Law Explosion—Can It be Control?", *Columbia Journal of Law and Social Problem* 9, 1972, pp. 88-130.

68. Lisa H. Nicholson, "Sarbanes-Oxley's Purported Over-Criminalization of Corporate Offenders", *Journal of Business & Technology Law* 2, 2007, pp. 43-57.

69. Lucian E. Dervan, "White Collar Overcriminalization: Deterrence, Plea Bargaining, and the Loss of Innocence", *Kentucky Law Journal* 101, 2013, pp. 723-752.

70. Lucian E. Dervan, " Overcriminalization 2.0: The Symbiotic Relationship between Plea Bargaining and Overcriminalization", *Journal of Law, Economics & Policy* 7, 2011, pp. 645-655.

71. Lucian E. Dervan, Vanessa A. Edkins, " The Innocent Defendant's Dilemma: An Innovative Empirical Study of Plea Bargaining's Innocence Problem", *Journal of Criminal Law & Criminology* 103, 2013, pp. 1-48.

72. Margot Kaminski, " Copyright Crime and Punishment: The First Amendment's Proportionality Problem", *Maryland Law Review* 73, 2014, pp. 587-634.

73. Matthew S. White, " Overcriminalization Based on Foreign Law: How the Lacey Act Incorporates Foreign Law to Overcriminalize Importers and

Users of Timber Products", *Washington University Global Studies Law Review* 12,2013,pp. 381–401.

74. Meir Dan–Cohen, "Thinking Criminal Law", *Cardozo Law Review* 28,2007,pp. 2419–2426.

75. Michal Buchhandler–Raphael, "Drugs, Dignity, and Danger: Human Dignity as a Constitutional Constraint to Limit Overcriminalization", *Tennessee Law Review* 80,2013,pp. 291–346.

76. Michael S. Moore, "A Tale of Two Theories", *Criminal Justice Ethics* 28,2009,pp. 27–48.

77. Michael S. Moore, "Liberty's Constraints on What Should be Made Criminal Law", in *Criminalization: The Political Morality of the Criminal Law*, edited by R. A. Duff, Lindsay Farmer, S. E. Marshall, Oxford University Press, 2014.

78. Mike C. Materni, "The 100–plus–Year–Old Case for a Minimalist Criminal Law(Sketch of a General Theory of Substantive Criminal Law", *New Criminal Law Review* 18,2015,pp. 331–368.

79. Miriam Gur–Arye, "Comments on Douglas Husak's Overcriminalization", *Jerusalem Review of Legal Studies* 1,2010,pp. 21–34.

80. Nancy J. King, "Portioning Punishment: Constitutional Limits on Successive and Excessive Penalities", *University of Pennsylvania Law Review* 144,1995,pp. 101–196.

81. Nicola Lacey, "Historicising Criminalisation: Conceptual and Empirical Issues", *Modern Law Review* 72,2009,pp. 936–960.

82. Nicola Lacey, "Legal Construction of Crime", in Mike Maguire, Rod Morgan and Robert Reiner eds., *The Oxford of Criminology*, Oxford University Press, 2002.

83. Nils Jareborg, "Criminalization as Last Resort", *Ohio State Journal of Criminal Law* 2,2004,pp. 521–534.

84. Paul J. Larkin, "Regulation, Prohibition and Overcriminalization: The Proper and Improper Uses of the Criminal Law", *Hofstra Law Review* 42, 2014,pp. 745–758.

85. Paul J. Larkin, "Defanging the Lacey Act: The Freedom from Over-Criminalization and Unjust Seizures Act of 2012", Legal Memorandum No. 8, (The Heritage Foundation, Washington D. C.), March 16, 2012.

86. Paul Rosenzweig, "Overcriminalization: An Agenda for Change", *American University Law Review* 54, 2005, pp. 809-820.

87. Re'em Segev, "Is the Criminal Law (so) Special? Comments on Douglas Husak's Theory of Criminalization", *Jerusalem Review of Legal Studies* 1, 2010, pp. 3-20.

88. Richard Dagger, "Playing Fair with Imprisonment", *The Good Society* 23, 2014, pp. 30-40.

89. Richard S. Frase, "Criminalization and Decriminalization", in *Encyclopedia of Crime and Justice*, edited by Kadish H. Sanford, The Free Press, 1983.

90. Robert Young, "Douglas Husak On Dispensing with the Malum Prohibitum Offense of Money Laundering", Criminal Justice Ethics 28, 2009, pp. 108-118.

91. Roger A. Fairfax, Jr., "From 'Overcriminalization' to 'Smart on Crime': American Criminal Law Justice Reform—Legacy and Prospects", *Journal of Law, Economics & Policy* 7, 2011, pp. 597-616.

92. Ronald L. Gainer, "Creeping Criminalization and Its Social Costs", *Legal Backgrounder, Washington Legal Foundation*, 1998.

93. Samuel W. Buell, "The Upside of Overbreadth", *New York University Law Review* 83, 2008, pp. 1491-1564.

94. Sanford H. Kadish, "More on Overcriminalization: A Reply to Professor Junker", *UCLA Law Review* 19, 1971, pp. 719-722.

95. Sanford H. Kadish, "Some Observations on the Use of Criminal Law Sanctions in Enforcing Economic Regulations", *The University of Chicago Law Review* 30, 1963, pp. 423-449.

96. Sanford H. Kadish, "The Crisis of Overcriminalization", *The ANNALS of American Academy of Political and Social Science* 374, 1967, pp. 157-170.

97. Sara Sun Beale, "The Many Faces of Overcriminalization: From Morals and Mattress Tags to Overfederalization", *American University Law Review* 54, 2012, pp. 747–782.

98. Shaun Nichols, "Brute Retributivism", in Thomas A. Nadelhoffer eds., *The Future of Punishment*, Oxford University Press, 2013.

99. Stephen F. Smith, "Overcoming Overcriminalization," *The Journal of Criminal Law & Criminology, and Police Science* 102, 2012, pp. 537–592.

100. Stephen F. Smith, "Yates v. United Stated: A Case Study in Overcriminalization", *University of Pennsylvania Review Online* 163, 2014, pp. 147–157.

101. Stuart P. Green, "Is there too much Criminal Law?", *Ohio State Journal of Criminal Law* 6, 2009, pp. 737–749.

102. Stuart P. Green, "Thieving and Receiving: Overcriminalization the Possession of Stolen Property", *New Criminal Law Review* 14, 2011, pp. 35–54.

103. Stuart P. Green, "Vice Crimes and Preventive Justice", *Criminal Law and Philosophy* 9, 2015, pp. 561–576.

104. Stuart P. Green, "Why It's a Crime to Tear the Tag off a Mattress: Overcriminalization and the Moral Content of Regulatory Offences", *Emory Law Journal* 46, 1997, pp. 1533–1616.

105. Timothy Lynch, "In the name of Justice: Leading Experts Reexamine the Classic Article", in Timothy Lynch, ed., *The Aims of The Criminal Law*, Cato Institution, 2009.

106. Todd Haugh, "SOX on Fish: A New Harm of Overcriminalization", *Northwestern University Law Review* 109, 2015, pp. 152–162.

107. Valsamis Mitslegas, "From Overcriminalisation to Decriminalisation: The Many Faces of Effectiveness in European Criminal Law", *New Journal of European Criminal Law* 5, 2014, pp. 410–423.

108. Victor Tadros, "The Architecture of Criminalization", *Criminal Justice Ethics* 28, 2009, pp. 74–88.

109. William J. Stuntz, "Correspondence: Reply: Criminal Law's Pathology", *Michigan Law Review* 101, 2002, pp. 828–839.

110. William J. Stuntz, "The Pathological Politics of Criminal Law", *Michigan Law Review* 100,2001,pp. 505-600.

111. William J. Stuntz, " The Substantive Origins of Criminal Procedure", *Yale Law Journal* 105,1995,pp. 393-447.

112. William J. Stuntz, " Substance, Process, and Civil - Criminal Line", *Journal of Contemporary Legal Issues* 7,1996,pp. 1-41.

六、网络英文论文

1. Andrew M. Grossman, " The MySpace Suicide: A Case Study in Overcriminalizaion", *The Heritage Foundation*, http://www. heritage. org/research/reports/2008/09/the - myspace - suicide - a - case - study - in - overcriminalization.

2. Andrew M. Grossman, "The Unlikely Orchid Smuggler: A Case Study in Overcriminalization", *The Heritage Foundation*, http://www. heritage. org/research/reports/2009/07/the-unlikely-orchid-smuggler-a-case-study-in-overcriminalization.

3. Brian W. Walsh, Tiffany M. Joslyn, "Without Intent: How Congress is Eroding The Criminal Intent Requirement In Federal Law", *The Heritage Foundation & National Association of Criminal Defence Lawyers*, (2010), http://www. nacdl. org/WorkArea/linkit. aspx? Linkldentifier - id&ItemlD = 17613.

4. Danny Scoccia, "Douglas Husak: Overcriminalization (review)", 189 *Ethics*(2008), http://www. jstor. org/stable/10. 1086/595546.

5. Edwin Meese Ⅲ, "One Nation Under Arrest: How Crazy Laws, Rogue Prosecutors, and Activist Judges Threaten Your Liberty", http://www. askheritage. org/PDF/OneNationUnderArrest_combined. pdf.

6. John Gardner, " Review of Douglas Husak, Overcriminalization, The Limits of the Criminal Law", *Notre Dame Philosophy Reviews*, August 3, 2008, http://ndpr. nd. edu/news/23674/? id = 13805.

7. John S. Baker, "Revisiting the Explosive Growth of Federal Crimes, the Heritage Foundation", http://www. heritage. org/research/reports/2008/06/revisiting-the-explosive-growth-of-federal-crimes; Overcriminalization: An

Explosion of Federal Criminal Law, The Heritage Foundation, http://www. heritage. org/research/factsheets/2011/04/overcriminalization - an - explosion-of-federal-criminal-law.

8. Kathy Norris, "The Overcriminalization of Conduct: Consequences for One American Family", July 22, 2009, Subcommittee on Crime, Terrorism, and Homeland Security, Judiciary Committee, United States House of Representatives, http://www. cato. org/publications/congressional-testimony/overcriminalization-conducoverfederalization-criminal-law.

9. Tatjana Hörnle, "Theories of Criminalization, Criminal Law and Philosophy", April 11, 2014, Springer, http://link. springer. com/article/10. 1007%2Fs11572-014-9307-4.

10. Tim Lynch, "Over-Criminalization of Conduct/Over-Federalization of Criminal Law", July 22, 2009, Subcommittee on Crime, Terrorism, and Homeland Security, Judiciary Committee, United States House of Representatives, http://www. cato. org/publications/congressional-testimony/overcriminalization-conducove rfederalization-criminal-law.

11. Reining in Overcriminalization: Assessing the Problem, Proposing Solutions: Hearing Before the Subcommittee on Crime, Terrorism, and Homeland Security of Committee on the Judiciary, 111th Cong. 15 (2010), http://judiciary. House. gov/hearings/printers/11th/I1 11-151 58476. PDF.

12. USA vs YOU, "The Flood of Criminal Law", The Heritage Foundation, 2013, http://thf _ media. s3. amazonaws. com/2013/pdf/USAvsYOU. pdf.

图书在版编目(CIP)数据

英美过罪化研究 / 胡莎著. -- 北京 : 法律出版社，2021

ISBN 978-7-5197-5748-9

Ⅰ. ①英… Ⅱ. ①胡… Ⅲ. ①英美法系－刑法－研究 Ⅳ. ①D913.04

中国版本图书馆 CIP 数据核字(2021)第 137875 号

英美过罪化研究
YINGMEI GUOZUIHUA YANJIU

胡 莎 著

策划编辑 周丽君
责任编辑 周丽君
装帧设计 汪奇峰

出版发行 法律出版社
编辑统筹 法律应用出版分社
责任校对 周合芝 王 皓
责任印制 吕亚莉
经 销 新华书店

开本 A5
印张 7.625 字数 235 千
版本 2021 年 9 月第 1 版
印次 2021 年 9 月第 1 次印刷
印刷 北京建宏印刷有限公司

地址：北京市丰台区莲花池西里 7 号(100073)
网址：www.lawpress.com.cn
投稿邮箱：info@lawpress.com.cn
举报盗版邮箱：jbwq@lawpress.com.cn
销售电话：010-83938349
客服电话：010-83938350
咨询电话：010-63939796

书号：ISBN 978-7-5197-5748-9
定价：35.00 元
凡购买本社图书，如有印装错误，我社负责退换。电话：010-83938349